观察·思考·探究

OBSERVATION, THINKING
AND EXPLORATION

万　斌◎主编　马建青　宇正香◎副主编

ZHEJIANG UNIVERSITY PRESS
浙江大学出版社

目　录
CONTENTS

热点理论与现实问题研究

教书育人研究

学术会议综述

纪念马克思诞辰
200 周年专辑

马克思主义的生命力

——读《马克思为什么是对的》有感

张冬梅

【摘　要】　伊格尔顿在《马克思为什么是对的》一书中列出了十个典型的否定马克思主义的观点并逐一进行反驳。在研读了这本书之后，结合当下中国特色社会主义实践，我深刻体会到马克思主义并没有过时，马克思的辩证唯物主义和历史唯物主义的方法具有时代意义，我对马克思的观点和中国特色社会主义的道路更加自信。

【关键词】　马克思主义　生命力　中国特色社会主义　自信

《马克思为什么是对的》[①]这本书的作者特里·伊格尔顿是西方新马克思主义的代表人物之一。他曾先后担任剑桥大学、牛津大学、爱尔兰国立大学教授。在这本书中，他对于当前西方社会十个典型的否定马克思主义的观点逐一进行了反驳。这十个典型观点是：1. 马克思主义结束了；2. 马克思主义从理论上看也许还有些道理，不过一旦将其付诸实践，结果往往是无法想象的恐怖、独裁和暴政；3. 马克思主义是一种宿命论；4. 马克思主义不过是乌托邦之梦；5. 马克思主义将世间万物归结于经济因素；6. 马克思是唯物主义者；7. 马克思主义最为过时之处在于它过分痴迷于乏味的阶级问题；8. 马克思主义者倡导的是暴力的政治斗争；9. 马克思主义主张建立全面强大的国家；10. 过去 40 年中，所有引人注目的激进运动都源自马克思以外的思想。

---

①　特里·伊格尔顿. 马克思为什么是对的[M]. 北京：新星出版社，2011.

　　这本书吸引我的地方首先是它的标题。当今各种西方思潮涌进中国,青年学生受影响对马克思渐渐减弱了关注。在中国的马克思主义也受到质疑的时候,作为从事马克思主义理论教育的工作者能够从西方的大师学者那里听到这样一种铿锵有力的声音,感到非常振奋和鼓舞。这本书吸引我的另一个地方是它的内容,作者用十个简明的标题把当今对马克思主义的质疑呈现出来,并一一进行剖析,既有理论的说明,又有结合实际的分析,非常具有说服力。

　　下面结合读书的内容谈一些自己的看法。

　　在第一章,作者对"马克思主义已经结束了"的论调进行了批判。作者指出:"作为有史以来对资本主义制度最彻底、最严厉、最全面的批判,马克思主义大大改变了我们的世界。由此可以断定,只要资本主义制度还存在一天,马克思主义就不会消亡。只有在资本主义结束之后,马克思主义才会退出历史的舞台。而从近些年的情况来看,资本主义看上去迅速衰败的迹象并不明显。"①事实证明马克思主义并没有结束,因为马克思主义的存在是对资本主义的批判,作为批判对象的资本主义的存在,证明马克思主义存在的合理性和生命力所在。现在的资本主义的发展已经证实,资本主义的本性没有改变:"资本主义制度的逻辑就是:只要有利可图,即便反社会也在所不惜,而这就意味着将有许许多多人死于非命。"②在2008年的金融危机中,许多企业破产,有些人家破人亡,这已经证明,资本主义的逻辑导致了许多人死于非命。

　　关于西方民主的道路,伊格尔顿指出:"当前苏联的加盟国最终投向民主的怀抱时,资本主义为他们开出的是'休克疗法'的药方。而所谓'休克疗法'不过是美其名曰'私有化'的明抢,它造成上千万人失去生计,贫困和不平等程度的不断加剧,公费幼儿园关门歇业,女权丧失,此前曾发挥了重大作用的社会福利体系也被推向崩溃的边缘。"③这就是社会主义向资本主义妥协的后果,这就是多米诺骨牌效应。让我想起了《马克思传》中马克思对妥协者的批判,马克思坚持斗争的彻底性,妥协了就没有自主权了。马克思在《哥达纲领批判》中,对当时组织内有派别要与德国政府合作的想法进行了批判,他认为与当权政府合作、妥协的后果是没有自己,就不是纯正的马克思主义。我理解的马克思主义认为,当在斗争面前缺乏自己的坚定性时,失败是不可避免的。比如共产党早期的失败,在与国民党的合作过程中因妥协而导致的大革命的失败。另外,中国与苏联在20世纪80年代末90年代初面临资本主义的和平演变所选择的不同道路,苏联倒

　　① 特里·伊格尔顿.马克思为什么是对的[M].北京:新星出版社,2011:6.
　　② 特里·伊格尔顿.马克思为什么是对的[M].北京:新星出版社,2011:13.
　　③ 特里·伊格尔顿.马克思为什么是对的[M].北京:新星出版社,2011:19.

向资本主义的后果。而中国把握自己的主动权，选择走自己的路，这条道路虽然曲折和艰难，但是我们坚定立场，在道路选择上充满自信，而同时在可以学习引进西方的先进技术、管理经验时又充满谦虚和好学的精神。

事实证明，马克思的不妥协精神、斗争的彻底性、不与资本主义合作的精神是对的。马克思对自己的思想、对社会主义必将战胜资本主义充满了自信。

关于私有化的话题颇具争议。其实，西方也在学习我们的公有制。有人说西方越来越像社会主义，大量的闲暇时间，不把所有的时间都用于工作，节假日连商店都关门，店主也要休假。中国则越来越像资本主义，人们拼命干活赚钱，节假日都不休息，以至一些人因为工作强度太大而累死在工作岗位上，比如一些淘宝店的店主。这显然值得深思。

中国特色社会主义道路的三个自信：理论自信、道路自信、制度自信都来源于马克思本人，实践于中国特色社会主义。

关于社会主义实践中遇到的挫折，伊格尔顿指出："在低水平的基础上进行经济建设本来就是一件令人沮丧的艰巨任务。"①"在物质贫乏的条件下并非不能建设社会主义。但问题是如果没有必要的物质资源，社会主义会扭曲变形，最终变成斯大林主义。"②中国改革的实践证明邓小平提出的"贫穷不是社会主义，社会主义就是要摆脱贫穷"的论断是完全正确的，符合马克思主义的选择，符合中国建设的实践。

个别社会主义国家实践中的错误曲折并不能证明马克思主义理论的不正确性。我们要从有没有真正贯彻马克思主义，还是在社会主义的名下歪曲了马克思主义理论去鉴别。"如果你想为斯大林主义的出现找到一个令人信服的根据，那你只能到马克思主义中寻找答案。单纯地从道德上批判暴行还远远不够。我们必须知道它是在怎样的物质条件中产生的，它运行的机理，以及阻止它的方法。"③这也说明我们在运用马克思主义的时候不要教条化。马克思给出的不是建设实践的具体条款，而是看世界的方法论和世界观，各国要根据自己的实际情况来落实和实践马克思主义。因此，从理论到实践有一个探索的过程，允许有曲折，但在碰到困难和曲折时我们要时时回到马克思的方法论上去看待问题和困难，重新找到出发的路径和方向。

关于计划与市场，"市场社会主义者也指出，市场并非资本主义独有。就连托洛茨基也支持市场机制，这可能会令一些他的追随者大吃一惊。虽然他只是

---

① 特里·伊格尔顿.马克思为什么是对的[M].北京：新星出版社，2011：21.
② 特里·伊格尔顿.马克思为什么是对的[M].北京：新星出版社，2011：23.
③ 特里·伊格尔顿.马克思为什么是对的[M].北京：新星出版社，2011：26.

认为应该在社会主义转型的过程中,结合对经济的集中计划发挥市场的作用。托洛茨基认为市场的价值在于它可以弥补计划的不足,增加经济计划的合理性,因为'没有市场关系的经济结算是无法想象的'。托洛茨基与苏联左翼反对派都强烈反对苏联实行的所谓'指令性经济'"①。其实,计划和市场都是手段,各有利弊,相互补充,不存在纯而又纯的计划或市场,就像一个人的生活需要稍微规划,该做哪些事情,但是人也需要自由活动的空间,可以做自己喜欢的事情,在做自己喜欢做的事情的时候又会触发灵感,有助于提升自己做计划分内事情的能力和热情。如果完全随自己喜欢,人生缺乏确定性的目的,容易放弃;而计划太强,又会束缚人的性格和潜力。

作者"申辩"式的写作手法提醒人们,马克思以科学、辩证的方法诠释历史,但着眼点仍是人类的未来。马克思和恩格斯所要颠覆的正是资本主义带来的人与物质异化的事实——而这正是资本主义越成功道德就越败坏的原因。作者指出,马克思主义理论对于当今社会的重大意义不仅在于其对资本主义制度全面彻底的揭露,还在于其辩证唯物主义和历史唯物主义的研究方法对当今社会同样适用。值得特别一提的是,该书进一步阐明了在马克思主义理论指导下运作市场经济体系的可行性,同时还为马克思主义与可持续发展找到了一个极佳的契合点,这对我国当下的经济建设有着深刻且具操作性的参考价值。

【作者简介】　张冬梅　浙江科技学院马克思主义学院马克思主义中国化教研室教师　浙江 杭州 310027;浙江大学马克思主义学院2015 级博士研究生　浙江 杭州 310028

参考文献

[1] 特里·伊格尔顿.马克思为什么是对的[M].北京:新星出版社,2011.
[2] 戴维·麦克莱伦.马克思传[M].北京:中国人民大学出版社,2016.
[3] 刘炳瑛.马克思《资本论》选读本[M].北京:中国经济出版社,2001.
[4] 姜华.全球性金融危机时代仍然在场的马克思主义[J].马克思主义与现实,2012.
[5] 蒋红.申辩式地为马克思正名——读《马克思为什么是对的》札记[J].思想战线,2013.
[6] 胡太平.马克思为什么是对的——马克思思想的学术评估[J].南京政治学院学报,2012.

---

① 特里·伊格尔顿.马克思为什么是对的[M].北京:新星出版社,2011:28.

追求马克思主义三种形态在当代中国的统一

马亮亮

【摘 要】 马克思主义在当代中国存在三种形态,即大众形态、学术形态、政治形态。马克思主义的三种形态在本质上是统一的,但是在当代中国面临不同的发展难题:马克思主义的大众形态正在得到大力倡导,但尚处进行时态;学术形态近年来发展迅速,但表现为趋向"学院范式";政治形态历史和现实作用突出,但仍偏重政治服务。从马克思主义的总问题以及价值取向、历史经验和发展态势来看,实践中的马克思主义三种形态具备实现统一的可能性。可以通过借力马克思主义大众化助推大众形态的成熟定型、促进马克思主义学术形态与政治形态的良性互动、马克思主义学术形态和政治形态落脚于大众形态来推进马克思主义三种形态在当代中国的统一。

【关键词】 马克思主义 大众形态 学术形态 政治形态 统一

自从"十月革命一声炮响,给我们送来了马克思列宁主义"[①],马克思主义在中国得到了广泛的传播。特别是中国共产党在全国范围内执政以后,对马克思主义的翻译、研究、宣传和教育使得作为指导思想的马克思主义在中国获得了极大范围的传播,产生了极深的影响。从不同主体对马克思主义的表述形式和期望价值来看,马克思主义在当代中国存在三种形态,分别是大众形态、学术形态

---

① 毛泽东选集(第四卷)[M].北京:人民出版社,1991:1471.

和政治形态。① 马克思主义的三种形态虽各有核心要义和具体特点,但是在本质上是统一的。然而,马克思主义三种形态在当代中国存在不协调的问题是不争的事实,因而如何在认识上和实践中保持三者的有机统一是马克思主义思想理论界必须回答的重大课题。

一、现实境遇:马克思主义三种形态 各自面临不同发展难题

马克思主义三种形态在当代中国存在不协调的状况,三者面临不同的发展难题。总的来说,马克思主义的大众形态正在得到大力倡导,但尚未真正实现;学术形态近年来发展迅速,但表现为从政治依附型转向疏离大众形态和政治形态;政治形态受到执政党的巩固和强化,但学理支持和大众认同不够。

(一)马克思主义大众形态尚处进行时态

马克思以哲学方式关注无产阶级和全人类的解放的问题,从这个意义上来看,马克思主义首先表现为大众形态。马克思主义大众形态主要是指马克思主义理论被广大人民群众所掌握,成为人民群众内心的真实信仰,自觉坚定地将马克思主义视为建立"全体人民自由发展的光明社会"②的强大思想武器。马克思主义的本质是关于人类解放的科学,就其根本立场来说,马克思主义是站在工人阶级的立场上并服务于广大人民群众的根本利益的。当前中国共产党成为执政党,因为中国共产党固有的工人阶级政党属性,将马克思主义作为指导思想在全国范围内进行宣传、教育,普通民众能够从中对马克思主义基本原理有所了解和把握,这相对西方资本主义国家是一个政治优势。当前,在国家顶层设计推行马克思主义大众化的背景下,马克思主义大众形态正在得到大力倡导,但是尚未真正实现。主要问题有:一是马克思主义在当代中国更多地表现为政治话语体系和学术研究体系,没有以大众喜闻乐见的形式走进普通民众的内心世界。二是由于市场经济等的消极影响,从领导干部到普通公务员、从商界英才到工人群体、从知识精英到底层民众,各阶层各群体普遍存在一定程度上的信仰缺失问

----

① 参见韩庆祥,张艳涛.马克思哲学的三种形态及其历史命运[J].中国社会科学,2010,(4).韩、张一文提出马克思主义哲学在发展过程中形成了大众形态、学术形态和政治形态,这是从将马克思主义作为主体的视角进行的划分;笔者认为,将马克思主义视为客体,从民众、学者和官方三个不同主体对马克思主义的表述和期望来看,马克思主义也可以区分为大众形态、学术形态和政治形态。

② 中共中央文献研究室,等.毛泽东早期文稿(1912.6—1920.11)[M].长沙:湖南人民出版社,2008:293.

题,这个信仰缺失更具体地表现为不信仰马克思主义。三是当前大范围和高强度的马克思主义正向宣传教育与凸显的社会矛盾、严峻的执政党腐败问题形成鲜明反差,导致普通民众对马克思主义产生反感和质疑,这在大学生群体中表现得更为明显。这些状况的存在表明,在当代中国,马克思主义尚未被广大人民群众真正掌握和切实运用,马克思主义大众形态正处于进行时态。

(二)马克思主义学术形态趋向"学院范式"

马克思本身是一位学术严谨的理论研究者,他对理论问题的阐述和分析都是建立在科学的逻辑推演和实证调研的基础上的,也因此奠定了由其所开创的马克思主义的科学性。马克思主义学术形态主要是指马克思主义是科学的系统的理论体系,其所体现的基本内容和建构原则闪耀着伟大真理的光芒;同时马克思主义的创立者、后继者以及研究者都以求是创新的精神为人类社会发展和全人类解放执着探索。新中国成立特别是改革开放以来,马克思主义的学术研究取得了可喜的成绩。首先,从空间格局上看,当前马克思主义的学术研究呈现三大特点:一是地理分布更趋分散,高校、党校及军队院校、社科院成为马克思主义学术研究的重要阵地;二是理工科院校异军突起,如清华大学、华中科技大学等表现抢眼;三是马克思主义学术研究共同体正在形成,马克思主义研究者的学术交流互鉴形成浓厚氛围。其次,从研究成果上看,从 2005 年马克思主义理论设立为一级学科到近几年马克思主义理论学科独立二级学院在各大高校相继建立,马克思主义学术研究的数量和质量都有了较大的提升。单以武汉大学马克思主义学院为例,近年来武汉大学马克思主义学院每年公开发表学术论文将近400 篇,发表在核心期刊上的论文占比几近1/3。这些成绩的取得与改革开放后注重马克思主义的学科建设和学术争鸣密不可分。改革开放之前,由于"政治挂帅"等因素的影响,马克思主义主要偏向政治宣传和灌输,对马克思主义的学术研究依附于并跟从于政治目的;改革开放以来,学术界对马克思主义的研究虽然从政治框架的束缚中逐渐解脱出来,但随之又一定程度上出现了远离政治、脱离大众的"学院化"倾向:一是"逃避"政治。由于历史和现实的原因,当前有一部分马克思主义学者试图淡出思想、凸显学术,表现出对政治的冷漠和与政治的脱节,如对西方社会思潮挑战我国主流话语权的回避。二是"关门"修炼。当前马克思主义学者存在关起门来搞研究的现象,不注重对中国问题的调查研究,不关注普通民众的生活样态、生存境遇和发展命运,如缺乏对中国百姓火热生活的研究和解读。马克思主义学术形态的"学院范式"倾向使得其自身的发展举步维艰。

（三）马克思主义政治形态偏重政治服务

中国共产党是我国的执政党,马克思主义作为中国共产党的指导思想无疑具有政治寓意和导向。马克思主义政治形态主要是指马克思主义内含的深刻政治意蕴和崇高政治追求,在其系统科学的理论中阐述的无产阶级的历史使命、组织方式、斗争策略和行动纲领等具有指导工人阶级及其政党认识世界和改造世界的重要作用。马克思作为一名积极的政治活动家,十分注重用科学的理论武装政党、掌握群众。马克思在其有限的时间里积极投身工人运动,参与创建第一个国际性工人阶级政党,指导第一国际和国际工人运动。由俄国传入中国后,在毛泽东等人的共同努力下,马克思主义理论得到积极广泛的宣传,并与中国革命和建设实际相结合,推动了中国革命取得最终胜利以及中国社会主义建设探索获得有益成果。改革开放以来,中国共产党人坚持用马克思主义武装全党、教育人民,继续深化马克思主义理论与中国改革和发展实际相结合,开辟出了一条具有中国特色的社会主义康庄大道,助力东方文明古国的腾飞与超越。

可见,马克思主义在近现代中国的传播发展史就是一部与中国革命、建设和改革相结合的政治服务史。马克思主义政治形态受到中国共产党一以贯之的强调和重视,并且马克思主义确实使得中国革命面貌焕然一新、中国现代化建设高歌猛进。然而,随着时代的变化发展,当前马克思主义政治形态也表现出一些问题和症结:一是出于政治考量,马克思主义的当代中国理论——中国特色社会主义理论体系保持大范围和高强度宣传报道,宣传报道马克思主义理论对于将马克思主义作为指导思想的国家无疑是必要的,但是开一次会议换一个宣传主题,使得民众难以及时消化吸收并且容易产生反感和抵触心理。二是过于强调马克思主义的意识形态色彩,并且常以政治话语"指挥"学术研究,这造成的结果是一方面学术研究缺乏独立自主,难以产生优秀的成果,另一方面学者会对政治话语的马克思主义产生厌烦情结,使政治形态丧失学者的拥护。三是马克思主义的官方话语体系"从上面看"比较多,"到下面看"比较少,而且语言过于繁杂,存在"假大空长"陋习,难以获得普通民众的理解和认同。总的来看,马克思主义政治形态与学术形态分离,与大众形态脱离,没有获得足够的学理支持和大众认同。

二、发展前景:马克思主义三种形态
具备实现统一的可能性

马克思主义的三种形态在本质上是统一的,大众形态、学术形态和政治形态共同构成了一个具有内在联系的完整结构,展现了不同主体对马克思主义期望

价值的一致性。当前马克思主义三种形态在当代中国存在不协调的问题是不争的事实,这是我国马克思主义思想理论界必须面对的重大现实问题。从马克思主义的总问题以及价值取向、历史经验和发展态势来看,实践中的马克思主义三种形态具备实现统一的可能性。

首先,从马克思主义的总问题来看,马克思主义三种形态统一于马克思主义最崇高的社会理想。马克思主义"始终指向一个鲜明的主题——将人类从现实的束缚中解放出来,建立共产主义社会,实现人类的彻底解放"①。"解放全人类"这一"具有覆盖性和囊括性意义"②的总问题就是马克思主义最崇高的社会理想,其基本内涵就是"在消灭资本主义私有制,或者说'扬弃'资本主义'私有财产即人的自我异化'的基础上,实现共产主义"③。说马克思主义三种形态统一于马克思主义最崇高的社会理想,是因为:第一,从马克思主义的创立者到马克思主义的继承者,他们最关注的就是人民大众的生存境遇和发展命运,因而希望建立一种作为解放工人阶级和劳动人民理论武器的大众形态的哲学,并且能够被人民大众所掌握和运用,从而实现自己解放自己。第二,对建立共产主义社会的追逐、探索和构筑需要符合人类社会发展的一般规律和社会主义建设的具体实际,必须从理论上对实践中的具体问题进行分析论证、释疑解惑,赢得人民大众的信服,并指导他们的实践,这就需要马克思主义学术形态的展开。第三,工人阶级和劳动人民要实现解放,需要建立属于自己的政党。用马克思主义理论武装起来的无产阶级政党需要在领导人民群众探索实现共产主义的政治实践中不断发展马克思主义,丰富治国理政的理念和经验,这就促成了马克思主义政治形态的建立和完善。

其次,从价值取向来看,马克思主义学术形态和政治形态的主体共同指向大众形态。第一,学者的使命和责任在于服务社会发展,为人民大众著书立说。南宋理学大师张载用"横渠四句"——"为天地立心,为生民立命,为往圣继绝学,为万世开太平"④勉勉中国知识分子要有崇高的学术理想和担当。德国古典哲学家费希特也曾在《论学者的使命、人的使命》一书中指出,作为掌握知识和技能的社会特殊阶层的学者,其真正的使命在于"高度注视人类一般的实际发展进程,

---

① 刘同舫.马克思的解放哲学[M].广州:中山大学出版社,2015:162.

② 刘同舫.马克思的解放哲学[M].广州:中山大学出版社,2015:34.

③ 刘志明.马克思主义的整体性探讨——理论特征、社会理想、政治立场和理论品质的视角[J].社会科学辑刊,2014(1).

④ 引自冯友兰.中国现代哲学史[M].广州:广东人民出版社,1999:254.张载世称横渠先生,中国当代哲学家冯友兰将其四句名言概括为"横渠四句"。

并促进这种发展进程"①。由此看来,中西方文化对学者责任和使命的理解和期望具有某种内在一致性,都强调学者对社会、对人民的公共关怀。马克思主义视解放全人类为自己的崇高使命,因而作为研究马克思主义的学者来说,更应该具有济世情怀,自觉为人民做学问。第二,工人阶级政党的宗旨是全心全意为人民服务,以人民的利益为旨归。工人阶级政党作为工人阶级的先锋队,"为工人阶级……的目的和利益而斗争","他们没有任何同整个无产阶级的利益不同的利益"②,其理论观点和政策主张需要在最大程度上体现和符合工人阶级和最大多数普通民众的利益和心声。马克思主义政治形态作为工人阶级政党对实践中的组织方式、斗争策略和行动纲领的理论表达,其目的正是在于指导工人阶级政党更好地为工人阶级和人民大众服务,并寄托于人民大众学习和掌握马克思主义理论,从而为自身的发展和解放奋斗。马克思主义的学术形态和政治形态落脚于大众形态,体现了马克思主义理论在大众化、科学性和政治性上的有机统一。

再次,从历史经验来看,马克思主义三种形态在中国有过协调发展的成功实践。20世纪30年代至40年代,随着中国革命的深入,马克思主义哲学在中国得到了更为广泛的传播,并且马克思主义的大众形态、学术形态和政治形态达到了很好的统一。第一,马克思主义哲学研究以大众哲学为遵循,面向普通民众。20世纪30年代马克思主义研究掀起了大众化运动,运动的主要代表人物有艾思奇、张如心、陈唯实、胡绳、冯定等人,其中艾思奇最具代表性。艾思奇1936年出版的《大众哲学》一书,用浅显易懂的事例和生动通俗的语言阐述马克思主义哲学原理,一扫旧中国哲学界沉闷的空气,深受广大人民群众的喜爱。这一时期还产生了《现代哲学基本问题》《通俗辩证法讲话》等一大批通俗化哲学著作,使马克思主义哲学走进普通民众的寻常生活,"把哲学还给民众"。第二,中国共产党以整风学习为抓手,促进马克思主义宣传形式的大众化和教育效果的"化大众"。毛泽东针对中国共产党内长期存在的经验主义、教条主义和八股式问题强调"洋八股必须废止,空洞抽象的调头必须少唱,教条主义必须休息,而代之以新鲜活泼的、为中国老百姓所喜闻乐见的中国作风和中国气派"③。在毛泽东的倡议下,20世纪40年代初延安整风运动在全党范围自上而下展开,历时4年左右。延安整风运动主要围绕当时党内存在的严重的主观主义、教条主义和党八股问题进行,整顿了学风、党风和文风。特别是在纠正文风上,通过整风学习,

---

① 费希特.论学者的使命、人的使命[M].梁志学,沈真译.北京:商务印书馆,1984:40.
② 马克思恩格斯文集(第二卷)[M].北京:人民出版社,2009:65、44.
③ 毛泽东选集(第二卷)[M].北京:人民出版社,1991:534.

"党八股受到了无情的鞭挞,代之以马克思主义的革命作风,即生动活泼、新鲜有力的,科学化、民族化、大众化的文风"。① 马克思主义的宣传教育用人民大众所喜闻乐见的语言和形式进行,使得党的革命理论更接地气,拉近了与民众的距离,并且更有利于普通民众的掌握和运用。第三,马克思主义学术形态与政治形态相互融合。以艾思奇为代表的一批知识分子进行马克思主义哲学研究的目的很大程度上就是为了更好地宣传革命理论,促进革命的发展,而且马克思主义哲学大众化研究运动的兴起和推进与当时中共中央文委的领导推动有着直接的关系。另外,当时以毛泽东为代表的中国共产党人也致力于马克思主义学理的探索研究,《实践论》《矛盾论》就是毛泽东将马克思主义与中国革命实际相结合而铸就的伟大理论著作。马克思主义学术形态与政治形态之间互动融合,促成了马克思主义的大众化传播。

最后,从发展态势来看,马克思主义三种形态在当代中国正处于统一的进程之中,主要表现在:第一,当前我国存在一定范围一定程度的信仰缺失问题,但马克思主义在民众、学者和官方中仍占主流地位,得到他们大多数的认可;第二,马克思主义大众化正在得到倡导和推进,这使得马克思主义大众形态的定型成为可能;第三,马克思主义的学术研究取得积极成效,并逐渐为政治话语体系的马克思主义理论提供学理支撑;第四,中国共产党走群众路线,改进作风,转变文风,促进中国特色社会主义理论体系的自信与自洽。

三、实践探索:对推进马克思主义三种形态实现统一的思考

只有推进马克思主义大众形态、学术形态和政治形态的统一,才能推进马克思主义的创新发展,真正发挥马克思主义的时代威力。

(一)借力马克思主义大众化助推大众形态的成熟定型

当前我国正在从国家层面积极推进马克思主义大众化,马克思主义大众化与马克思主义大众形态具有很大程度的相似语境,可以借力马克思主义大众化助推大众形态的成熟定型。第一,加大马克思主义宣传教育力度,使马克思主义及其中国化理论下乡、进村、入脑。作为指导思想,马克思主义在我国一直受到大力宣传和倡导,但真正理解、掌握和运用马克思主义理论的民众在实际生活中

---

① 张耀灿,等编.中国共产党思想政治工作史论[M].北京:高等教育出版社,1999:111.

并不多,这在农村和偏远地区更加如此。要通过电视报道、媒体宣传、文艺下乡及党员走访等形式让马克思主义理论走入寻常百姓家,针对当前互联网在我国快速发展和广泛应用的特点,要让马克思主义主动占领网络阵地;同时理论的宣传要与执政党宗旨意识的加强和作风的改进等对接,使理论被人民大众真正信服,并在他们中得到贯彻落实。第二,鼓励民间自发组织学习和宣传马克思主义。马克思主义作为一种代表人民群众利益的理论武器,本身来自民间,只是在中国等社会主义国家被上升为官方统治思想。一方面,马克思主义成为官方主导思想有着巨大的优势,如更有利于其加强研究、扩大影响;但另一方面,这也容易使得一些民众对其敬而远之,而且与执政党的公信力黏合在了一起,"在党的威信受到一定损害的情况下,这种印记也会影响到一些群众对马克思主义的接受"①。因而,可以将马克思主义交给群众自己,鼓励民间组织社团、小组等学习和宣传马克思主义,同时对其加以引导。第三,以践行社会主义核心价值观活动为契机和环节,促使民众做到身体力行、真信真用。马克思主义大众形态不能仅仅停留在民众对马克思主义的认同和接受上,更应该体现在群众掌握和运用马克思主义的实际行动中。社会主义核心价值观深耕五千年华夏文明的肥沃土壤,并从根本上体现马克思主义的理论本质和理想追求。当前我国正在大力开展培育和践行社会主义核心价值观活动,这是一项凝心聚力、强基固本的工程,要积极调动人民群众广泛参与其中,将他们的行动统一到实现中国梦的征程上来。

(二)促进马克思主义学术形态与政治形态的良性互动

当前我国马克思主义学术形态和大众形态互动不够,存在相互分离的现象,必须促进二者的良性互动,实现融合发展。第一,马克思主义学术研究要为马克思主义政治形态提供学理支撑。马克思主义学术研究需要摆脱政治的干预和束缚,但并不意味着可以脱离和回避政治。学术的目的终究还是要为政治服务的,通过为执政党建言献策,推动社会发展,增进民众福祉。马克思主义学者要从国家和人民需要出发进行学术研究,发挥自身在理论解读、政策咨询等方面的作用。第二,研究马克思主义的学者要充当"社会啄木鸟"的角色。马克思主义学者要有学术的责任和科研的精神,在学术研究过程中体现出马克思主义的批判精神,敢于向党和政府提出正义的有良知的批评,这既是学者应有的境界,也是学术成果让民众信服的重要因素。第三,国家要积极支持马克思主义学者进行

---

① 刘建军.关于当代中国马克思主义大众化的若干问题[J].思想理论教育,2008(7).

独立学术研究。政治粗暴干预和直接指示马克思主义学术研究的状况已有很大程度的改观,马克思主义学者进行学术研究的独立空间得到基本的保障,在这基础上,国家还应对从事马克思主义学术研究的学者提供政策、资金等方面的支持,鼓励创新成果的产出。第四,执政党要充分吸收马克思主义学术研究的有益成果。马克思主义研究的学术成果是学者在新的历史条件下对马克思主义的研读和阐释,对于其中积极有益的成分,执政党要充分吸收,将其注入到政治话语体系的马克思主义,从而不断完善马克思主义及中国化理论,丰富治国理政的思想和理念。另外,执政党还要有广阔的胸襟包容和接纳正义的批判。习近平总书记近日在安徽合肥主持召开知识分子代表座谈会时强调的"对来自知识分子的意见和批评要多一些包容、多一些宽容,坚持不抓辫子、不扣帽子、不打棍子"①应该成为各级党委和政府的共同遵循。

(三)马克思主义学术形态和政治形态落脚于大众形态

马克思主义学术形态和政治形态要想发挥实际作用、产生实际效果,必须落脚于大众形态,入人脑入人心,这也是学术形态永葆生命力、政治形态获得认可和追随的根本路径。首先,马克思主义学术形态落脚于大众形态要求马克思主义学者注重研究"中国问题",克服学院化倾向。马克思主义学术理论要能指导实践并被人民大众接受和信服,就必须走出书斋、走入社会,关注现实问题、关怀人民大众,而"不应该是哲学家们的'盛宴',更不应该是哲学家个人的私语和独白"②。中国的现代化走过了一条无先例可循的道路,在西方国家的不同阶段以历时态经历过的现代化状况,共时态地出现在当代中国,具有时空叠加的性质。中国问题的这种独特性要求马克思主义研究学者必须深深植根于中国大地。其次,马克思主义政治形态落脚于大众形态要求执政党善于运用人民大众喜闻乐见的方式宣传教育马克思主义及其中国化理论。一直以来我们在进行马克思主义理论的宣传教育时主要采用的办法是新闻通稿和课堂教学,在新时期这些方法的局限性逐渐显现。在进行马克思主义理论的宣传教育时,要根据不同群体的特点和需要采取相应的方式,使得宣传教育的形式能被他们接受,并使宣传教育收到实效。新时期宣传教育的形式和载体主要有文艺下乡、党员走访、社会实践和网络媒介等。针对农村和偏远地区,可以通过文艺下乡方式进行,用电影、话剧等形式或载体展现党的路线、方针和政策;另外,还可以发挥党员干部的作用,让党员干部下基层走访,与百姓拉家常,用简单质朴的语言讲解党的理论和

---

① 习近平.在知识分子、劳动模范、青年代表座谈会上的讲话[N].人民日报,2016-4-30.
② 陈先达.马克思主义哲学关注现实的方式[J].中国社会科学,2008(6).

政策。针对大学生群体,可以动员学生参加以中国梦等为主题的社会实践,组织学生参观示范性新农村和爱国主义教育基地等,让他们亲身触摸社会、了解国情,展现马克思主义理论教育的现实感,从而增强他们对理论的接受和认可程度;另外,还要考虑大学生身处网络最前沿这一特点,善于利用网络漫画、网络流行语等方式对其进行宣传教育,增强理论的吸引力和感染力。

【作者简介】　马亮亮　浙江大学马克思主义学院思想政治教育专业 2017 级博士研究生　浙江 杭州 310028

参考文献

[1] 毛泽东选集(第四卷)[M].北京:人民出版社,1991.

[2] 韩庆祥,张艳涛.马克思哲学的三种形态及其历史命运[J].中国社会科学,2010(4).

[3] 中共中央文献研究室等编.毛泽东早期文稿(1912.6—1920.11)[M].长沙:湖南人民出版社,2008.

[4] 刘同舫.马克思的解放哲学[M].广州:中山大学出版社,2015.

[5] 刘志明.马克思主义的整体性探讨——理论特征、社会理想、政治立场和理论品质的视角[J].社会科学辑刊,2014(1).

[6] 冯友兰.中国现代哲学史[M].广州:广东人民出版社,1999.

[7] 费希特.论学者的使命、人的使命[M].梁志学,沈真,译.北京:商务印书馆,1984.

[8] 马克思恩格斯文集(第二卷)[M].北京:人民出版社,2009.

[9] 毛泽东选集(第二卷)[M].北京:人民出版社,1991.

[10] 张耀灿等编.中国共产党思想政治工作史论[M].北京:高等教育出版社,1999.

[11] 刘建军.关于当代中国马克思主义大众化的若干问题[J].思想理论教育,2008(7).

[12] 陈先达.马克思主义哲学关注现实的方式[J].中国社会科学,2008(6).

列宁对"不可知论"批判的再认识

宁　姗　石　然

【摘　要】　"不可知论"的问题在哲学中由来已久,历来哲学家都试图解决这个问题。但是直到马克思那里才从根本上为我们提供了科学的路径。作为马克思主义者的列宁在其《哲学笔记》中对此问题高度关注,并以实践的辩证法为基础很好地解决了这一问题。列宁对"不可知论"问题的解决,深化了马克思主义哲学理论宝库,具有深刻的理论意义和现实意义。

【关键词】　不可知论　认识论　《哲学笔记》　实践辩证法

关于"不可知论"的问题是哲学史上由来已久的,从古希腊开始就有怀疑主义派,到近代经验论与唯理论之争,以休谟为代表的怀疑主义让经验论陷入低谷。一时间"休谟问题"成为哲学家们争论的焦点,康德虽然以他的"先天综合判断"解决了经验论与唯理论之争,但是也为我们留下了"自在之物"不可知的著名论断,其后的黑格尔以其"绝对精神"解答了这一问题,但是他是站在绝对唯心主义立场虚幻地解决这一问题,实质上还是没能解答这一问题。直到马克思那里才从根本上为我们提供了科学的路径。遵循着马克思开辟的思路,列宁在其《哲学笔记》中对此问题高度关注,并以实践的辩证法为基础很好地解决了这一问题,深化了马克思主义哲学理论本身,具有深刻的理论意义和现实意义。

一、"不可知论"的思想

(一)"不可知论"的产生

古希腊最早提出怀疑哲学的是高尔吉亚。他提出了三个重要命题："第一，无物存在；第二，如果某物存在，人也无法认识它；第三，即使可以认识他，也无法告诉别人。"①我们可以看出高尔吉亚的第二个命题，很显然是"不可知论"的思想，即人们无法认识事物。他注意到了思想与事物之间的矛盾，并以此来否定人的思维可以认识事物。到了古希腊晚期，出现了怀疑学派，"怀疑主义者认为真理是不可知的"。皮浪是其代表人物，他宣扬不可知主义，否定知识的可能性，并否认关于事物的知识，否认事物的判断标准。"不做任何判断才能使灵魂安宁。"在他看来，肯定某种知识就是独断论，正确的态度似乎是怀疑和否定一切知识，对任何东西都不下判断。由此，我们可以看出他的这种怀疑是消极的。

(二)"不可知论"在近代的发展

"不可知论"在近代首先表现为唯理论与经验论的争论中。唯理论以笛卡尔为代表，他很注重怀疑精神，在其《第一哲学沉思集》的第一个沉思就是"论可以引起怀疑的事物"。他怀疑一切从经验中得来的东西，怀疑感官的东西，怀疑梦和醒着的时候一切感知，包括对不同学说的怀疑。通过怀疑他得出著名的"我思，故我在"命题。他认为"凡是我们领会的十分清楚、十分分明的东西都是真实的"。他以此为总纲，从而推出上帝是存在的，以确保我们认识能力的可靠性。包括后来的斯宾诺莎、莱布尼茨等唯理论者，他们认为只有从天赋观念或人的理性出发，运用分析、演绎的方法才能认识真理。唯理论者都是可知论者。但是经验论认为只有从感性经验出发，运用实验的手段、归纳方法，才能达到真理。他们认为真正的科学知识不是头脑里固有的，而是对自然界的正确反映。但是休谟把经验主义认识论贯彻到底后，就陷入了"不可知论"。他认为普遍必然的因果关系不过是一种恒长的联系，这种联系使我们习惯。习惯的力量是强大的，强大到你已经感觉不到它的存在，必然性来源于习惯。这显然陷入了"不可知论"。唯理论和经验论在我们能否对于对象先天地有所知，能否得到关于对象的普遍必然的知识，事物是可知的还是不可知等问

---

① 北京大学哲学系外国哲学史教研室编译.西方哲学原著选读(上卷)[M].北京:商务印书馆,1981:6.

题上争论不休。

作为德国古典哲学的开创者的康德,其认识论思想影响深远。他的《纯粹理性批判》主要就是探讨认识论的问题。按照他的意思其探讨是为了"拯救形而上学"。康德在《纯粹理性批判》第二版序言里指出,"他们(自然科学家)理解到,理性只会看出它自己根据自己的策划所产生的东西,它必须带着自己按照不变的法则进行判断的原理走在前面,强迫自然回答它的问题,却决不只是仿佛让自然用襁带牵引而行。"①他以数学和自然科学范例,与形而上学(哲学)类比而言对它们加以模仿。由此,他提出了自己著名的"哥白尼式革命"主张,在知识与对象的关系上不是知识依照对象,而是颠倒过来,对象依照知识。这就是康德进行理性批判时所遵循的根本指导思想或根本原理。他以这个为基础为,自然立法,即人类理性在认识过程中,用一定的先天形式去接受和整理感性材料,把规律赋予这些感性材料,使这些本来是无规律的、偶然的和主观心理上的材料(印象)结构成一个按照普遍必然规律而存在的经验对象,即自然界。但是,这个对象不是指不可认识的自在之物,而是指可能的知识对象。在康德那里人的理性是有限的,只能形成对现象的认识,而那个刺激我们的"物自体"是无法认识的。即我们只能认识我们能认识的东西。

康德在《未来形而上学导论》里指出:"作为我们感官对象而存在于我们之外的物是已有的,只是这些物本身可能是什么样子,我们一点也不知道,我们只知道它们的现象,也就是当它们作用于我们的感官时在我们之内所产生的表象。因为无论如何,我们承认在我们之外有物体存在,也就是说,有这样一些物存在,这些物本身可能是什么样子我们固然完全不知道,但是由于它们的影响作用于我们的感性而得到的表象使我们知道它们,我们把这些东西称之为'物体',这个名称所指的虽然仅仅是我们所不知道的东西的现象,然而无论如何,它意味着实在的对象的存在。"②这即著名的"自在之物"不可知的论断。康德指出,以往哲学家之所以陷入纠纷,长期纠缠,争吵不休,是因为未能区分现象和自在之物。他明确地区分了现象与自在之物,防止"理性的滥用",而为信仰留出地盘。写下了著名的"三大批判"。康德的思想对后世的影响深远,但是"自在之物不可知"的论断也成为后世争论的焦点。

(三)"不可知论"在现代的发展

以孔德、斯宾塞为代表的实证主义者们,他们仍然把经验当做全部哲学的基

① 康德.纯粹理性批判[M].邓晓芒译,杨祖陶校.北京:人民出版社,2004:2.
② 康德.未来形而上学导论[M].庞景仁译.北京:商务印书馆,1978:301.

础。但他们认为经验应该是按照实证自然科学的要求获得的,具有科学的意义和价值,能为科学所检验,与此相联系,他们继承和发展了康德的现象主义,他们不仅要求哲学局限于经验(现象)范围内,否定认识经验的外在实在(物质或精神)的可能性,而且明确提出要抛弃对世界的基础、本质等本体论问题的研究。孔德一再强调他的实证哲学所肯定的实在、有用的知识纯粹是关于现象范围之内的东西的知识。至于造成现象的原因是什么,事物客观的因果联系、规律性是什么,都不属于实证知识的范围,对它们的研究与实证主义的精神不相容。他把科学与哲学局限于现象范围,这样就陷入了"不可知论"中了。而且,他还取消了人的认识中的循序渐进的过程,他把知识分为三类,即最低级的知识、科学知识和哲学,三者都以经验或不可知的表象为对象,都是关于现象的知识,它们的不同不是内在本质的不同,而只是外在相联系和抽象的程度不同。这同样是"不可知论"的结论。

综上所述,"不可知论"的出现是必然的,它是人类思维在探索外部世界时的产物,它一方面避免了"独断论",避免陷入狭隘的知识框架内,使人类保持谦虚,不断地反思而获得进步,但是在另一方面,也带来了一些消极的影响,否认客观世界,否认人的认识能力,使人陷入狭隘的经验主义,动摇人的"信念",容易使人陷入一种不确定、不安全的状况,阻碍我们对真理的认识和信仰。

二、列宁对"不可知论"的批判

列宁对"不可知论"的批判,大家历来都在其著名的哲学著作《唯物主义和经验批判主义》上下功夫,而笔者则试图主要以《哲学笔记》为视域来进行阐述。《哲学笔记》并不是一本"书",不是他自己写作的论著,不是完整意义上的学术文本,而是由后人搜集整理和编辑出版的列宁在20余年中陆陆续续写下的各种不同性质的读书笔记、心得和阅读批注。而这其中最为重要的就是列宁在1914年至1915年在瑞士的伯尔尼系统地研究黑格尔哲学时写下的非常重要的摘录性笔记和心得。读过《哲学笔记》的人都知道,列宁在看到黑格尔批判康德哲学时,尤其是其"不可知论"时,都会特别注意,作出摘录并且评价,或者写下自己的心得。他为什么如此关注黑格尔对康德哲学的批判呢?

(一)列宁批判"不可知论"的原因

列宁批判"不可知论"的原因是多方面的,但就当时文本来看,列宁是为了批判党内的马赫主义思潮。

从思想渊源上看,马赫主义是近代经验主义传统的继承者。马赫承认他在哲学上走的是从康德出发返回到贝克莱和休谟的路线。马赫主义主张取消现象范围以外的存在和本质问题,认为科学和人类认识涉及的世界就是经验世界,物质与精神、主观与客观的区别只是经验内部的区别。他们把哲学归为科学的认识论,其任务是为了实践的目的而描绘符号、记号以及它们之间的关系并确定调节这种关系的原则,而不研究认识是否反映或符合世界的本质的问题。这没有解决现象之外真正的本质,把自然科学的革命与贝克莱、休谟哲学融合在一起。

马赫主义哲学家中许多表现出支持工人运动和社会主义的倾向,这使马赫主义对19世纪末20世纪初的欧洲各国工人运动产生了一定的影响。德、奥等国社会民主党以及第二国际中的一些人都企图用马赫主义来修正和补充马克思主义,也发表过一些用马克思主义的名义宣扬的马赫主义的文章。20世纪初,马赫主义在俄国成了最时髦的哲学流派,民粹党的切尔诺夫等人直接用马赫主义来攻击俄国社会民主党的马克思主义,该党内部也有一些人赞同马赫主义。他们在1905年俄国革命失败后在政治上消极颓废,哲学上进一步倒向马赫主义,甚至从马赫主义出发来批判马克思主义,其主要代表有波格丹诺夫、巴扎罗夫、尤什凯维奇等人。马克思主义和马赫主义的争论已由哲学上的争论转化为是否还应当进行革命和政治斗争。列宁著名的哲学著作《唯物主义和经验批判主义》正是适应这种政治斗争的需要写成的。

但是列宁的《唯物主义与经验批判主义》一经发表,普列汉诺夫一伙及波格丹诺夫等人就发表了文章,批评了列宁在哲学修养方面的欠缺。正如张一兵教授所指出的那样,"列宁的《唯物主义与经验批判主义》发表之后,普列汉诺夫的学生阿克雪里罗德于《现代世界》1909年第7期上发表文章,批评列宁对马赫主义的批判缺少专业水平,也未深化普列汉诺夫已经提出的学术观点,甚至声称列宁的著作'没有独立存在的意义'。波格丹诺夫也于1909年发表了《信仰与科学》一文,批评列宁根本不了解自己所批评的对象的思想,更不了解整个西方思想史。此文后来与其他文章合辑《伟大拜物教的没落,信仰与科学》一书,于1910年在俄国出版"①。这深深地刺痛了列宁,促使他系统地学习和研究哲学,并特别注意对"不可知论"的批判。

原因之二,面对党内日益严重的分歧与斗争,党内活动家中自以为是的哲学家越来越多,除了普列汉诺夫之外,波格丹诺夫、巴扎诺夫等人都是如此。当时

---

① 张一兵.回到列宁——关于"哲学笔记"的一种后文本学解读[M].南京:江苏人民出版社,2008:9.

在讨论党章中的重大原则问题时发生分歧,党分裂为"布尔什维克"和"孟什维克"。《火星报》与《前进报》的正面斗争和冲突已不可避免。如何用理论来面对革命实践问题,即以什么样的理论来支撑他的革命,这些问题都迫切需要解决。"他在哲学上拥戴了普列汉诺夫所诠释的马克思主义哲学(哲学唯物主义),可是这种强调物质决定意识的观念并没有为布尔什维克推进俄国无产阶级革命进程的实践提供理论上的合法性依据。"①这个现实的问题,马赫主义无法提供依据,俄国的马克思主义者们也没有提供。这促使列宁在极为艰难的环境下,痛下决心开始对黑格尔哲学的系统研究,写下了著名的《哲学笔记》。

(二)批判的理论依据

在《哲学笔记》里,我们可以看出列宁对"不可知论"的批判即"康德—马赫主义"的批判,是基于黑格尔对康德哲学的批判。列宁是在阅读过程中,做出自己的笔记或评论,也就是说他没有单独论述批判康德等的"不可知论"思想,即从辩证法的角度批判康德主义并不是列宁一开始就持有的。

首先分析一下黑格尔对康德哲学的批判。黑格尔熟知哲学史,通常以批判其他哲学家的思想来阐发自己的哲学思想,这一点上马克思可能受到了他的影响。他在《小逻辑》绪论 B 思想对客观性的第二种态度"批判哲学"中集中论述了对康德哲学的批判。

黑格尔首先讲述了康德哲学的进步性,但是他不同意康德要在求知以前先考验知识能力,因为黑格尔认为考察思维形式本身就是一种认识。康德所谓的"客观性"是指普遍性而言,是指他的概念范畴是普遍的,亦即"先天的",而这实际上是主观的,不是真正客观的。批判康德的"自我意识的先验统一",即他不同于经验统觉只是把杂多表象从外界接受进来,而是通过"自我"能动地使事物属于"我"。在这里,康德看到了理性思维对感性知识的改造制作的能动作用,黑格尔意识到了这一优点,他说:"无疑的,康德这种说法已经正确地道出了所有一切意识的本性了,一般说来,人们努力就是要去认识世界,占领与征服世界,而且为了这个目的,世界的实在性仿佛必须被粉碎,即变为理想的(观念的)。"②这一思想后来影响了马克思,在实践基础上提出人的主观能动性的作用,列宁在后来的阅读过程中也是深刻地领悟到了这一点。他批判康德的"自在之物"不可知思想,指出三点,第一,康德的"自在之物"是一个抽象出了一切主体、意识关系,抽出了一切感觉、思想的"一个极端抽象,完全虚空的东西,它是一个脱离了表象,

---

① 张一兵.回到列宁——关于"哲学笔记"的一种后文本学解读[M].南京:江苏人民出版社,2008:9.
② 黑格尔.哲学全书·第一部分·逻辑学[M].梁志学,译.北京:人民出版社,2002:12.

感觉思想等的彼岸世界"①。第二,黑格尔认为"自在之物"虽说是脱离思想或否定了思想的工具的"僵尸",但它仍然不过是思想的产物,是纯粹抽象思维的产物,是抽象思维抽开一切具体联系和内容所得到的一个"抽象同一性"。对于"自在之物"这个"抽象的同一",我们完全不能从肯定的方面说它是什么,只能从否定的方面说它不是什么,它是一个否定性的规定。即"自在之物"只是思想的产物。第三,黑格尔认为,"自在之物"是可知的,只不过要把事物的本质和现象辩证地结合起来,才能理解这一点。黑格尔嘲笑康德不懂辩证法,并且从批判康德割裂"理性"与"知性"、割裂有限与无限的角度,分析他不可知论的根源。黑格尔认为康德不懂得用辩证的方法,而是停留在形而上学的方法上,因此他脱离有限去追求无限,脱离有条件的东西去追求无条件的东西,这样会降低其自身为一种有限或有条件的事物。最后黑格尔还指出,康德哲学虽然使人重视现象背后的东西,而不把现象当作独立存在、真实的东西,康德讲的"现象"只具有主观的意义,而不是"自在之物"的现象,我们不能通过现象而认识"自在之物",即"自在之物总是我们不能到达的彼岸"。很显然黑格尔很不赞同这种做法,他认为现象是事物本身的现象,一切有限事物都以"普遍神圣理念"为根据,都是"普遍神圣理念"的表现或现象。

在分析了黑格尔对康德哲学的批判后,我们可较之于《哲学笔记》中列宁对此的批判。首先,我们可以看到列宁在阅读黑格尔《逻辑学》时,只要出现黑格尔批判康德哲学,就会引起他的注意。从《逻辑学》第 2 版序言开始一直断断续续到《逻辑学》第 5 卷。这时的他还没有过多地写自己的心得,只是在摘录的同时标出"反对康德主义""康德主义=形而上学""康德:限制理性和巩固信仰"等借助黑格尔的语境来理解。但是作为马克思主义者的列宁,始终以一个唯物主义者的标准来要求自己,说明列宁在此时还局限在普列汉诺夫那种唯物主义的思考框架之中。

到了第四卷第二编本质论的时候,"作为自身中反思的本质",列宁写下了"认识论",说明他在认识理论上认同了黑格尔关于本质论的描述。在这里,黑格尔是这样批判康德的:"现象不只是就我们来说是现象,而且就其本身而言,也只是现象。"列宁开始意识到,可以像黑格尔那样用辩证法的方法去驳斥康德主义和马赫主义者们。他写道:"可见黑格尔在这里也斥责了康德的主观主义,这是值得注意的。黑格尔赞成外观'直接现存的东西'和'客观意义'(可以这样说)["现存的东西"这一术语是黑格尔经常用的,这可参考第 21 页末尾、

---

① 黑格尔.哲学全书·第一部分·逻辑学[M].梁志学,译.北京:人民出版社,2002:12.

第22页]。较小的哲学家（康德、休谟及一切马赫主义者）在争论：用本质或者直接现存的东西作为基础，黑格尔用'以及'代替了'或者'，并且说明这个'以及'的具体内容。"①在这里列宁意识到批判康德及一切马赫主义者，不仅仅只有从唯物主义的立场出发去批判，还可以像黑格尔那样用唯心主义的立场去批判，这是值得注意的，而黑格尔批判的方法恰恰是辩证法。

　　在"主观逻辑或概念论"这一章里，列宁从认识的角度赞同了黑格尔对康德的批判，甚至写到"客观唯心主义转变为唯物主义的前夜"。他说："在这里，黑格尔正是从认识论上驳斥康德（恩格斯在《路德维希·费尔巴哈》中指的大概就是这一段，他写到对驳斥康德具有重要性的东西，凡是从唯心主义观点所能说的黑格尔都已经说过了）——他揭露了康德的二重性、不彻底性，揭露了康德的那种可说是在经验论（＝唯物主义）和唯心主义之间的动摇，并且黑格尔完全是而且纯粹是从更彻底的唯心主义观点进行论证的。"②最后他总结道："实质上黑格尔对康德的驳斥是完全正确的。思维从具体的东西上升到抽象的东西时，不是离开——如果它是正确的（注意）（而康德，像所有哲学家一样，谈论正确的思维）——真理，而是接近真理。物质的抽象，客观规律的抽象，价值的抽象，等等，一句话，一切科学的（正确的、郑重的、不是荒唐的抽象，都更深刻、更正确、更完全地反映自然）从生动的直观到抽象的思维，并从抽象的思维到实践，这就是认识真理，认识客观实在的辩证法途径。"③在这里我们可以看出列宁将黑格尔的辩证法等同于认识论，它是人的思维认识和把握世界的方法，就是认识的真理。这无疑是深刻的洞见。

　　接下来的篇章里，列宁写了自己的很多心得，他写道："关于批判现代康德主义、马赫主义等问题：1.普列汉诺夫对康德主义（以及一般不可知论）进行批判，从庸俗唯物主义观点出发，多于从辩证唯物主义的观点出发，因为他只是肤浅地驳斥了他们的议论，而不是纠正（像黑格尔纠正康德那样）这些议论，不是加深、扩大它们，指出一切概念和任何概念的联系和过渡。"④笔者认为这是列宁意识到普列汉诺夫等人只是简单地用唯物主义去驳斥马赫主义，而不是像黑格尔那样批判地理解，批判地加深和扩大。紧接着列宁又写道："2.马克思主义者们（在20世纪初）对康德主义和休谟主义进行批判，按照费尔巴哈的方式（和按照毕希纳的方式）多于按照黑格尔的方式。……不钻研和不理解黑格尔的全部逻辑学，就不能完全理解马克思的《资本论》，特别是他的第一章。因此，半个世纪以来，没有一个马克思主义者是理解马克思的！！"⑤从这里我们可以看出，列宁已经深

①②③④　列宁.哲学笔记[M].北京:人民出版社,1993:7.⑤

刻地认识到了马克思的唯物主义辩证法的重要性。而在这之前他一直受普列汉诺夫等俄国马克思主义者的影响,更多地是从旧唯物主义的观点出发去批判康德主义及马赫主义。在这时他发觉普列汉诺夫等人都是从旧唯物主义的观点出发,按照费尔巴哈的方式去批判不可知论者,他们不仅局限于传统的唯物论,而且把马克思唯物主义理解为唯物论加辩证法,即概念词句上的颠倒,看到的只是客观世界的直接反映,而没有认识到这正是人的思维的结果,是人的认识的结果。显然,此时的列宁认识到了辩证法的奥秘。我们可以看到客观世界的反映已经不是指客观世界本体结构的反映,而是指人在自己的认知结构(逻辑结构和逻辑规律)中,总体上反映了外部对象,是人的认识不断深化的结果。列宁已经认识到"逻辑学是关于认识的学说。它是认识论。认识是人对自然界的反映,但这并不是简单的、直接的、完整的反映,而是一系列抽象的过程,即概念、规律等构成、形成过程,这些概念和规律等(思维、科学=逻辑观念)有条件地近似地把握永恒运动着和发展着的自然界的普遍规律性"①。在这里,列宁已经认识到黑格尔的逻辑学就是认识论,人类认识总体是一个不可能完结的认知运动,而黑格尔的《逻辑学》正是一个伟大的辩证认识的缩影。但是黑格尔是在"绝对唯心主义"基础上提出的,是头足倒置的,也正是在这一点上列宁深刻地理解了马克思为什么说黑格尔哲学是颠倒过来的唯物主义,这不是简单的概念词句上的颠倒,而是逻辑的颠倒。

其实,客观对象并无所谓现象与本质的区分,这种区别是相对于主体而言才能成立的。紧接着在第二篇客观性这个章节里,列宁将黑格尔的思想与唯物辩证法作了一个比较,他写道:"区分机械规律和化学规律的外部世界,自然界的规律(这是非常重要的),是人的有目的的活动基础。"②他认识到人的有目的的活动——实践,并且机械与化学规律的区分也是人划分的,自然界是人的有目的的活动的基础,这是马克思的唯物主义。黑格尔说,"目的性是两者的真理",在这里黑格尔已经暗示了人的实践性。而列宁进一步指出:"客观过程的两个形式:自然界和人的有目的的活动。"即人的目的以他的客观性活动进入到现实生活的客观存在之中。在这里,我们可以看出列宁已经意识到了黑格尔承认人的观念是对客观世界的正确反映,并且这种反映以承认外部客观世界为前提,人可以通过实践制造和使用工具而改变外部世界。由此,他清晰地领悟到了马克思的实践辩证法。

关于逻辑的范畴与人的实践,列宁写道:"这不是牵强附会,不只是游戏。这

---

①② 列宁.哲学笔记[M].北京:人民出版社,1993:7.

是非常深刻的,纯粹唯物主义的内容,要倒过来说:人的实践活动必须亿万次地使人的意识去重复不同的逻辑的式,以便这些式能够获得公理的意义。这点应该注意。"①笔者认为这是极为令人振奋的思想。紧接着列宁说:"精彩,黑格尔通过人的实践的、合目的性的活动,接近作为真理的观念仅仅接近于下述这点:人以自己的实践证明自己的观念、概念、知识的客观正确性。"②这就是马克思在《关于费尔巴哈提纲》中著名的"人的思维是否具有客观的真理性,这不是一个理论问题,而是一个实践问题。人应该在自己的实践中证明自己思维的真理性,即自己思维的现实性和力量,自己思维的此岸性。关于思维——离开实践的思维的现实性或非现实性的争论,是一个纯粹经院哲学的问题"③。这就是以实践为基础的历史唯物主义辩证法。至此,一直困扰我们的康德哲学之哥白尼式革命的基础才最终得以确立。我们现在所使用的公理、真理、科学规律等看似先天普遍必然的一切,都是人的实践活动亿万次地使意识去重复不同的"逻辑的式"(即真理)才获得的。那么,所有先验逻辑为基础的学说对我们的诘难到这里终于得到了科学的回答。

在后面的章节里,从《逻辑学》第三篇第二章开始,看到黑格尔批判康德哲学,列宁就不再像以前那样跟着读,而是在他们的基础上以马克思式的回答批判了二者的哲学。在批判康德形而上学的时候,此时的列宁的思路已经不同于黑格尔。他赞成黑格尔,休谟和康德没有把现象看作显现着的自在之物,把现象和客观真理割裂开来,怀疑认识的客观性,把一切经验的东西同自在之物割裂开来。但是,与黑格尔解决康德问题的思路不同,在列宁这里,统一现象与客观真理并不是观念的冲动,而是实践的客观冲动。"要想学会游泳,必须先下水",黑格尔也说过类似的话,但是指称的意义却大不相同。列宁这里是指,对象不能自动跑到我们头脑中去,而只有"下水"到实践中去,我们才能认识对象。实践是一个中介,认识并不直接符合于对象,外部对象在实践中和认识中"既是具体的又是抽象的,既是现象的又是本质的,既是瞬间的又是关系的"④。无论是"自在之物"之刺激,还是传统唯物主义"物质"对我们的刺激,其实是人主动地去触碰才会被刺激,这与贝克莱—康德"我们只能看到(认识到)我们所能看到的东西"有类似之处。但与他们不同的是,在实践的基础上,这一切都是以客观存在为前提,我们不仅可以认识而且可以改造我们认识的东西。列

---

① 列宁.哲学笔记[M].北京:人民出版社,1993:7.
② 列宁.哲学笔记[M].北京:人民出版社,1993:7.
③ 马克思恩格斯选集(第1卷)[M].北京:人民出版社,2012:9.
④ 列宁.哲学笔记[M].北京:人民出版社,1993:7.

宁认为,是马克思天才地发现了这一点,黑格尔的"观念可以创造世界"到了这里也就可以理解了。

认识是一个历史进程,它在自身的发展中解决自己的矛盾。"认识的进程把认识引向客观真理",人对外部对象的反映中的"抽象性和分隔性"是主观的,而它就"整体、过程、总和、趋势、来源来说都是客观的"。最重要的是,实践是消灭主观和客观两个片面性的手段,也只有当概念成为在实践意义上的"自为存在"的时候,人的概念才能最终地把握通晓认识的客观真理。列宁发现,康德和黑格尔的"谬误"都不是因为将物质颠倒为观念造成的,而是将人的实践活动抽象为主观的推理,将客观的人的行为抽象变成了思辨的先验逻辑,表面上看起来是天赋观念,具有公理的性质,但实质上,这种先天性来自实践活动的"亿万次的重复"所形成的实践结构或客观的实践逻辑。

由此,列宁总结说:"为自己绘制客观世界图景的人的活动改变外部现实,消灭它的规定性(=变更它的这些或那些方面、质),这样就去掉了它的外观、外在性和虚无性的特点,使它成为自在自为地存在着的(=客观真实的)。"①这是说人对客观世界的认识不是人对外部客观世界的直接反映,而是根据人的目的(需要)去改变或创造的。也就是通过实践改变外部现实,消灭外部世界的客观规定,通过实践重新绘制客观世界。自然界作为人们活动的客体,通过历史揭开自己的秘密,而且认识没有完结,每一次的"真理"都是历史的、暂时的。到此,列宁也就完成了唯物主义实践辩证法的全程确证,在黑格尔—马克思的基础上真正把辩证法逻辑建构大大地向前推进了一步。

三、批判的意义

(一)理论意义

在阅读完黑格尔《逻辑学》后的列宁,不仅反驳了以康德为代表的唯心主义先验论,还批判了黑格尔将逻辑结构唯心主义理解的错误。对马赫主义等的批判不是简单地从旧唯物主义观点去驳斥,而是用实践的辩证法予以科学的回答。这对我们面对现代哲学,从孔德等人开创的实证主义和新康德主义的马堡学派、经过马赫等人的经验批判主义,到逻辑实证主义、语言分析哲学和当代科学哲学,有了更加科学的眼光。更重要的是,在马克思传播过程中,不仅只有西方马

---

① 列宁.哲学笔记[M].北京:人民出版社,1993:7.

克思主义在理论上对马克思主义有所发展,在东方传播的途径中,列宁哲学笔记的思想更是在人类思想史上留下了宝贵的财富。

另一方面,正是因为列宁在阅读过程中对"不可知论"批判的如此关注,使得列宁更多地思考到关于认识论的问题,从而促使他发现了黑格尔哲学中"认识论、逻辑学、辩证法三者同一的问题",即在马克思主义的立场上重新认可黑格尔关于辩证法、认识论和逻辑学三者一致的观点,从而深化了实践辩证法理论,为马克思主义哲学的发展作出重大贡献。面对西方马克思主义者与第二国际的争论,在面对如何理解马克思学说的黑格尔渊源问题上,《哲学笔记》无疑为我们提供了丰富的思想。

(二)现实意义

当时的列宁面对党内日益严重的斗争,在讨论党章中的重大原则问题时发生分歧,党分裂为"布尔什维克"和"孟什维克"。如何用理论来面对革命实践问题,即以什么样的理论来支撑他的革命,正如张一兵教授所言:"列宁恰恰是在这种对实践辩证法革命的能动性的深刻理解中,找到了马克思哲学思想中最关键的逻辑支撑点,并由此确认了十月革命的现实合法性。"[①]这是列宁可能得到的最具现实意义的结果。列宁指导十月革命的理论指南,不是普列汉诺夫们的那种费尔巴哈式的旧唯物主义,也不是马赫主义他们的先验唯心论,更不是意志论,而是源于马克思历史唯物主义实践辩证法,这是建立在尊重客观物质条件基础上的无产阶级的实践的能动性。最终列宁领导的十月革命获得成功,鼓舞了世界上受压迫的民族起来反抗,为自己建立新的国家而奋斗,这也包括中国。在当代,我国在社会主义建设实践中遇到过失败和挫折,这更需要我们站在可知论的立场,即站在实践辩证法的基础上认识当代国际形势的本质、主流,学会辩证地处理国家交往中以及国内的各种矛盾现象,从而更好地推进中国特色社会主义的不断发展。

【作者简介】 宁　姗　四川师范大学马克思主义学院马克思主义哲学专业 2015 级硕士研究生　四川 成都 610011;石　然　浙江大学人文学院博士后,助理研究员,法学博士　浙江 杭州 310028

---

① 张一兵.回到列宁——关于"哲学笔记"的一种后文本学解读[M].南京:江苏人民出版社,2008:9.

参考文献

[1] 北京大学哲学系外国哲学史教研室.西方哲学原著选读(上卷)[M].北京:商务印书馆,1981:6.

[2] 笛卡尔.第一哲学沉思集[M].庞景仁译.北京:商务印书馆,1986:6.

[3] 休谟.人性论(上卷)[M].关文运,译.郑之骧,校.北京:商务印书馆,2015.

[4] 康德.纯粹理性批判[M].邓晓芒,译.杨祖陶,校.北京:人民出版社,2004.2.

[5] 康德.未来形而上学导论[M].庞景仁,译.北京:商务印书馆,1978.

[6] 黑格尔.哲学全书·第一部分逻辑学[M].梁志学,译.北京:人民出版社,2002:12.

[7] 列宁.哲学笔记[M].北京:人民出版社,1993:7.

[8] 马克思,恩格斯.马克思恩格斯选集(第1卷)[M].北京:人民出版社,2012:9.

[9] 张一兵.回到列宁——关于"哲学笔记"的一种后文本学解读[M].南京:江苏人民出版社,2008:9.

[10] 刘放桐.新编现代西方哲学[M].北京:人民出版社,2000:6.

[11] 赵异.再论认识与实践的关系[J].延边党校学报,2011,6(3).

[12] 吴建良.何为辩证法的合理形式——列宁《哲学笔记》再解读[J].中国矿业大学学报(社会科学版),2016(6).

[13] 李西祥.马克思对黑格尔辩证法批判的三维视域[J].哲学原理,2016(4).

列宁的社会调查思想及其启示①

廖芳玲

【摘　要】　列宁无论是在青年时期还是在十月革命胜利前后时期,总是身体力行地深入工农群众做认真细致的调查研究。在调查研究中,列宁形成了自己一套颇具特色的社会调查思想和方法:善于搜集利用当地政府的文献资料,善于充分利用与群众的访谈和座谈,善于利用观察法来直接获取信息,善于利用整体、系统的分析与个案分析相结合。列宁社会调查思想的当代启示:通过社会调查来掌握人民群众的情绪、愿望和要求,是实施治国理政的客观依据;通过社会调查,广泛地接触群众、联系群众,是全面从严治党、切实纠正"四风"和提高工作效率的重要举措。

【关键词】　列宁　俄国　社会调查　当代启示

列宁的一生是努力把马克思主义同俄国革命和建设的实际情况相结合,并为此不懈奋斗的一生。在长期的革命活动中,他一直倡导和身体力行做社会调查,并形成了自己一套颇具特色的调查思想和方法。今天,我们重温这些蕴含治国理政的经验和智慧的调查思想和方法,有助于提高我们的思想认识和理政能力。

一、列宁为俄国革命和建设做了大量社会调查

无论是在沙皇政府统治年代,还是在十月革命后的社会主义革命和建设时

---

①　本文系浙江省中国特色社会主义理论研究基地项目(13JDZT02YB)的阶段性成果。

期,列宁都深入工农群众,潜心做了大量调查研究工作。调查之后,他写下了许多社会见闻和思考心得,他的一些重要著作就是以调查报告的形式写作和发表的。

列宁青年时期的俄国农村调查。列宁出版的第一部著作《农民生活中的新的经济变动》(1893年),就是他深入农村第一线调查后写成的。他17岁时因参加学生运动被开除学籍,被流放到喀山附近的柯库什基诺村。在此期间,他曾"仔细观察了农民的情况"[①]。在1889—1893年移居萨马拉期间,他更是经常向农民做调查。他在著作中利用波斯特尼柯夫的《南俄农民经济》一书中的资料,试图运用马克思主义理论对俄国农民经济的现实状况进行分析,揭示出俄国农业资本主义发展的形式和过程。

十月革命胜利前,列宁对俄国资本主义发展状况和西欧社会的调查。1899年,列宁出版了他最详尽的调查报告《俄国资本主义的发展》。这部重要著作历时5年完成,近50万字,是在他对19世纪末俄国国情和社会深入剖析、研究的基础上写成的。在写作过程中,他深深扎根于工农群众之中,通过对工人、农民的直接观察和访问来了解俄国社会的实际情况。19世纪末20世纪初,俄国资本主义发展的命运问题成为俄国各党派争论的焦点问题。1895年12月,列宁因参加工人运动被捕入狱,14个月后又被流放到西伯利亚。在此期间,他一方面通过在当地的两个农民朋友研究西伯利亚的农村,另一方面又通过文献调查,参考了583本书,为《俄国资本主义的发展》的写作收集了大量资料。这部名著是列宁运用马克思主义理论,对俄国的具体现实情况进行了深入的调查研究的产物。

1900年7月至1917年4月,列宁曾先后两次被迫侨居国外,过了长达15年之久的流亡生活。在此期间,他把社会调查视野扩展到整个西欧,考察了西欧各国社会情况,特别是工人阶级的生活情况。列宁夫人回忆在伦敦的生活情景时说,"伊里奇研究了活的伦敦",他"总是喜欢到工人群众中间去。哪儿有工人群众,他就到哪儿去——城外草地、小酒馆、阅览室、大众食堂、教堂、各种集会等等"[②]。通过长期实地考察和文献研究,列宁掌握了大量情况和资料,为他写作《帝国主义论》这部重要著作做了充分准备。这部著作是马克思《资本论》的直接继续和发展。他提出社会主义在单独一个资本主义国家内胜利是可能的等著名论断,这不是从马克思、恩格斯的著作中得到的,而是从对马克思逝世以后资本主义社会发展状况的社会调查研究中得到的。

十月革命胜利后的俄国国情和社会调查。苏俄十月革命胜利后,当布尔什

---

① 普·凯尔任采夫.列宁传[M].北京:生活·读书·新知三联书店,1975:6.

② 娜·康·克鲁普斯卡娅.列宁回忆录[M].北京:生活·读书·新知三联书店,1975:58-59.

维克党面对百废待兴、问题层出不穷、矛盾纷繁复杂、思想异常活跃的新形势时，列宁向全党发出号召，提出：当前的"首要任务之一是组织一系列的社会调查"①。在列宁看来，调查研究，是马克思主义的一条根本的思想方法和工作方法。为了使党能制定出正确的政策，取得经济建设的胜利，列宁总是身体力行，带头做调查研究。例如，1918年，由于国内战争和国际帝国主义的武装干涉，使年轻的苏维埃政府实行了余粮征集制，并且以此为标志实施了一系列"战时共产主义"政策。1920年12月，列宁通过调查和座谈，已察觉"战时共产主义"所遭遇的尴尬境地。1920年底到1921年初，列宁开始酝酿改变经济政策。他阅读了许多农民的来信和申诉书，亲自接见了来自各地的农民代表，倾听他们的意见和呼声，并做了大量实际调查，同中央、地方工作人员讨论农业问题。列宁在1921年3月的俄共第十次代表大会上作政治报告，对实行实物税的问题做了理论阐述，大会顺利通过了列宁的报告。以实物税代替余粮收集制度，标志着苏维埃俄国向"新经济政策"的过渡。不仅于此，列宁还通过深入调查研究，掌握了农村的许多真实情况，使他确信"新经济政策"的长期性。

二、列宁的社会调查方法的主要特点

列宁把深入实际、亲自调查研究作为坚持和发展马克思主义、反对教条主义的有力武器，这就为认清俄国的国情和十月革命的胜利提供了有利的条件。我们认为，列宁的社会调查方法的特色主要表现在以下四个方面。

第一，他在调研中善于大量搜集利用当地政府的文献资料。

列宁为了写成《俄国资本主义的发展》一书，进行了非常艰苦的努力。在1896年1月被捕入狱后不久，列宁就写信到外面托人搜集各种资料，他要求通过熟识的统计人员搜集各省区、地方自治局的出版物，搜集政府各种委员会的报告书、各种代表大会的报告和记录等等。列宁在狱中就已经利用彼得堡的各个图书馆——科学院的、自由经济学会的以及其他科学组织和科学机关的图书馆，大量搜集资料。就是在前往西伯利亚流放的途中，他也没有停止这种搜集工作。《帝国主义论》这部著作，也是列宁艰苦细致地调查研究的精品。为了写这部书，列宁从1914年第一次世界大战爆发后最初几天起，就着手收集、整理和研究帝国主义时代各国经济、政治、技术、地理、历史、外交、殖民地、工人运动等问题，以及其他社会生活部门的世界文献。这种工作继续了两三年。他从几百本外文书

---

① 列宁全集(第34卷)[M].北京：人民出版社，1995：349.

籍、杂志、报纸和统计汇编中摘出的摘录、纲要、杂记和表格等达到 40 多页张。没有这样巨大的调查研究工作,没有极其丰富和精确的资料,那样具有划时代意义的伟大文献是不可能产生的。

第二,他在调研中善于充分利用与群众的访谈、座谈。

列宁住在乡村亚拉卡也夫卡的时候,就经常和农民一块谈话,直接考察农民的生活状况。他把对文献资料的分析研究和做访问调查密切结合起来。在西伯利亚流放期间,他仍然利用一切可能的机会访问农民,直接了解西伯利亚农民的生活状况和要求,研究那儿的乡村经济及风土人情。他曾经利用自己的法律知识帮助当地农民保护自己的权利,反对地方当局和富豪的专横。这样,他成为了当地农民深深信任的朋友,而他也就更能够深刻细致地了解当地农村的情况和问题。[1] 1921 年 2 月 9 日,西伯利亚农民切尔诺夫来到首都莫斯科,列宁把他请到自己的办公室。切尔诺夫小心翼翼地念起了自己的建议书:"把'余粮收集制'改成'粮食税',就能引起农民的兴趣,因为按规定交够国家的粮食,剩下的归自己所有,麦子种得多收得多,就会留得多。农民把留下的余粮卖了,可以到城里买肥皂、煤油、布匹、镰刀、收割机,而这些东西地里长不出来。"切尔诺夫念完后,观察列宁的反应。突然,列宁问:"你是什么人?"切尔诺夫一惊,心想,来莫斯科的时候,家乡人劝过他:"你虽然正确,但要按照你的意见办终究是不可能的。"看来这要成真的了。可列宁问清切尔诺夫身份后,又请他谈了税收的一些问题。道别时,列宁说:"能把你的建议书在《真理报》上发表吗?"两天后,《真理报》果然发表了。[2]

第三,他在调研中善于利用观察法来直接获取信息。

列宁不仅重视整个社会的全面情况,而且也善于对细小的实际问题加以观察。根据许多同时代人的回忆,列宁在他青年时期领导"工人阶级解放斗争协会"的时候,就非常注意调查和了解工厂中工人的生活状况,他"对每个能表明工人生活状况的细小事情都感兴趣"(克鲁普斯卡娅的回忆);他熟悉一切工资定额,一切有关罚金的材料,甚至研究了商品名目。他所写的传单和其他宣传品,他的讲演,都能非常准确地抓住工人的要求,击中敌人的要害,鼓舞工人的斗争情绪。1902 年春列宁在伦敦期间,仍然像在国内时期一样密切关心工人的实际斗争。他细心地考察英国工人的生活,到工人区域参观视察,参加工人会议和群众大会,调查了解英国的工人运动状况。无论是小店、公共食堂还是教堂,哪儿

① 明东.学习列宁重视调查研究的科学精神[J].前线,1962(2):6-7.
② 魏泽焕.列宁调查研究的故事[J].今日中国论坛,2005(10):108-109.

有工人群众谈话或辩论，他就总是喜欢到那儿去倾听。①

第四，他在调研中善于利用整体、系统的分析与个案分析相结合。

列宁对俄国资本主义发展的考察，是从工业、农业两大产业部门的独立分析中展开的，但最终归结为一个问题——资本主义国内市场的形成。资本主义的发展依赖于市场、依赖于商业，市场的发展程度就是资本主义的发展程度，而市场的发展则可表现为许多方面，它们构成一个相互联系的整体。因此，考察分析必须是涵盖上述微观方面的整体综合分析，并且这种微观、个案分析结论只有在宏观上归纳做出，才能具有说服力。例如，在个案和微观的分析中，列宁选取了"恩格尔哈特农场"作为俄国农业资本主义发展的代表。通过对该农场的个案分析，指出了其所具有的资本主义经营性质以及农民的分化所带来的新变化。又如，列宁对商业性农业的发展的考察，几乎涉及当时所有的重要行业，使我们可以看到俄国农业资本主义普遍发展的现实景象。

三、列宁的社会调查思想的两点启示

首先，通过社会调查来掌握人民群众的情绪、愿望和要求，是实施治国理政的客观依据。

列宁在由"战时共产主义政策"向"新经济政策"转变的过程中，除了认真研究农民的来信和其他材料外，还多次亲自到各地农村了解农民的情绪，不断找农民谈话，认真考察在农民中间发生的各种情况。通过对农民的调查研究，列宁掌握了农民和农村的全部真实情况，使他确信必须立即废除战时共产主义政策，以粮食税代替余粮收集制。又如，1918 年，列宁针对当时的一些党报宣传的内容不适应苏俄政治经济发展的需要，要求记者重视调查研究并提出了具体要求。列宁指出，要调查所在单位："是否真正有成绩？有哪些成绩？证实了没有？其中有没有虚构、夸大和书生式的许诺？成绩是怎样取得的？怎样扩大的？"② 再如，1922 年 4 月 12 日，党的负责人奥新斯基通过调查研究，在《真理报》上发表了《地方经验的新材料》一文。列宁当天看到这篇文章后，立即给他写信，表示"非常欢迎"，认为这是一次"创举"，并衷心希望他"朝着这个方向更长远、更广泛、更深入地继续做下去"。列宁听说《贫苦农民报》有大量的农民来信，便让报社送来一封一封看。列宁让编辑卡尔宾斯基把所有来信的意见归纳成一份报告，阅读后高兴地说："瞧，这才是真正推心置腹的文件，这是我在任何报告里都

---

① 明东.学习列宁重视调查研究的科学精神[J].前线，1962(2)：6-7.

② 魏泽焕.列宁调查研究的故事[J].今日中国论坛，2005(10)：108-109.

听不到的!"他还给卡尔宾斯基写了一封信,希望能定期看到农民来信情况报告。①

习近平总书记在湖北省调研期间曾强调指出:"我国改革已进入攻坚期和深水区,需要解决的问题十分繁重。调查研究是谋事之基、成事之道。没有调查,就没有发言权,更没有决策权。研究、思考、确定全面深化改革的思路和重大举措,刻舟求剑不行,闭门造车不行,异想天开更不行,必须进行全面深入的调查研究。"②当前,我们要厘清、贯彻落实"四个全面"治国理政的思路与部署,就必须以深入的调查研究为基础。如果不做调查研究,就有可能背离为人民服务的宗旨。有的人即使主观上想为人民群众办好事,在客观上却会事与愿违,干出一些脱离群众甚至侵犯或损害群众利益的蠢事。因此,全面深入的调查研究,是我们党实施治国理政的客观依据。

其次,通过社会调查,广泛地接触群众、联系群众,是全面从严治党、切实纠正"四风"和提高工作效率的重要举措。

苏俄十月革命胜利后,在党和国家机关中存在着严重的官僚主义现象。列宁指出,泛泛之谈,空话连篇,都是些大家听厌了的愿望,这就是现代的"共产党员的官僚主义"。他对此深恶痛绝。为了克服官僚主义,列宁一方面重视国家机关的改革,另一方面要求党和国家机关的工作人员深入地开展调查研究。他经常教导工作人员"少说些漂亮话",在深入开展调查研究的基础上,"多做些日常平凡的事情"。1921 年 8 月,列宁在写给中央统计局的信中,要求他们拿"99%的力量去研究我们建设中实际上迫切需要解决的问题"。1922 年 3 月,列宁在给莫洛托夫的信中,要求大家写报告不要空话连篇,而要"拿出实际经验的材料,即使是一个县一个乡的也好,不是学院式地、而是实际地加以研究"。在报告中,要写明"哪些不应该做,具体地,有例子,有地名,有确实事实"。列宁提出的这些要求,对克服官僚主义、改进工作作风和提高工作效率起到了十分重要的作用。不仅如此,列宁还认为,在调查研究时要深入到基层,在切实掌握丰富的具体材料的基础上做出正确的分析,找出成功和失败的真正原因。要敢于揭露和批评错误行为,大力表彰好人好事。列宁指出:"在研究地方经验时,要多一些,再多一些具体内容、详情、细节、实践、实际经验,要深入现实生活,既深入县的,也深入乡的、村的生活。要分析:在什么地方、什么人、为什么(用什么办法)尽管处在极度贫困和经济上遭到严重破坏的情况下仍能取得实际的,虽然是不大的改善。

① 魏泽焕.列宁调查研究的故事[J].中国党政干部论坛,2004(8):47-48.
② 习近平.在武汉召开部分省市负责人座谈会时强调 加强对改革重大问题调查研究 提高全面深化改革决策科学性[N].人民日报,2013-07-25(1).

不要怕揭露错误和无能。广泛介绍并大力宣扬任何一个表现稍为突出的地方工作人员,把他当作榜样。"只有这样,"我们整个建设事业的改善也就会越加顺利"。① 当前,深入群众的调查研究是全面从严治党、转变党的工作作风的重要环节。调查研究对于发现新问题和新情况有着重要的作用,有利于我们在实际工作中克服和纠正"四风"。我们在调查研究过程中应当以列宁为榜样。习近平总书记曾说过,领导干部调查研究不仅要"身入"基层,更要"心到"基层。②调查研究要求我们在实际工作中要学会眼睛向下看,向下做调查研究,要了解基层群众反映的现实问题,推动各项工作的有序健康发展。要认识到社会调查研究的重要性,获取真实可靠的资料,发现新问题,及时改进,以身作则。要切实转变党的工作作风,克服形式主义、官僚主义、享乐主义和奢靡之风。

【作者简介】 廖芳玲 浙江科技学院马克思主义学院讲师 浙江 杭州 310023

参考文献

[1] 普·凯尔任采夫.列宁传[M].北京:生活·读书·新知三联书店,1975.

[2] 娜·康·克鲁普斯卡娅.列宁回忆录[M].北京:生活·读书·新知三联书店,1975.

[3] 列宁全集(第三十四卷)[M].北京:人民出版社,1995.

[4] 明东.学习列宁重视调查研究的科学精神[J].前线,1962(2).

[5] 魏泽焕.列宁调查研究的故事[J].今日中国论坛,2005(10).

[6] 魏泽焕.列宁调查研究的故事[J].中国党政干部论坛,2004(8).

[7] 习近平.在武汉召开部分省市负责人座谈会时强调 加强对改革重大问题调查研究 提高全面深化改革决策科学性[N].人民日报,2013-07-25(1).

[8] 列宁文稿(第10卷)[M].北京:人民出版社,1995.

[9] 习近平.谈谈调查研究[N].学习时报,2011-11-22(1).

[10] 仇立平.社会研究方法[M].重庆:重庆大学出版社,2015.

---

① 列宁文稿(第10卷)[M].北京:人民出版社,1995:17-18.

② 习近平.谈谈调查研究[N].学习时报,2011-11-22(1).

列宁"一国胜利论"对马克思恩格斯"共同胜利论"的继承和发展

李文君

【摘　要】　"一国胜利论"是列宁的重要理论之一。社会主义革命的发生问题历来颇受争议。19 世纪 40 年代,资本主义还处于自由竞争阶段,马克思、恩格斯根据当时的国际局势深入研究了社会主义革命的发生问题,并提出了"共同胜利论"。马克思认为发达资本主义国家将在一个时期内接连发生革命并形成一个大串联,最终彻底消灭资本主义制度。随着第一次世界大战爆发,世界革命形势发生变化,列宁开始重新思考社会主义革命的发生问题,并提出了"一国胜利论"思想。这一理论指出社会主义有可能在一国或数国最先取得成功。列宁的"一国胜利论"对社会主义革命的国际性思想、跨越卡夫丁峡谷理论等进行了有选择的借鉴。同时,也对"共同胜利论"进行了必要的发展。列宁认为社会主义革命的发起国可以是落后国家,同时还对社会主义的胜利和完全胜利进行了区分。可以说,"一国胜利论"是新的时代背景下对"共同胜利论"的继承和发展。这一理论对我们中国破解改革难题、早日实现两个一百年奋斗目标意义非凡。

【关键词】　一国胜利论　共同胜利论　社会主义革命　十月革命　帝国主义理论

俄国的十月革命距今已经有整整一百年的历史,但是它的影响仍然延续至今。这次革命的成功标志着世界上首个社会主义国家苏联的诞生。而指导这一革命大获成功的重要理论武器就是列宁的"一国胜利论"。在自由资本主义时期,马克思、恩格斯认为虽然各个国家的资本主义发展程度和生产力发展水平存在差异,但是仅凭一个国家是不能消灭存在于世界范围内的私有制的,唯有全世界无产者携手努力、并肩作战,才能使社会主义革命走向成功。随着第一次世界大战爆发,世界革命形势发生变化,列宁开始重新思考社会主义革命的发生问题,并提出了"一国胜利论"思想。这一理论与马克思的"共同胜利论"不同,它指出一国或数国在特定条件下可以最先取得社会主义的成功,这就使得马克思的社会主义革命理论迈上了一个崭新的台阶。

一、"共同胜利论"与"一国胜利论"的提出及内涵

(一)"共同胜利论"的提出及内涵

19 世纪中期,资本主义还处于自由竞争阶段,马克思、恩格斯根据当时的国际局势深入研究了社会主义革命的发生问题,并提出了"共同胜利论"。19 世纪40 年代,恩格斯在《共产主义原理》一文中指出:"共产主义革命将不是仅仅一个国家的革命,而是将在一切文明国家里,至少在英国、美国、法国、德国同时发生的革命。"[①]这一思想被后人概括升华为"共同胜利论",这也是"共同胜利论"最初的文本依据。

科学理解"共同胜利论"的正确内涵是全面认识"一国胜利论"与其关系的前提。从字面意思上看,"共同胜利论"似乎就是指全部资本主义国家都在同一时刻发生社会主义革命,革命成功后人类历史就进入了社会主义这一崭新篇章。然而,理解"共同胜利论"的真正内涵不能只停留在直观的字面意思上,而要深度地剖析其本质的内涵。马克思认为共同胜利指的是——发达资本主义国家必然将在一个时期内接连发生革命并形成一个大串联,彼此之间相互支持、相互影响,陆续消灭各个国家的资本主义,最终彻底消灭资本主义制度,使人类社会进入共产主义这一崭新篇章。对于首先发生革命的是怎样的国家,马克思从生产力角度出发对社会主义革命的发起国从质和量上都做出了假设。马克思、恩格斯认为社会主义革命应该同时具有国际性和先进性双重属性。在量上,马克思认为由于作为革命对象的资本主义在全世界范围内均有所发展,因此革命必然也需要世界各国的共同参与,至少是英国、法国、美国和德国等发达国家,绝不是仅凭一个国家或几个国家就能轻松取得最终胜利的。自由资本主义时期世界市场已经初步形成,不仅经济,各个国家的政治、文化等各方面也相互交融、相互影

---

① 马克思恩格斯选集(第 1 卷)[M].北京:人民出版社,2012:221.

响。资本的特性使资本打破了地域界限从而在全球都表现出旺盛的生命力,使得资本主义在各个国家均有不同程度的发展,因此,以私有制为斗争对象的共产主义运动自然也带上了国际性的色彩。总之,社会主义事业是一项需要世界各国并肩作战的国际性事业。在质上,马克思认为社会主义革命的发起国应该具有先进性。经济发展水平和资本主义成熟程度是衡量革命形势的关键因素。在自由资本主义阶段,资本主义还暂时处于上升期,各国之间联系密切,政治、经济发展虽然存在差异,但资本主义的各种弊病和矛盾并未充分凸显出来。只有在经济发达的国家里,资本主义的各种矛盾和社会问题才会相对明显地表现出来。这些已经具备革命条件的国家必然将在一个时期内相继发生革命,彼此之间相互支持、相互影响,最终彻底消灭资本主义制度,在全世界范围内建立起社会主义制度。因此,马克思、恩格斯认为发达的经济水平和成熟的资本主义将造就大好的革命形势,从而提出了"共同胜利论"。

(二)"一国胜利论"的提出及内涵

随着第一次世界大战爆发,世界革命形势发生变化,列宁开始重新思考社会主义革命的发生问题,并提出了"一国胜利论"思想。20世纪初期,列宁在《论欧洲联邦口号》一文中指出:"经济和政治发展的不平衡是资本主义的绝对规律。由此就应该得出结论:社会主义可能在少数甚至在单独一个资本主义国家内获得胜利。"①这段经典表述成为"一国胜利论"最初的文本依据。

第一次世界大战后,社会主义革命并没有像马克思、恩格斯最初预想的那样在西欧等发达资本主义国家爆发,与之相反,世界革命的中心逐渐由西方向东方转移。时局的变化迫使列宁开始重新思考社会主义革命的发生问题,列宁的思想从此开始转变。首先,列宁发现了政治和经济发展的不平衡是资本主义与生俱来的顽疾,从而使马克思列宁主义的帝国主义理论孕育而成。紧接着在这一理论的基础上,"一国胜利论"在时代的召唤下应运而生,极大地发展了马克思的"共同胜利论",成为社会主义发展史上一次巨大的历史性突破。

列宁"一国胜利论"的形成并非一帆风顺,而是经历了一个曲折的发展过程,在实践中不断完善最终得以成熟。在第一次世界大战爆发之前,由于帝国主义理论还没有被列宁所发现,列宁和马克思、恩格斯一样也坚持"共同胜利论"。列宁同样认为发达资本主义国家将在一个时期内接连发生社会主义革命并形成一个大串联,彼此之间相互支持、相互影响,陆续消灭各个国家的资本主义,最终彻

---

① 列宁选集(第2卷)[M].北京:人民出版社,2012:554.

底消灭资本主义制度,在全世界范围内建立起社会主义制度。然而,二月革命的成功促使列宁思想发生了巨大转变。二月革命成功后,俄国终结了罗曼诺夫封建王朝的统治,建立了资产阶级临时政府和苏维埃政权。苏维埃政权中的孟什维克与资产阶级临时政府合作,资产阶级临时政府多次向西方列强发起战争,最终结果都以惨败告终。俄国人民要土地、要面包、要和平的愿望无法得以实现,最终导致了著名的"七月流血事件"悲剧的发生。劳资矛盾、农民和地主的矛盾等一系列矛盾在俄国国内尖锐凸显,可以说此时俄国国内的革命形势一触即发。由此,列宁认识到生产力不是决定革命条件的唯一因素,如果只将生产力作为衡量革命形势的唯一因素,就会陷入以布哈林为代表的庸俗决定论。

列宁认为,俄国良好的革命形势归根结底来源于俄国国内落后的生产力水平,因此与马克思、恩格斯认为革命的发起国应该具有先进性不同,列宁认为正是落后性造成了俄国国内前所未有的革命形势。俄国的资本主义与西欧和北美的发达资本主义国家相比发展程度较低,但是如果革命形势十分有利,列宁认为这就能够弥补生产力和资本主义未充分发展这一缺陷。这就是列宁所讲的落后国家进行革命并取得胜利的特定条件。而且,俄国并非像非洲和南美洲国家那样生产力极其落后,它有着农村公社这一实现公有制的基础,并且广大工人的存在也为革命提供了坚实的阶级基础。因此,俄国在此时进行社会主义革命可谓大势所趋。在解决了社会主义革命在一国取得胜利这一问题之后,列宁站在世界历史高度,对社会主义取得完全胜利也规划了一幅宏伟蓝图。他指出,一个国家在无产阶级取得政权以后要把发展经济提上日程来,在国内要继续大力发展生产力,在全世界无产者的联合下,消灭资本主义制度,建立社会主义制度,取得社会主义在世界范围内的完全胜利。

二、"一国胜利论"对"共同胜利论"的继承

第一,列宁的"一国胜利论"继承了马克思"共同胜利论"中社会主义革命的国际性思想。在自由资本主义时期,由于世界市场已经初步形成,资本的特性使资本打破了地域界限从而在全球都表现出旺盛的生命力,使得资本主义在各个国家均有不同程度的发展。革命对象的国际性决定了社会主义的兴起是国际性的,以资本主义制度为斗争对象的社会主义革命注定成为一项国际性事业。因此,在量上,马克思认为由于作为革命对象的资本主义在全世界范围内均有所发展,社会主义革命必然也需要世界各国的共同参与,至少需要英国、法国、美国和德国等发达资本主义国家参与其中,绝不是仅凭一个国家或几个国家就能轻松取得最终胜利的。因此,马克思、恩格斯在《共产党宣言》最后发出了"全世界无

产者联合起来"①的革命口号。

列宁的"一国胜利论"指的是社会主义政治革命的胜利,即在一国范围内通过社会主义革命夺取政权,在本国国内建立起社会主义制度。虽然从字面上理解,社会主义革命在一个国家取得胜利似乎只是本国自身的事情,与其他国家的革命形势毫无关系。但是,这一理论实际上对社会主义的胜利和社会主义的完全胜利进行了区分。列宁认为从社会革命角度来讲,一个国家在政治革命获得胜利后,需要继续大力发展生产力,而其他国家相继发生社会主义革命,陆续取得社会主义政治革命的胜利,最终才能彻底消灭存在于全球各地的资本主义,在全世界建立起社会主义制度,即社会主义的完全胜利,使人类历史进入崭新的篇章。因此,从社会革命角度出发,列宁同样认为社会主义的完全胜利需要世界各国的共同参与,可以说"一国胜利论"继承了"共同胜利论"的国际性思想。

第二,列宁的"一国胜利论"是对马克思跨越"卡夫丁峡谷"理论的实践证明。随着历史发展,发达资本主义国家并没有陆续发生社会主义革命,革命中心甚至出现了由西向东转移的趋势,这样的局面是令马克思、恩格斯始料未及的。19世纪50年代,马克思步入晚年以后开始重点研究东方落后国家的社会主义革命,马克思指出他以前的理论只在西欧和北美等发达资本主义国家适用。在之后给社会主义运动活动家查苏利奇的信中,马克思第一次指出东方国家特别是俄国,在一定条件下有可能跨越资本主义"卡夫丁峡谷",走上社会主义道路,这是东方社会的特殊发展道路,从而又进一步发展了唯物史观。② 马克思认为世界革命的最终趋势并不排斥各个国家和民族发展道路的特殊性,反而以此为必要的补充。由于生产力水平和资本主义发展程度不同,东方落后国家的革命道路必然呈现出与发达资本主义国家不同的一系列新特点,尤其是存在着农村公社的俄国。列宁同样认为世界历史发展的一般规律丝毫不排斥个别国家的个别发展阶段在发展形式上表现出特殊性,并且是以此为前提的。③ 列宁的"一国胜利论"正是在马克思跨越"卡夫丁峡谷"理论基础上提出来的。在新的时代形势下,列宁找到了俄国跨越"卡夫丁峡谷"的实现条件,把握了跨越时机。帝国主义战争使西方列强之间相互削弱,无力统一起来结成镇压工人运动的统一战线,这就造成了帝国主义链条上的薄弱环节,这就是俄国社会主义革命得以胜利的外部条件。俄国革命爆发的内部条件在于以下三个方面:一方面资本主义在俄国已经有一定程度的发展,社会主义革命具备了一定的经济和政治条件,准确地说

① 马克思恩格斯选集(第 1 卷)[M].北京:人民出版社,2012:307.
② 马克思恩格斯选集(第 3 卷)[M].北京:人民出版社,2012:837.
③ 列宁选集(第 3 卷)[M].北京:人民出版社,2012:86.

俄国跨越的是资本主义的成熟阶段;另一方面,俄国经济发展落后,资产阶级临时政府的错误领导使俄国国内陷入了民不聊生的局面,这导致俄国人民有着前所未有的革命热情,俄国国内的革命形势一触即发;再一方面,俄国虽然生产力水平落后,但是并非像非洲、南美洲等一些国家一样极其贫困,俄国国内存在着农村公社这一实现社会主义公有制的基础,这为社会主义制度在俄国的实行提供了有利的载体。内外条件具备,俄国发生社会主义革命一触即发。

三、"一国胜利论"对"共同胜利论"的发展

(一)"一国胜利论"使社会主义革命的发起国完成了从先进性到落后性的转变

19 世纪 40 年代,资本主义还处于自由竞争时期,马克思、恩格斯根据他们所处的时代特点和革命形势,指出社会主义革命是一项国际性事业。从生产力发展角度出发,社会主义革命的第一发起国应该是具有先进性的发达国家,具体主要指西欧和北美的发达资本主义国家,由此就把包括俄国在内的东方落后国家排除在外。马克思在《政治经济学批判》序言中曾经指出,任何一种新的生产关系,在它的物质存在条件在旧的社会形态中成熟以前是绝不会出现的。[①] 一方面,在自由资本主义社会,资本主义还暂时处于上升期,各个国家资本主义发展程度不同,马克思认为只有在资本主义高度发展的发达资本主义国家,资本主义追求剩余价值的本质以及由此引发的一系列社会问题才能够充分暴露出来,资产阶级和无产阶级的矛盾才能够异常尖锐地凸显出来,才能引发良好的革命形势。另一方面,发达资本主义国家具有高度的生产力水平,工业现代化程度高,无产阶级不仅有较高的革命觉悟和素质、高组织纪律性,而且能够充分利用资本主义高度发展带来的物质基础和各种便利,这为社会主义革命的顺利进行提供了强大的主力军和有力的物质保障。因此,上述这两方面原因最终能够引发发达资本主义国家的社会主义革命。

19 世纪末 20 世纪初,世界历史进入帝国主义时期,尤其是第一次世界大战后发达资本主义国家力量大大削弱,无法结成统一战线联合起来镇压东方落后国家的工人运动,这为落后国家发生社会主义革命提供了有利的国际环境。在资本主义国家内部,资产阶级和无产阶级联合起来一致对抗其他资本主义国家,

---

① 马克思恩格斯选集(第 2 卷)[M].北京:人民出版社,2012:3.

作为统治阶级的资产阶级不得不向无产阶级做出一定的妥协让步,甚至收买无产阶级中的上层人士。这些因素使发达资本主义国家的革命形势大打折扣,也使得俄国革命暂时摆脱了西方列强的控制。1917年俄国爆发了二月革命,革命胜利后罗曼诺夫封建王朝垮台,俄国国内出现了资产阶级临时政府和苏维埃政权同时并存的局面。资产阶级临时政府凌驾于苏维埃政权之上,接连向资本主义国家发动战争,结果都以惨败告终。而刚刚从封建王朝脱胎而来的俄国无论是在经济上还是军事上都十分落后,封建势力依然一定程度地存在,资产阶级为追求高额的垄断利润有时还依附于封建势力,具有软弱性和两面性,因此,资产阶级不会自发地领导人民进行革命。俄国人民看不到争取和平、面包和土地的希望,走上街头游行抗议,最终酿成了"七月流血事件"的悲剧发生。饥寒交迫的俄国人民的革命热情被极大地点燃起来,可以说俄国此时进行社会主义革命既有有利的国际环境作保障,又顺应民心,具有广大的主力军和无限前途,进行社会主义革命可谓大势所趋。因此,列宁认为在这种条件下俄国发动社会主义革命要比发达资本主义国家容易得多。列宁重新审视社会主义革命的发生问题,他认为要革命辩证地对革命形势加以判断。虽然发达资本主义国家的生产力水平高,资本主义发展程度高,然而劳资矛盾更加突出,革命形势应该更有利。但是资本主义发展程度越高,资产阶级力量也就越顽固,就越难被无产阶级彻底打败,社会主义革命事业进行起来也就越艰难。因此,列宁指出,社会主义革命不是一个单纯的生产力竞技运动,而是多种要素相互作用的结果。像俄国这样的落后国家在革命条件成熟的情况下,也可以适时地进行社会主义革命。落后性造成了俄国国内特殊的革命形势,使其不需要西方资本主义国家的革命支持就可以独立地发生革命,这就使社会主义革命发起国完成了从先进性到落后性的转变。

(二)"一国胜利论"把社会主义的胜利和社会主义的完全胜利区别开来

社会主义革命包含政治革命和社会革命两个有机组成部分。社会主义政治革命指的是通过革命使得无产阶级掌握国家政权。社会革命则是指实现社会制度上的转变,使世界历史完成从资本主义社会到共产主义社会的过渡。列宁认为,一个国家通过政治革命可以在本国内建立起社会主义制度,取得社会主义的胜利,而其他国家则还保持资本主义或者资本主义之前的社会形态。在此基础上各国相继发生革命,最终在全世界范围内建立起社会主义制度,实现社会革命的胜利,取得社会主义的完全胜利。马克思、恩格斯把整个人类社会看作一个整体,站在世界历史的高度来看待社会主义事业。马克思认为,只有解放全人类,无产阶级才能最终解放自己,世界历史才能实现从资本主义社会到共产主义社会的质变。也就是说,马克思、恩格斯从社会革命角度来看待社会主义革命的胜利,认为只有在全世界范围内建立起社会主义制度才算是社会主义革命真正意义上的胜利,即社会主义的完全胜利。

"一国胜利论"表明社会主义革命在不同国家并不具有同步性。各个国家由于生产力水平和资本主义发展程度的差异,社会主义革命的发生必然有先有后。列宁的"一国胜利论"从政治革命角度来看待社会主义革命的胜利问题,认为在一国取得社会主义政治革命的胜利就是在一国范围内实现了社会主义的胜利。在此基础上,随着历史发展,各个国家相继发生社会主义革命,陆续在本国内取得社会主义政治革命的胜利,最终在全世界范围内建立起社会主义制度,实现社会革命的胜利,即社会主义的完全胜利。列宁对这一点的认识也经历了一个曲折的发展过程。起初,列宁也和马克思、恩格斯一样认为社会主义革命是一项国际性事业,任何一国都不能单独取得革命的胜利。然而,随着第一次世界大战爆发,世界革命形势发生翻天覆地的变化,列宁根据变化的国际局势重新思考社会主义革命事业,并指出一国应在革命形势成熟的条件下积极进行革命,使政权掌握在无产阶级手中,在本国范围内建立起社会主义制度。这种以夺取政权为目的的政治革命虽然就整个世界历史进程而言并非是一种质变,但却是国际共产主义运动史上一次巨大的飞跃。就革命胜利的一国而言,社会主义政治革命使本国完成了向社会主义的转变,这无疑是社会形态演进过程中的一次质变,对本国无产阶级是一种莫大的激励和鼓舞,同时也使整个世界历史向共产主义又推进了一大步。因此,列宁把社会主义政治革命的胜利和社会主义的完全胜利区别开来意义重大。列宁把世界历史从资本主义社会向共产主义社会演变的历史进程划分成无数个小阶段,把每个国家取得社会主义政治革命的胜利都看作一次历史性飞跃,使全世界无产者充分感受到共产主义社会指日可待。事实上,第一次世界大战后,世界很难形成像马克思、恩格斯设想的串联式爆发的革命局面,理论一旦长期在实践中得不到检验就必然会遭到质疑甚至摒弃。因此,列宁在不改变其理论内在品质的基础上,适时地对马克思社会主义革命理论加以完善和发展,使其时代化、具体化,这种理论创新精神是值得充分肯定的。

四、"一国胜利论"的理论和实践意义

首先,"一国胜利论"激励了全世界无数落后国家积极进行革命,争取独立和解放。第一次世界大战后,资本主义国家在全球范围内对落后国家肆意进行侵略和掠夺,使这些本来就极其落后的殖民地国家陷入了民不聊生的悲惨局面。这些国家同俄国一样,虽然生产力水平不高,但是人民的革命热情高涨,有着极其有利的革命形势,在十月革命的鼓舞下,这些殖民地国家为了争得独立相继爆发了革命,陆续得到解放。从此,"一国胜利论"极大地鼓舞着全世界的无产者在实现社会主义的道路上高歌猛进。

在人类社会发展史上,社会形态的每一次更替都是一次跨越性的质变。马克思认为人类社会发展的终极目标是进入共产主义社会,为了实现从资本主义社会到共产主义社会的质变需要前期进行一系列的量变,不断为促成最后的质变做积累。因此,各国应不失时机地进行社会主义革命,争取共产主义社会的早日实现。旧中国极其落后,经济水平低、资本主义发展迟缓,近代以来更是饱受封建王朝腐朽统治之害。1917年十月革命的胜利使马克思列宁主义开始在中国生根发芽,并在中国社会主义建设的过程中不断开花结果。1949年中国共产党率领中国人民取得了新民主主义革命的胜利,建立了新中国。1978年中国又创造性地进行了改革开放,不断在实践中发展马克思列宁主义,最终开辟了中国特色社会主义道路,可以说是"一国胜利论"在东方落后国家的又一次伟大实践。

其次,"一国胜利论"给我们提供了正确对待马克思列宁主义的方法论,帮助我们明确了坚持马克思主义与发展马克思主义的关系。在具体实践中,我们不能仅仅拘泥于马克思主义经典作家的原话,不能按照马克思主义经典著作中的原文精准地裁剪现实。我们应该在现实中灵活地运用马克思主义的革命辩证法,用发展的眼光看问题。从客观实际出发,根据时代特征和具体国情,使马克思主义呈现出民族特色和时代特色。从而在实践中发展马克思主义,使马克思主义在不同时代、不同民族和国家焕发出持久的光芒。这才是我们对待马克思主义的正确方法论,同时这也是在实践中对历史唯物主义的坚持。

坚持马克思主义不是对其具体结论不加改造地照搬照抄,而是坚持马克思主义的基本立场、观点和方法。马克思、恩格斯不是无所不知的预言家,他们是生活在特定时代和特定地域里的社会人,他们的思想必然也受到他们所处的历史条件的局限。因此,他们做出的结论都立足于他们所处的时代,都有一定的时间和空间适用范围。也就是说,马克思、恩格斯的理论都是特定时代下的具体结论,绝非在任何历史时期、在任何国家都具有普遍适用性的绝对真理。马克思主义自五四运动传入中国以来,与中国具体实践相结合形成了两大理论成果。一个是毛泽东思想。在毛泽东思想的指导下,中国共产党带领人民推翻了压在身上的三座沉重大山,催生了崭新的中华人民共和国。在之后的社会主义建设中,我党又通过漫长的实践探索,开创了独具中国特色的社会主义建设模式,形成了第二大理论成果——中国特色社会主义理论体系,成就了今天国富民强、人民幸福的东方大国。

最后,吸取苏联亡党亡国经验,认清中国国情。十月革命胜利后,由于政治上高度集权、经济上高度集中,再加上个别领导人的错误领导,最终导致了苏联的解体。苏联之所以没有将社会主义坚持到底,一个重要的原因就是忽视客观实际,没有正确认识苏联的现实国情,盲目地认为苏联已经建成了社会主义。因此,我们要认清中国现在最大的国情,那就是我国目前仍处于并将长期处于社会主义初级阶段。虽然中国现在取得的成就全球瞩目。然而,在通往共产主义的道路上,我们要充分认识到社会主义事业长期性与曲折性的有机统一。我们绝不能照搬苏联模式,要不断根据变化的时局和国情,有针对性地制定治国理政的重大策略,开创适合中国国情的社会主义建设模式,才能使马克思列宁主义始终在中国屹立不倒。

导致1989年苏东剧变的一个重要原因,就是许多社会主义国家都认为社会主义革命和建设只有苏联模式这一种模式。然而,实际上西方发达国家和东方落后国家由于国情不同,社会主义革命和建设必然也呈现出不同之处。一国两制思想、社会主义市场经济政策等,都是新形势下中国对马克思列宁主义合乎逻辑的科学发展。中国特色社会主义创造性地打破了既定的苏联模式,没有人云亦云地走苏联高度集中的社会主义建设道路,而是根据国际新局势和社会主义建设中出现的新问题,在实践中不断将马克思列宁主义赋予时代特色和中国特色。可以说,是新时期"一国胜利论"在我国的又一次实践证明。在当代中国建设中国特色社会主义本身就是对列宁"一国胜利论"的坚持与实践。

结　语

马克思、恩格斯的"共同胜利论"指出各发达资本主义国家必然将在一个时期内接连发生革命,并形成一个大串联,陆续消灭各个国家的资本主义,最终在全世界范围内建立起社会主义制度。随着第一次世界大战爆发,世界革命形势发生变化,列宁开始重新思考社会主义革命的发生问题,并提出了"一国胜利论"思想。这一理论指出社会主义有可能在一个或数个国家最先取得成功。这两个理论虽然提出的时代背景不同,理论内涵有所差异,但是二者在本质上存在着相通之处,可以说"一国胜利论"是对"共同胜利论"的继承和发展。在俄国十月革命胜利一百周年纪念讲话中,俄罗斯总理普京充分肯定了十月革命的历史意义。与此同时,他也告诫人民不能将对历史的怨恨拉入现在的生活,既不能把苏联解体的历史悲剧归咎于个别领导人,也不能因此否定十月革命,否定列宁的"一国胜利论"。当下社会主义的发展仍然面临着一系列严峻的考验,中国的改革开放也进入了攻坚克难的深水区,"一国胜利论"对于如何巧妙地破解前所未有的改革难题、如何早日实现"两个一百年"奋斗目标,意义重大。在这一理论的指导下,我们将更有勇气、更有信心地进行社会主义建设,争取早日实现国富民强的中国梦。

【作者简介】 李文君 浙江大学马克思主义学院马克思主义基本原理专业2017级硕士研究生 浙江 杭州 310028

参考文献

[1] 邢广程.列宁对社会主义的探索[M].长春:长春出版社,2009.

[2] 顾玉兰.列宁主义及其当代价值研究[M].北京:中国社会科学出版社,2014.

[3] 蔡亚志.列宁关于落后国家社会主义道路的探索及启示[M].长春:吉林出版集团股份有限公司,2015.

[4] 吕微洲.马克思恩格斯列宁斯大林论资本主义[M].北京:中国社会科学出版社,2009.

[5] 彭大成.列宁的社会主义观[M].长沙:湖南师范大学出版社,2002.

[6] 赵家祥.关于"一国能否建成社会主义"的争论[J].贵州师范大学学报,2016(1).

[7] 王美玲.社会主义模式的演变——从"同时胜利论"到"一国胜利论"[J].天中学刊,2013(4).

[8] 吴日明.日俄战争与列宁"一国胜利论"的形成[J].南通大学学报,2015(3).

[9] 孙新彭.关于"一国胜利论"及理论与实践关系的再认识[J].理论导刊,2008(3).

[10] 刘小兰.论列宁"一国胜利论"对马克思"共同胜利论"的发展[J].当代教育理论与实践,2011(6).

[11] 翟昕.再谈列宁的"一国建成社会主义"思想[J].世纪桥,2008(1).

[12] 周作芳."一国社会主义"问题研究评述[J].华北电力大学学报,2006(3).

[13] 郑异凡.恩格斯"同时胜利论"质疑[J].国际政治研究,2003(4).

[14] 韩云川.列宁社会主义探索的得与失[J].科学社会主义,2010(4).

马克思主义法学视域下"权力制度化"理论与实践论析

——从"把权力关进制度的笼子里"谈起

邱　涵

【摘　要】　"权力制度化"是马克思主义法学穿透历史长河对现实问题提供的重要启发性资源,在全面深化改革、探索治国理政的今天具有格外的现实指引意义。在当下通过梳理马克思的"权力异化"观之必要性与可行性作为权力制度化学说的理论内核;结合中国共产党在权力制约方面所做出的实践尝试与现实依据,以此三者的协同性研究为资源,于马克思主义法学的视域下对权力制度化的法治路径进行探讨,对执政党建设和国家治理能力现代化的伟大实践有一定参考意义。

【关键词】　马克思主义　权力制度化　现实依据　路径探究

2013 年 1 月 22 日,习近平总书记在中纪委二次全会上首次提出"要加强对权力运行的制约和监督,把权力关进制度的笼子里"[①]。这是十八大以来,以习近平同志为核心的党中央在治国理政观念上的新突破,[②]体现出我党深入推进反腐败斗争与权力制度化建设、全面依法治国以及加快国家治理现代化的决心。

"权力"一般被作为政治学或社会学的范畴以解读和应用,却罕见于法学领

---

①　中共中央文献研究室.十八大以来重要文献选编(上)[M].北京:中央文献出版社,2014:135.

②　吴玉章.权力制度化的难点及法律思考[J].北方法学,2016,10(1):5-15.

域。而之所以如此,源于自古以来国内外法学界对"权力"的关注度远逊于对"权利""义务"的关注。就西方法学界而言,西方法学的根基立在私法,而在此之上由罗马开创的法学传统之核心内容是权利和义务的分配,直到出现权力分立,也即 20 世纪行政法发展起来后,"权力"这个概念才更多地受到西方法学学者们的关注。就我国法学界而言,中国古代法学强调"法从君出","权力"的概念一直比较模糊,即使改革开放以来,我国的法学界在法学现代化的过程中吸收了西方法学的基本概念的情况下,"权力"依然鲜被提及,直至近年权力滥用与腐败日甚,现实呼声倒逼学界做出相应措施,国内法学界方始重视"权力",并结合马克思主义法学将"权力"与"制度"联系起来,提出了"权力制度化"概念,即将权力的权源与运行通过法律法规的形式固定下来,以从制度创新上确保权力的健康运行。

一、权力制度化的理论内核

马克思主义权力观为指导我国权力制度化建设提供了宝贵的理论资源。首先,在必要性层面,马克思提出了"权力异化"的概念。

与学术界普遍将权力异化视为权力的私人化或私有化不同,马克思认为权力异化是人的主体异化的一个重要方面,是权力发展到阶级社会时自己产生出自己的对立面,嬗变为控制、奴役主体的异己力量的现象。就其表现而言,主要体现在三个方面,即权力主体异化、权力本质异化和权力活动异化。

第一,权力主体异化。按照马克思的说法,顾名思义,权力主体的异化就是从社会中产生并服务于社会、"随时可以罢免的勤务员"[①],在阶级社会畸变为"骑在人民头上作威作福的老爷们",行使权力的官员异化成人民的异己力量和奴役者。

第二,权力本质异化。它涉及的是权力"为了什么"或"用来做什么"的问题方面的异化。马克思认为,权力只是一种全体社会成员实现共同利益的工具,其目的或者本质是为了实现共同利益。随着权力由公共权力演变为国家权力或者政治权力,权力的本质在此过程中便发生了异化,由实现所有人的共同利益异化为谋取特殊利益。[②]

第三,权力活动异化。这是权力的运行过程,即关于权力"如何行使"的问题方面的异化。在权力主体为了实现共同利益的目的,通过运用服务和保护人民

---

① 中共中央马克思恩格斯列宁斯大林著作编译局.马克思恩格斯文集(第 3 卷)[M].北京:人民出版社,2009:196.

② 彭定光,周师.论马克思的权力异化观[J].伦理学研究,2015(4):125-130.

生命财产安全的手段而作用于权力客体的过程中,权力活动亦会发生异化,由服务所有人异化为服务少数人、奴役压迫多数人;由非强制非暴力地保护所有人异化为保护少数人、施暴于多数人。

权力的异化体现了权力支配性、强制性、扩张性、排他性的特点,但权力又是国家维持社会秩序所必须的。所以即使是无产阶级专政的国家,同样也是阶级专政的国家,因而与其他一切阶级国家一样,有着对国家权力制约和监督的内在必要性。

其次,在可行性层面,马克思提出对权力的制约和监督首先要保证人民普遍参与立法,也只有这样才可以保证法律法规体现人民的普遍意志,实现真正的人民主权,以保障根本上的权力法治化。正因如此,马克思在评价1831年《黑森宪法》时溢于言表:"没有哪一部宪法对执行机关的权限做过这样严格的限制,在更大程度上使政府从属于立法机关,并且给司法机关以如此广泛的监督权。"①除此之外,恩格斯在1891年为《法兰西内战》单行本写导言时,在总结无产阶级革命实践中提出"规定选举者可以随时撤换被选举者"②的撤换制和"不论职位高低,都只付给跟其他工人同样的工资"③的低薪制也是制约和监督权力的制度举措。

马克思恩格斯在理论上深入本源地构建了权力的产生、发展、异化与制约的基本框架,其依法制衡国家权力的思想引领着后人进一步开拓法治建设的道路。

二、权力制度化的实践来源

在阶级社会里,权力反映着一定的阶级关系并为统治阶级所服务,具有阶级性。同时,权力总是与各国所独有的传统历史背景和社会发展状况联系在一起呈现,亦具有各自的特殊性。在我国,权力是和社会主义制度结合在一起运行的,因此也就必然有着中国特色的个性。

所以,我国在建立国家权力制约制度的过程中,必须立足于我国的国情,结合我国的经济制度、政治制度、文化制度等,从实际出发,探索其最符合实际、最切实有效的途径和方法,建立真正属于我国自己的、具有中国特色的权力制约制

---

① 中共中央马克思恩格斯列宁斯大林著作编译局.马克思恩格斯全集(第13卷)[M].1版.北京:人民出版社,1995:596-600.

② 中共中央马克思恩格斯列宁斯大林著作编译局.马克思恩格斯选集(第3卷)[M].2版.北京:人民出版社,1995:12.

③ 中共中央马克思恩格斯列宁斯大林著作编译局.马克思恩格斯选集(第3卷)[M].2版.北京:人民出版社,1995:13.

度,来预防和遏制权力的肆意泛滥和无限扩张,保证权力在法定的程序中规范地运行,最终实现权力效用的最大化,最好地服务于人民。

新中国成立后,毛泽东强调民主集中制的建设。在毛泽东看来,民主就是"让群众讲话,哪怕是骂自己的话,也要让人家讲"①。所谓集中则是指集中领导和讨论。民主集中就是要先民主后集中,先听取各方的意见,再集中讨论和决策,根本上就是要防止权力过度集中。毛泽东深化了人民当家作主的历史要求,特别突出了民主监督的重要意义,实践上通过整风和严厉的处罚等整肃了党员队伍,确保了党的持续战斗力。但是,由于党和国家的建设还处于起步阶段,法律制度很不健全,加之领导人对法制的重视不足,造成了权力的制约监督途径选择上错误采取了人治和群众运动的方法,最终导致了"大跃进""文革"这样的历史悲剧。

毛泽东重视民主,充分挖掘了人民群众的力量,但忽视了法制。邓小平在亲身经历了新中国建设的曲折之路后提出"没有广泛的民主是不行的,没有健全的法制也是不行的"②。结合现实国情,邓小平从法律制度、人民群众、党内民主、民主党派和道德信念五大方面初步构建了我国权力制约监督体系,其中突出了法律制度的重要意义,初步构建了符合中国国情的权力制约监督制度体系。

江泽民在继承了第一代、第二代领导集体关于权力制约监督思想的基础上,更加重视权力制约监督问题,并将其提到了党的政治任务的层面。在党的十五大上,江泽民明确提出:"进一步扩大社会主义民主,健全社会主义法制,依法治国,建设社会主义法治国家。"③"依法治国"理念的提出,为权力制度化建设起到了巨大的推进作用,更确立了以制度制约监督权力的总体方向。

从国家、党、个人等由于过度集权而导致负面影响的实践认知,到制度不完善作为权力腐败根源的明确提出,再到以胡锦涛为核心的中央领导集体把制度化分权和制度化整合作为手段、以提升制度执行力为内核的权力制约监督制度体系的构建,我国权力制度化的发展是一个不断探索、不断深化的过程。这个过程经历了苏联的叱咤风云与分崩离析,经历了新中国的伟大胜利与十年之痛,是历代马克思主义者在权力思想上智慧的结晶,更是对许多国家兴衰的历史总结和反思。

可见,"把权力关进笼子里"体现了现代政治文明在中国特色社会主义法治架构下的发展,是中国共产党把握与借鉴人类政治文明成果的最高水平,不仅对

---

① 中共中央文献研究室.毛泽东文集(第8卷)[M].北京:人民出版社,1999:291.
② 中共中央文献编辑委员会.邓小平文选(第2卷)[M].北京:人民出版社,1994:189.
③ 中共中央文献编辑委员会.江泽民文选(第2卷)[M].北京:人民出版社,2006:503.

党的建设具有重要的历史意义,对我国的政治建设与文化建设也具有长远意义。

三、权力制度化的现实依据

习近平总书记在 2012 年举行的现行宪法公布施行 30 周年大会上强调:"我们要健全权力运行制约和监督体系,有权必有责,用权受监督,失职要问责,违法要追究,保证人民赋予的权力始终用来为人民谋利益。"①的确,在当下转型时期的中国,改革已步入深水区,权力制度化的任务之艰巨性和复杂性越发凸显,"把权力关进笼子里"的现实意义也越发深刻。

首先,只有通过权力制度化,才能防止滥用权力、以权谋私、权钱交易等腐败行为,保证清正廉洁。正如习近平所指出的,"权力导致腐败,绝对权力导致绝对腐败。如果权力没有约束,结果必然是这样"。2013 年 5 月,《中国共产党党内法规制定条例》及《中国共产党党内法规和规范性文件备案规定》公布,迈出了用制度约束权力的重要一步;2013 年 8 月,中央政治局会议审议通过了《建立健全惩治和预防腐败体系 2013—2017 年工作规划》,提出在坚决惩治腐败的同时要更加科学有效地防治腐败;2013 年 11 月,《党政机关厉行节约反对浪费条例》发布实施,从党政机关的作风入手,一扫党政机关中局部存在的奢侈浪费之风,将反腐倡廉制度建设继续推进。但改革进入深水区后将啃"硬骨头",将面对更多贪污腐败的"大老虎",因此,习近平强调,"各级领导干部都要牢记,任何人都没有法律之外的绝对权力,任何人行使权力都必须为人民服务、对人民负责并自觉接受人民监督。要加强对一把手的监督,认真执行民主集中制,健全施政行为公开制度,保证领导干部做到位高不擅权、权重不谋私。"②

其次,只有通过权力制度化,才能更好地合民意、集民智、聚民心,作出正确的决策,预防重大决策失误。制度作为一种约束,规范着个人选择、社会运行和国家发展的方向。③正如邓小平所指出的:"领导制度、组织制度问题更带有根本性、全局性、稳定性和长期性。这种制度问题,关系到党和国家是否改变颜色,必须引起全党的高度重视。"④"把权力关进制度的笼子里"恰恰是对领导制度和组织制度的规范。因此,"把权力关进制度的笼子里"既是有效遏制政治腐败的

---

① 中共中央文献研究室.在首都各界纪念现行宪法公布施行三十周年大会上的讲话(2012 年 12 月 4 日)[A].十八大以来重要文献选编(上)[M].北京:中央文献出版社,2014:92.

② 中共中央文献研究室.依纪依法严惩腐败,着力解决群众反映强烈的突出问题(2013 年 1 月 22 日)[A].十八大以来重要文献选编(上)[M].北京:中央文献出版社,2014:136.

③ 黄卫平,梁玉柱.辨析西方国家如何"把权力关进制度的笼子里"[J].党政研究,2015(3):32-37.

④ 中共中央文献编辑委员会.邓小平文选(第 2 卷)[M].北京:人民出版社,1994:333.

必然需要,也是实现民主决策、科学决策、依法决策和推进国家制度建设的发展要求。

再者,只有通过权力制度化,才能提高行政水平和工作效率。早在 2005 年我国一些地方就开始了权力清单制度试点,通过全面系统梳理公权力,政府可以纠正超出法定权限范围的职权,清理部门间交叉的职权、鉴别模糊的职权,并督促履职不到位的职权。党的十八届三中全会《关于全面深化改革若干重大问题的决定》中明确提出要"推行地方各级政府及其工作部门权力清单制度,依法公开权力运行流程",在党的重要文件中正式使用了"权力清单"一词,强调对政府权力进行监督与制约,以真正做到权为民所用,造福于人民,建立起一个具有威信的政府。十八届三中全会后,全国各地纷纷相应,掀起了制定权力清单的热潮,这体现了权力制度化是坚持依法行政、做好工作的必要保证,而自十八大以来,通过简政放权和扶植新的社会组织参与社会管理等制度措施,使法治政府建设有了正确的方向,执政党和政府的公信力开始提升,也将有助于形成良好的社会法治环境,推动依法治国的不断深化。

四、法治提升路径探究

马克思认为,"法律的用处通常是限制政府的绝对权力"[1],即用宪法和法律来规范权力,通过法治来对权力加以制度上的约束,以确保政府是法治而非人治的。因此,在法治层上探究国家机关按照法定权限和程序行使权力,主要在于三重机制的建立。

(一)"不敢腐"的惩戒机制

"不敢腐"实质上是对腐败的成本与收益之比进行权衡之后所产生的畏惧腐败的心理状态。[2] 治大国若烹小鲜。企业管理学在基于心理学的交叉学科运用上对人性畏惧的惩戒机制有着较深入的研究,其中一个重要定律叫热炉法则,即指当人们亲眼所见火炉子烧得通红时,即知其万万不能触碰,而制度就是一只只热炉,任何人胆敢触犯都会受到即时的、严重的烫伤惩罚。热炉法则因其警告性、公平性、即时性及严厉性而在现代企业管理中被普遍运用,亦对现代化国家

---

① 中共中央马克思恩格斯列宁斯大林著作编译局.马克思恩格斯全集.第 12 卷[M]1 版.北京:人民出版社,1995:576.

② 张书林.科学反腐倡廉之路:"把权力关进制度的笼子里"——兼解读习近平总书记在十八届中纪委二次全会上的讲话[J].兵团党校学报,2013(3):48-52.

治理的惩戒机制产生了参考借鉴的趋向性和指向性。

在提升建设惩戒机制的过程中，首先要增强惩治的警告性，完善明确相关法律法规、细化司法解释，同时把更多的注意力放到制度的落实环节上，尽量减少那些费了九牛二虎之力才出台却又无法执行的制度，以提升警告的威慑和威严。其次，要增强惩治的公平性，正如"热炉"不会偏袒纵容任何人，不管是谁，只要胆敢触摸炉火，热炉都会毫不留情地给予严厉惩罚，要坚持制度面前人人平等，坚持制度面前没有特权，不管什么人，"出笼"必受惩，"老虎""苍蝇"一起打，不搞"网开一面"和"下不为例"。再者，要增强惩治的即时性，对"出笼"行为露头就打，快速处理，及时纠正。最后，要增强惩治的严厉性，综合运用法律、组织、经济等多方位处罚措施，加大惩治力度，特别是对严重损害公众利益的滥用权力行为，要依法予以重罚，让"出笼者"得不偿失，使人人敬畏制度。

（二）"不能腐"的防范机制

"不能腐"要求完善有关制度关系和权力关系的法律规定。党的十八大之后，中国在法治的道路上又有了新的进展：如素有"经济宪法"之称的《预算法》完成实施 20 年来的首次大修，并首次对"预算公开"做出全面规定，第 14 条对公开的范围、主体、时限等提出明确具体的要求，对转移支付、政府债务、机关运行经费等社会高度关注事项要求公开作出说明，并在第 92 条中规定了违反预算公开规范的法律责任。而对于预算不够细化问题，新预算法第 32 条、第 37 条、第 46 条等多处做出明确规定，如强调今后各级预算支出要按其功能和经济性质分类编制。将预算公开实践成果总结入法，形成刚性的法律约束，是预算法修改的重要进步，有利于确保人民群众知情权、参与权和监督权，提升财政管理水平，从源头上预防和治理腐败。对公权力的制约和监督有了更具体的防范制度。

但囿于过去立法水平的限制，即使在现行宪法中也依然存在着制度关系、配备设置、职权职责表达等方面在权力规范上的不足。比如从宪法第六十二条"全国人民代表大会行使下列职权"的条文规定开始，对所有国家机关行使的国家权力一律都名之为"职权"，未进行任何区分，宪法用语的不规范不利于明确我国人民代表大会制度下的人大权力与其他不同国家权力之间的关系。

"权力"本质上是一种政治上的强制力量。"职权"则指"职务范围以内的权力"。从宪法来源上说，人民代表大会及其常务委员会行使的国家权力，与由人民代表大会所产生的其他国家机关所行使的国家权力是两类不同位阶的国家权力。从权力关系上说，人大权力与其他国家机关的权力并非并列的权力，而是一种权力再授予的关系，即人大在被人民授予国家权力之后，它再组建行政、审判和检察机关并对其进行再授权。所以，在这两种权力中，人大权力才是政治权力、国家权力,行政机关、审判机关和检察机关的权力只能是一种工作职权。因此,对这两类不同位阶的国家权力同样都用"职权"来加以命名是不妥当的。

"宪法是政府的合法性基础"[①],宪法的不足并非本文的主要讨论范围,而制度关系与权力关系的防范机制还需法学界同仁一齐努力。

(三)"不易腐"的保障机制

"不易腐"的关键在于"保障"。130 年前,恩格斯提出了"低薪制",通过对所有公职人员支付与其他工人同样的工资,防止人们通过升官去追求发财富贵,保障从政者思想目的单纯性,从而预防腐败。而在如今,新加坡等国家实行"高薪养廉"的防腐保障机制,吸引精英治国理政。但在笔者看来,两者都不足以完全适应我国国情。诚然,公职人员的工资应保持在社会平均水准,我国现有财政经济水平也不足以支付整个公务系统"高薪",但根据"按劳分配"原则,不同岗位不同工作应有水平差异,以提供与工作付出相适应的生活保障、精神保障、健康保障。更重要的是对公职人员将来的退休待遇、晚年生活等都在制度上作出比之于在岗待遇相对更优渥的明确具体的规定,对公职人员的后顾之忧做好安排。只要退休保障机制充分到位了,所谓的因升迁无望的天花板效应导致腐败的"39 岁现象",因期望退休前大捞一把的最后疯狂效应或恐惧退休后"门前冷落车马稀"而导致腐败的"59 岁现象",都会大幅减少。

当然,制度不是万能的,无论什么样的权力制约制度的作用都是有限的。保障机制如果仅仅靠在制度上的设计,也不可能是完美的。所以,除了外在的制度制约,还需要内在的保障机制一齐来起作用。

美国学者道格拉斯·诺思认为这个内在的保障制度就是意识形态。他认为意识形态这种对制度的信仰是决定制度成败的前提条件。所以在权力制约这个问题上,从某种意义上说,培养公民的法律信仰以作为一种内在力量是不可或缺的一环。法律信仰,就是坚信法律之中蕴藏着人类的共同价值;坚信法能(至少是部分地)决定社会的前途和并引导人类的命运走向真、善、美。现代西方法治国家的建立经历了漫长的过程,在这个漫长的过程中,统治阶级们不遗余力地建立起了民族法治精神和民众的法律信仰,使公民自觉地、独立地、积极地投身于社会的法制化进程中。法律信仰与一国的法制化进程是密不可分的,当公民能够以当局者的态度去信赖、支持法律,而不仅仅是作为一个旁观者,就很自然地在社会上形成一种法律能够得到普遍的遵守,权力能够依法有序地运行,而且权

---

① 中共中央马克思恩格斯列宁斯大林著作编译局.马克思恩格斯全集(第 5 卷)[M].1 版.北京:人民出版社,1995,45.

力能得到有效地制约的良性循环生态。即便在这种良性生态中偶有滥用权力的情况，由于公民有非常强烈的法律意识和权利意识，当其合法权益受到侵犯时，他们会自觉地运用法律来保护自己，从而自觉地监督权力的运行，不让其脱离轨道。所以综上，官员退休保障机制和树立提高公民的法律信仰内外联动构成了"不易腐"的保障机制。

【作者简介】　邱涵　浙江大学人文学院 2018 级博士研究生　浙江 杭州 310028

参考文献

[1] 中共中央马克思恩格斯列宁斯大林著作编译局.马克思恩格斯全集(第 5 卷)[M].1 版. 北京:人民出版社,1995.

[2] 中共中央马克思恩格斯列宁斯大林著作编译局.马克思恩格斯全集(第 12 卷)[M].1 版. 北京:人民出版社,1995.

[3] 中共中央马克思恩格斯列宁斯大林著作编译局.马克思恩格斯全集(第 13 卷)[M].1 版. 北京:人民出版社,1995.

[4] 中共中央马克思恩格斯列宁斯大林著作编译局.马克思恩格斯选集(第 3 卷)[M].2 版. 北京:人民出版社,1995.

[5] 中共中央马克思恩格斯列宁斯大林著作编译局.马克思恩格斯文集(第 3 卷)[M].北京: 人民出版社,2009.

[6] 中共中央文献研究室.毛泽东文集(第 8 卷)[M].北京:人民出版社,1999.

[7] 中共中央文献编辑委员会.邓小平文选(第 2 卷)[M].北京:人民出版社,1994.

[8] 中共中央文献编辑委员会.江泽民文选(第 2 卷)[M].北京:人民出版社,2006.

[9] 中共中央文献研究室.十八大以来重要文献选编(上)[M].北京:中央文献出版社,2014.

[10] 吴玉章.权力制度化的难点及法律思考[J].北方法学,2016,10(1).

[11] 张书林.科学反腐倡廉之路:"把权力关进制度的笼子里"——兼解读习近平总书记在十八届中纪委二次全会上的讲话[J].兵团党校学报,2013(3).

[12] 黄卫平,梁玉柱.辨析西方国家如何"把权力关进制度的笼子里"[J].党政研究,2015(3).

[13] 彭定光,周师.论马克思的权力异化观[J].伦理学研究,2015(4).

论马克思主义人学视域下思想政治教育个体价值及其实现

【摘　要】　马克思主义人学是以人的本质、存在和历史发展规律为研究内容的理论。思想政治教育个体价值表现为思想政治教育通过其价值功能和本质属性以满足作为主体的个体人的需求和人的需求被思想政治教育所满足的效益关系。马克思主义人学思想对于思想政治教育指导个体发展具有推动作用。思想政治教育在马克思主义人学视域下表现出鲜明的个体价值意义，马克思主义人学对于思想政治教育个体价值的实现具有指导意义。在思想政治教育研究过程中应注重兼顾个体现实利益与社会利益、个体现实与思想统一问题、培育集体思想与尊重个体思想等问题。

【关键词】　马克思主义人学　思想政治教育　个体价值

人学与以人为主体的科学不同，主要包括广泛定义的哲学人学理论及综合人学理论两方面内容。广义的马克思主义人学理论还包括列宁关于人的系列理论，以及马克思主义中国化过程中所形成的具有中国国情特色的人学思想。狭义的人学是将完整的人的整体、人的现实存在作为研究对象，并从中提炼出一般的哲学观点，其研究重心侧重于人的本质、存在以及人的历史发展规律等问题，而综合人学是指各类以人为主体的科学知识和方法的研究综合。关于马克思主义人学一般内涵，恩格斯作出规定："对抽象的人的崇拜，即费尔巴哈的新宗教的核心,必定会有关于现实的人及其历史发展的科学来代替。"①马克思主义人学从人的现实存在出发,其最高的价值追求是实现个体自由全面的发展,把人的解放看作马克思主义哲学的最高命题,构建了以无产阶级为代表的,以人的发展为落脚点的,关注人民最广泛利益的人学。马克思主义人学以人的"生存实践论"作为研究线索贯穿始终,从实践和生存的角度出发去观察和研究人。

马克思在《评阿·瓦格纳的"政治经济学教科书"》一文中指出:"人们决不是首先'处在这种外界物的理论关系中'。正如任何动物一样,他们首先是要吃、喝等等,也就是说,并不'处在'某一种关系中,而是积极地活动,通过活动来取得一定的外界物,从而满足自己的需要。""需要"作为重要的概念,贯穿于生存与实践之中。而在关于价值的定义中,马克思曾作出这样的阐释:"'价值'这个普遍概念是从人们对待满足他们需要的外界物的关系中产生的。"②价值的概念,从哲学角度出发即表现为价值主体与价值客体之间的相互关系,在这里具体指有用性,表现为客体满足主体需要时,客体所呈现出对于主体的有利的属性和积极的功用。价值并非以一种实体的形式存在,而是表现为价值主客体之间相互作用的一种关系,即客体以自身属性满足主体需要和主体需要被客体满足的效益关系。马克思在关注主体和客体的作用关系的同时,还认识到了主体通过发挥能动性改造客体的过程,即历史性的社会实践活动对于价值的制约与影响。

思想政治教育价值的定义"是指思想政治教育以自身属性和功能来满足人与社会的需要以及人与社会的需要被思想政治教育满足的效益关系"③。从个体与社会的关系角度出发,思想政治教育价值的主体也可以被划分为社会主体和个体主体两种。因而思想政治教育也就具有个体价值与社会价值。

在认识活动、实践活动中,思想政治教育的个体价值得以形成,这里所说的认识、实践活动即作为个体的人和人类社会围绕思想政治教育开展的社会实践,它表现为一种客观的、以主体(人)的思想政治品德培养和发展规律为衡量标准的、不以人的意志为转移的主客体之间的相互关系。而人在意识、思维、精神上的沟通交流以最现实的实践的形式在思想政治教育中起着重要作用,它是思想政治教育的最初发源,具有产生于人、附属于人、一切为了人的特殊属性。

① 马克思恩格斯全集(第 21 卷)[M].北京:人民出版社,1995:328.
② 马克思恩格斯全集(第 19 卷)[M].北京:人民出版社,1995:406.
③ 罗洪铁,董娅.思想政治教育原理与方法[M].北京:人民出版社,2005:27.

一、马克思主义人学视域下思想政治 教育个体价值的意义

人的个体价值是指个体人在社会实践活动中创造价值，获得来自作为价值客体的社会的认同与尊重，最终达到个人的自我实现与满足的目的。个体价值、社会价值两者辩证统一，共同存在于思想政治教育的个体之中。

思想政治教育个体价值的主体具有广泛性与多样性特点。需要指明，此处的"个体"所指的是抽象的个人，只要是在实践活动的过程中受到思想政治教育的自身属性和功能影响，并且个体自身品德素质有所提高的对象，都能被划入思想政治教育个体价值的主体范畴，这个对象既可以是参与思想政治教育工作的工作者，也可以是在学习生活中受思想政治教育影响的学生、工人等。

马斯洛曾说："人是一种不断需求的动物，除短暂的时间外，极少达到完全满足的状况，一个欲望满足后往往又会迅速地被另一个欲望所占领。人几乎总是在希望什么，这是贯穿人整个一生的特点。"[1]"马克思从来都重视人的需要，在《德意志意识形态》中他认为人的需要即人的本性。"[2]思想政治教育个体价值的产生源泉及其实现的动力，都是个体（人）的本性需求。马克思主义人学理论明确指出，为了满足基本生存生活的需求，现实中的个体必须要进行劳作，即要参与实践活动和生产活动。人作为独立存在的个体，为了维持最基本的生存状态，参与生产活动，这使其区别于一般动物。在马克思主义人学视域下，思想政治教育自身所具有的利于人的属性以及其对于人的有用性功能可以被作为思想政治教育个体价值的客体，而其主体是人，其二者呈现的相互关系即主客体之间的需求与被需求、满足与被满足的关系。而这一关系是客体（思政教育自身属性和功能）能够满足主体（人）的需要，并且产生一系列效益关系的前提和基础。

（一）更好地为思想政治教育中的个体发展指明方向

马克思主义人学对于作为价值主体的人以及社会发展的必然规律作出了明确的阐释，对作为价值主体的"现实的人"提出了发展要求，解释了未来社会会怎样发展、应该怎样发展等问题，从实际出发指明未来社会发展的方向，即实现人对物的掌控，以通过劳动占有资本的形式取代资本占有劳动的情况，从根本上消灭剥削制度，真正使人占有其本质，实现自身真正自由、全面的发展，使"异化的

---

① 马斯洛.马斯洛人本哲学[M].成明，译.北京：九州出版社，2003：1.
② 吴兴德，冯颜利.建国60年来《德意志意识形态》研究综述[J].长江师范学院学报，2010（4）.

人"得以回归本质。另外需要指出的是,消灭阶级,实现异化的人的回归,同时也是共产主义的基本原则与本质特征,只有深入理解和扎实掌握这一规律与特征,才能在价值多元化的社会大环境中认清规律、把握规律,才能实现当代中国的思想政治教育中的个体的良性发展,才能真正实现道路自信、理论自信、制度自信、文化自信。

"以人为本"作为社会发展观的核心在当今仍未过时,对于其中所涉及的"人"的理解,从马克思主义人学角度可以理解为以人的自由全面发展为出发点与落脚点。在马克思主义人学视域下,个体人参与思想政治教育以一种精神生产实践形式开展,它的发展也是以个体的自由全面发展为出发点,并以实现人的自由全面发展为最终落脚点与目标,以达到实现解放全人类的终极理想。不仅如此,思想政治教育作为人的一种主动的精神生产方式的活动,它是人类在社会实践活动中为了应对生存以及发展所面临困境的智慧,是人在自身生存和发展的过程中对所处环境的体会总结和对生存意义理解的升华。在思想政治教育影响下,个体受引导以一种正确的方式存在,以一种正确的观念参与实践活动,其出发点与落脚点就是为了能够更好地生活、成长,以达到自身自由全面发展的终极境界。因此,马克思主义人学视域下的思想政治教育又是个体解放自我,走向自由状态的生存方式、存在方式。它与"人成为什么样的人""人如何成为这样的人""人应该怎样生活"有着密切的联系,有关于人如何以一种合乎人性的方式存在,是培育现实人和解放现实人的不可或缺的环节。它的根本意图在于对人性的培育完善和对人的生命的解放,通过思想政治教育的各个环节引导人在实践中实现自我规束、自我教育、自我管理、自我发展和自我完善,最终将人引入一种"作为目的本身的人类能力发展的自由王国"①的境界。思想政治教育能够激励人寻求本心,认清自身发展现状,以正确的世界观、人生观、价值观引导受教育者生成自我并完善自我。思想政治教育始终引导人以"现实的""实存的我"为认清自我的基础,并以此为个人发展自我的最原始、最本真、最朴素的出发点,在实践过程中不断开展否定与自我否定的活动,在自我否定的实践中向"自我应然"前进,引导个体立足实际,走向未来,把人引向更高发展,开发人的潜能。②

当今社会,有人认为个体的自由全面发展是不可能的,没有认识到促进人的自由全面发展的必要性,更没有提出推进个体的自由全面发展的要求,将马克思恩格斯对未来社会高级阶段的共产主义的人的自由全面发展理解为"只是推理

① 马克思恩格斯全集(第 25 卷)[M].北京:人民出版社,1995:927.

② 张耀灿,曹清燕.论马克思主义人学视野中思想政治教育的目的[J].马克思主义与现实,2007(6).

的设想,有空想的成分而无现实意义",认为一旦选择坚持自由全面发展,马克思主义这一学说就会向理想主义发展,导致马克思主义学说的抽象化、神秘化。这是不合理的。对此,我们必须认识到两方面问题,首先,人的自由全面发展是个体人对于自身发展的美好的理想,是人类社会从社会本质出发而引发的对未来的追求,其动力源泉一方面来自人的内在需求,即人追求自身完美的需求,另一方面来自人类社会发展所提出的外在要求。它既切合最根本的人性的需求,同时也能够切合实现未来理想社会建设的要求。正是出于这样的原因,人的自由全面发展、人的自我完善,是人类亘古不变的理想信念和价值追寻,马克思以一种科学、巧妙的方式,在马克思主义人学的理论框架内延续和丰富了人的自由全面发展理论,为个体的自由全面发展找到了最现实、最根本的途径,以马克思主义人学理论贯穿一线,在理论体系中丰富完善、检验发展人学理论,从而使得这一理论更为科学、更贴近现实、更具说服力,使其成为崇高的理论。

其次,个体的自由全面发展既是人类社会与个体人发展所面临的现实,也是社会与个体所不懈追求的崇高理想,表现为两者的有机统一,同时它也是医治当下社会发展暴露出的一系列社会问题以及个体人的不全面、不健康的发展状况的良方,其所指出的应然过程是与共产主义社会所提出的发展过程相吻合的。自由全面发展是人类开展实践并不断生成实践的一个过程,并且在这个过程中强化人发展的自由性、自主性、自觉性和科学性、全面性的实践运动,个体的自由全面发展必然需要从个体的实践活动出发,并在个体实践过程中得以开展和实现,一直以来它隐藏于人类社会的现实之中,隐藏于各个时代的人的实在的生活实践中。

(二)促进激发人的内在精神与满足个体精神需求

在纷繁复杂的社会关系中,个体的需求具有多样性,因而从宏观角度出发可将需要划分为物质需要与精神需要。当不同的需要被满足,被满足的需要必定会在性质上呈现出一定的差异,同理,根据它们的差异,我们可以将思想政治教育的个体价值划分为思想政治教育的个体精神价值和个体物质价值。毫无疑问,在马克思主义人学视域下,思想政治教育能够以实践活动的形式,通过一系列手段,或以直接形式满足人的精神需求与物质需求,或以间接手段达到目的。正如消费与生产的存在与关系一般,人类的精神活动也始终是围绕着精神的生产与精神的消费这两个主题展开的,因而精神价值可分为精神生产价值和精神享受价值。精神生产价值可以被解释为在思想政治教育的过程中能够生产个体所需求的精神,从而达到满足个体精神需求的价值,如其能够满足个人的社会化的要求,内心的自我认同与认可,以及满足个人的探求知识的欲望,等等,都是满足人精神层面需求的具体表现,同时,精神生产价值也指思想政治教育能够激发个体的意志,从而引导个体的人开展精神生产创造活动,如长征精神、"两弹一星"精神、雷锋精神都是在思想政治教育指导下的新发展与新创造。类比于人的消费心理,在精神消费和精神财富的享受方面,情况也会因人而异。因此,对于精神享受价值的理解,是指思想政治教育给予个体的精神享受,同时它也表现为思想政治教育通过教育实践引导个体人在消费和享受精神财富的过程中形成一种正确的精神消费观、享受观。马克思主义人学视域下的思想政治教育不仅要求教育者能够"因人制宜",做到深入浅出,同时要求过程以鲜明实例,以生动的理论感染人、引导人,在新时代的背景下以一种形象、新颖的形式给人以精神上的熏陶与享受,在达到满足个体精神目的的同时,提升个体精神层次,使个体精神得到升华。不断推进个体个性的丰满与完善,从而使个体在精神上感到满足和幸福。

现实的人在马克思主义人学中占主体地位,是其理论的出发点、着力点与落脚点,强调个体不仅有精神需求,还有物质需求。如今社会也存在部分人过分片面强调精神需要,忽视或否定物质需要的重要地位,这是对物质规律的否定,这必然是错误的。从社会学理论角度出发,社会客观事实现象已经证明"胡萝卜加大棒"无法完全调动个体在实践中的个人主观能动性,如果一个社会或个人没有精神动力,那么其生产力与工作效率只能是较低的,其潜能尚未被激发。根据物质与意识的相互关系,在这里也可以理解为物质条件决定个体精神或社会精神,优良的个体精神与社会精神反过来对物质条件发展形成反作用。"思想政治教育是人的本质生成和人性完善的重要动力。"①将个体的本性的回归与完善作为最终的价值目标,马克思主义人学是具有客观性、综合性、全面性的科学理论,它为思想政治教育主体勾画出了前进的道路与蓝图,这也成为了能够引导个体、激励个体发展自身与解放自我的精神支柱与动力。

(三)有利于更全面地培育个体的健全人格

思想政治教育在一定维度上可以被理解为一种人际精神交往,通过结合个人智力因素,充分发挥个体主观能动性的重要作用,从而促进个体人乃至全社会的自由发展与全面发展。在马克思主义人学视域下,思想政治教育唯有通过人才能开展,人是思想政治教育的手段,但需要指出的是,这里所说的将人作为一种手段,并不是将人等同于一种物质手段,并不是人的异化。在马克思主义人学

---

① 曹清燕.思想政治教育目的研究——基于马克思主义人学视角[M].北京:中国社会科学出版社,2011:172.

视域下,思想政治教育过程中的人在参与以人作为手段的实践活动时,要充分发挥主观能动性,挖掘激发个人潜在能力,强化自身道德修养与综合素养,也就是指人在思想政治教育过程中能享受到人作为思想政治教育手段的实践成果,否则,人就难逃被异化的后果。

"一个种的全部特性、种的类特性就在于生命活动的性质,而人的类特性恰恰就是自由的自觉的活动。"①关于人的本质的异化的问题,马克思强调的是在自由自觉的实践活动中改变人的现状,使个体形成理想化的个性,最终实现人类解放。在思想政治教育的实践过程中,个体怎样实现自身的"自由的自觉的活动",对其成为什么样的人有本质的影响。对于个体来说,这是一个有待实践的过程,是一种对理想化的追求。因而,在思想政治教育中如何能够更全面地培育个体的健全人格,其关键在于避免人的异化,其本质在于立足实现人的本质的复归。将人的本质复归作为终极目标的思想政治教育,在现阶段的社会经济条件下,难免会因为实践能力和水平的相对欠缺,受人的活动的盲目性和狭隘的利益追求误导,陷入发展的迷途。

从马克思主义人学视域角度出发,否定之否定是促进实现人的本质复归的根本性力量。面对当代思想政治教育所面临的困境,面对人的异化趋势,马克思主义人学能够使我们正视异化,指导当代思想政治教育走出迷途,重新确定教育价值取向与追求,立足实践,实现人的本质复归,以达到更全面地培育个体的健全人格的作用。同时,需要注意的是,否定之否定并不意味着对传统经验的全盘否定,思想政治教育的自我否定,需要在原有的经验基础上,实现当代思想政治教育的范式转化。这种范式的转化,在教育本质上表现为规范性思想政治教育向发展性思想政治教育的转化,在教育方式上表现为文本思想政治教育向人本思想政治教育的转化,在教育的价值追求上表现为培养政治性强、具有极高政治觉悟的"政治人"向培养德智体美全面发展并具有健全人格的"社会人"的转化。

需要指出的是,在开展马克思主义中国化的进程中,也包含了马克思主义人学中国化的过程,"以人为本,促进人的全面发展""五育并举"等基本概念的强调与贯彻,标志着当代中国以马克思主义人学为指导的思想政治教育正在向人本化、实践化、本质化的方向发展。社会主义核心价值观的建设以及加强高校思想政治教育等工作的推进,通过强化思想政治教育工作中的精神交往环节,进一步实现理论知识向理论实践的转化,实现内化。马克思主义人学视域下的思想政

---

① 马克思恩格斯全集(第42卷)[M].北京:人民出版社,1995:96.

治教育，能从本质上使人的品德修养、生活格调和价值追求得到纠正与提升，从实现人的本质复归的本质出发，更为全面地培育个体的健全人格。

二、马克思主义人学视域下思想政治教育个体价值的实现

（一）促进思想政治教育个体价值的澄清与回归

思想政治教育的个体价值与社会价值原本是有机统一的两者，而如今出现了两者分离、混淆的现象。过去思想政治教育往往强调集体利益，并将其作为实践的价值追求，以过于理想、完美的甚至不现实的高标准对个体作出高要求，在当时的国民教育环境下没有认清个体教育的规律，也就无法契合个体身心发展的规律，个体身心发展的需求不能得到很好满足。理论灌输的方式是必要的，但是单纯的理论灌输、填鸭式的教育方法，一是难以做到"寓教于乐"，容易造成教学形式的单一枯燥，二是过分强调理论内容的掌握，忽略个体综合素质的发展与道德修养、品格情操的培养，无法满足个体身心发展需求，这样便很难完成思想政治教育的目标。当受教育者对个体身心发展的合理要求被对社会利益的服从要求所完全取代，人的个性发展需求与单一的、强制的灌输法对立并产生冲突，势必影响思想政治教育工作的正常开展，也阻碍了正确的思想政治教育个体价值的实现。同时，在现实中存在着将政治觉悟等同于道德修养的现象，有时在判定政治立场时，又存在以道德作为判定标准的现象。随着时代的进步，人的需求呈现出多样化趋势，个体价值追求也五花八门。利益主体多元化的问题出现，与思想政治教育观念相碰撞，冲击原有价值观念，这个问题所产生的各类思想与思想政治教育无法得到统一。

中国的思想政治教育起源于军旅，分析其背景，这种朴素的军队素质教育是在革命斗争时期开展起来的，因而其要求培养有坚定革命理想、甘为革命抛头颅洒热血、抛弃个人利益、投身于集体的革命者。它不允许个人过多关心自身利益与价值，将社会价值的实现等同于个体价值的实现。这种思想政治教育工作一直以来作为赢取革命斗争胜利的神兵利器，在当时有着无法被挑战、无法被取代的至高地位。当今国内外形势大变，和平与发展成为了时代主题，经济全球化的浪潮席卷世界，西方的、西化的思想涌入国内，文化多元化的特点日益突出，要想在世界的大潮中站稳脚跟，毫无疑问思想政治教育的中国化、现代化问题正亟待解决。而从马克思主义人学角度出发，现代化的思想政治教育，就是更突出以人为本特色的思想政治教育，就是更尊重个体发展需要与规律的思想政治教育，中

国特色社会主义的建设不仅是经济、政治、社会方面的建设,更是社会个体精神、道德、品格、价值观的建设,因而这种教育必须切实联系个体发展需要,在强调维护社会价值实现的同时,必须认清个体价值对于社会发展的重要性,满足个体发展需求,促进个体全面发展。否则,思想政治教育一方面将难以满足受教育者个体的利益需求,难以符合思想政治教育的根本规律,必然将受到质疑与抵触;另一方面,思想政治教育无法达到其根本目的,其个体价值也便无法得到保障。

(二)在思想政治教育实践中促进个体价值的实现

马克思曾经强调:"人的本质不是单个人所固有的抽象物,在其现实性上,它是一切社会关系的总和。"①但我们并不能将人的本质等同于一切社会关系的总和,人的本质仅仅只是在一切社会关系的总和中现实地表现出来的东西,并且一切社会关系的总和也不可能等于阶级性,因而,人的本性也不等于阶级性。这指导我们在思想政治教育工作中强调实现社会利益的同时,重视个体利益的实现。

思想政治教育个体价值的实现前提是兼顾社会利益与个体利益。现代化的思想政治教育要求教育实践必须将个体作为出发点与落脚点,做到以人为本,切实联系个体需要,因势利导。马克思主义人学中关于人的全面发展理论认为,个体利益与社会利益并不是对立的双方,人的全面而自由的发展"是通过人并且为了人而对人的本质的真正占有;因此,它是人向自身、向社会的即合乎人性的人的复归"②。人最终达到思想政治教育个体价值的终极目标,即人的自由解放,这与社会主义社会的本质要求以及思想政治教育本质要求都是相符合的。

思想政治教育个体价值的实现要兼顾个体现实与思想统一问题。只有处理好党性与人民性相统一的问题,思想政治教育工作才能稳住脚跟、认清道路。在坚持党性的基础上,必须坚持人民性,把实现好、维护好、发展好最广大人民根本利益作为出发点和落脚点,坚持以人为本,把解决好"我是谁,依靠谁,为了谁"作为重要任务。马克思说过,"人们奋斗所争取的一切,和他们的利益有关"。这就要求思想政治教育不仅要解决集体与个人的思想问题,更应帮助个体解决生活实际问题,调整社会理想与个体现实的关系,重视个体现实问题的解决。

思想政治教育个体价值的实现要兼顾培育集体思想与尊重个性思想。成长于不同环境,受不同的文化熏陶,受教育程度不同,等等,都会导致人的个性思想存在差异。这就要求思想政治教育一方面做到协调差异思想,在实践中传递正确的世界观、人生观、价值观,培养、提升个体文化、品德修养,同时,必须承认差

---

① 马克思恩格斯全集(第3卷)[M].北京:人民出版社,1995:7.
② 马克思恩格斯全集(第42卷)[M].北京:人民出版社,1995:120.

异性,关注每个人的个性,发现个体在思想、性格方面的差异并给予尊重,这也是对个体尊重的最基本表现。当人的生理与安全的需求被满足后,个体对于尊重的需求,对于自我实现的需求尤为突出。因而当下在开展思想政治教育工作过程中,更应重视个体的个性保护与培养,更要引导个体进行自我实现。在兼顾差异性与多样性的基础上,深入发掘思想政治教育中受教育者的个性及心理的生成、发展规律,才能更好地实现思想政治教育个体价值,最终实现个体价值与社会价值的有机统一。

【作者简介】 叶添阁 浙江大学马克思主义学院思想政治教育专业 2017 级硕士研究生 浙江 杭州 310028

参考文献

[1] 马克思恩格斯全集(第 1、3、19、21、42 卷)[M].北京:人民出版社,1995.

[2] 毛泽东选集(第 2 卷)[M].北京:人民出版社,1991.

[3] 马斯洛.马斯洛人本哲学[M].成明,译.北京:九州出版社,2003.

[4] 韩庆祥.马克思的人学理论[M].郑州:河南人民出版社,2011.

[5] 罗洪铁,董娅.思想政治教育原理与方法[M].北京:人民出版社,2005.

[6] 曹清燕.思想政治教育目的研究——基于马克思主义人学视角[M].北京:中国社会科学出版社,2011.

[7] 甘永宗.论马克思主义人的自由全面发展的当代定位[J].党史文苑,2012(10).

[8] 王勤.论思想政治教育的个体价值[J].浙江学刊,2003(1).

[9] 刘芳.从马克思主义人学视角研究思想政治教育的时代价值[J].思想教育研究,2011(13).

[10] 韩庆祥,郭立新.马克思的人的理论及其当代价值[J].中国人民大学学报,2002(4).

[11] 万光侠.文化价值的人学阐释[J].山东师范大学学报:人文社会科学版,2013(3).

[12] 徐一平,徐铁光.论马克思关于人的本质的异化理论[J].学理论,2015(16).

[13] 戴景平.论马克思关于人的本质异化的理论[J].赤峰学院学报,2005(1).

[14] 李媛媛.马克思主义人学视域下思想政治教育价值探究[J].辽宁工业大学学报(社会科学版),2015(12).

马克思人的全面发展理论视域下的大学生发展研究

周明晶

【摘　要】　大学生作为知识、思想都比较进步的人群,是非常珍贵的人才资源,是实现伟大复兴中国梦的主要力量。在新的历史条件和时代背景下,研究促进大学生全面发展的路径,是当前高等教育所需要背负的一个重大责任,关系着我国的发展以及未来社会的进步。马克思主义人的全面发展思想对大学生的发展有着重要的指导作用。目前我国大学生发展存在重知识轻素质、重能力的工具化训练轻道德修养培育、重智育轻创新能力培养的问题,根据人的全面发展理论视域下大学生全面发展的目标设计,要重新探讨实现大学生全面发展的路径。

【关键词】　人的全面发展理论　大学生　全面发展

一、马克思人的全面发展理论的理论内核

(一)马克思人的全面发展理论的提出

每个人自由而全面的发展,是马克思在对于资本主义社会人的片面、畸形发展的批判中所揭示的关于未来共产社会的基本特征,是马克思全部学说的最高价值体现,也是马克思一生追求的理想目标。马克思的人的全面发展的思想,体现了人类社会发展的规律,也体现了马克思主义的社会主义观。以《1844 年经济学—哲学手稿》为标志,马克思初步提出了"人的全面发展"的思想,批判了资

本主义异化劳动造成的人的片面畸形发展，指出劳动是人全面发展的基础。他关于人的全面发展有多种阐述，"每个人自由而全面的发展是一切人的自由发展的条件"①。人的全面发展就是"人以一种全面的方式，也就是说，作为一个完整的人，占有自己的全面的本质"②。

（二）人的全面发展理论的主要内容

人的全面发展，作为未来人类社会中的人的发展状态的思考，主要指在未来物质水平极大提高、精神生活极大丰富的社会中，人能够摆脱各种内在和外在因素对人的发展的限制，从而使人自身所拥有的素质、能力、社会关系等得到全面而丰富的发展，即人的全面发展，相对于自然界来说，是人的需要和能力的全面发展；相对于人类社会来说，是人的社会关系和人的活动的全面发展；相对于人自身来说，是人的素质和个性的全面发展。

1. 人的需要和能力的全面发展

需要是人的本性，是人类进行劳动生产和从事各种活动的动力。人要生存，必须要满足自身的需要。人的需要的全面发展意味着人的需要从片面的到全面的发展，从较低级的到较高级的发展，从占有性的到充实人的本质力量的发展。人的能力是用来满足需要的手段，人的需要的向前发展要求人的能力也相应地发展。马克思认为："任何人的职责、使命、任务就是全面地发展自己的一切能力，其中包括思维能力。"③人的能力的全面发展意味着人能够充分地发展用来满足自身需要的所有的能力，其中包括实践能力、认识能力、审美能力等。人只有拥有了这些能力，才能保证人的各类合理需要获得满足，并在各类实践活动中发挥他的全部才能和力量。

2. 人的活动的全面发展

人的活动是表现人的生存的特有形式，对人的生存和发展都具有非常重要的意义。人的活动的全面发展表现为内容和形式都极为丰富，不再是单一的、固定的，具有丰富和可改变的特性。人们能够不再因为旧式的分工而受限于某一特定的领域，能够根据自己的天赋和优势，根据自己的喜好，不受约束地选择活动领域。人们不仅可以从事体力劳动，还能胜任脑力劳动；不仅可以从事科学技术研究，还可以从事文学艺术创作。

---

① 马克思恩格斯选集(第4卷)[M].北京：人民出版社，2012：647.
② 马克思恩格斯全集(第42卷)[M].北京：人民出版社，2002：120.
③ 马克思恩格斯全集(第3卷)[M].北京：人民出版社，2002：330.

3.人的社会关系的全面发展

人是一种社会存在物,作为生活在现实社会中的个人,都处于一定的社会关系之中。脱离了具体的现实的社会关系的人是不存在的。人处于现实的社会中,一个人能力的形成和发展依赖于社会活动和社会交往,而只有人的社会关系得到全面的发展,才能真正实现个人的全面发展。社会关系的全面发展意味着人们社会关系的普遍性和全面性,一是人们不再受一直以来由于分工、地域、民族而造成的局限,从而能够在各个方面、各个领域发展自己的社会关系;二是指人的社会交往的普遍性,个人能够和各领域、各层次的人交往,个人的交往、个人与社会的交往得到建立和实现,同整个世界的发展紧密联系,从而能够更好地丰富和发展自己。

4.人的个性的全面发展

鉴于社会中的个人的身心发育程度、活动的方式与状态以及人在出生后受各种环境等各方面因素的影响,每个人都具有异于他人的独特属性。人的全面发展意味着人的个性的丰富性,不再因为各种因素而限制自我个性的发展,能够拥有自己独特的人格、品质和社会形象,拥有丰富的创造力,能够应对复杂多变的社会环境,更主动地去应对挑战,从而使社会生活更加丰富多样,进而使整个社会得到长足的发展。

二、人的全面发展理论视域下的大学生发展现状透视

要实现人的全面发展,最根本的是要靠教育。教育最基本的价值定位,就是传播知识,培养人才。培育人才是教育最根本的出发点。促进大学生全面发展,是马克思主义的人的全面发展理论的思想在高校教育中的表现。教育本身的目的就是为了促进受教育者的全面发展,而高校作为实行高等教育的学校,促进受教育者全面发展的使命更是毋庸置疑。但在人的全面发展理论的视域下,目前我国大学生的发展现状不容乐观。总体来看,主要体现在以下几点。

(一)重视知识片面发展,忽视综合素质的提升

大学生在此时最关注的就是专业知识的提高,而很多高校为了提高其就业率,也只是重视大学生的专业知识的教育,造成了专业知识的片面发展,但综合素质不强,而一个人光靠知识是无法获得成功的。例如在文化方面,有些同学认为大学既然有专业的区别并以此为就业导向,那么就应该把精力放在专业知识的学习上,基础知识的学习可有可无,所以对中国及世界历史和文化遗产知之甚少,中国古代哲学知识则几乎空白;在知识运用方面,当代大学生

囿于对课本知识的简单记忆,缺乏实际操作的能力,缺乏对课程的融会贯通、触类旁通的灵活运用,使知识与能力脱离;在身体方面,身体机能明显下降,身体素质不容乐观,部分学生不能参加正常的体育课,天气稍有变化,就会感冒发烧,每年的新生军训,总有学生晕倒送医院的事发生;在心理方面,抗挫能力不强,情绪起伏较大,各种各样的心理困扰与障碍深深地影响了他们正常的学习和生活,甚至造成了人格的扭曲;在人际交往方面,与人交往动机有功利倾向,在陌生或矛盾的情况下沟通能力不强,而且语言和文字表达能力、审美能力均显不足,整体素质亟待提高。

(二)重视能力的工具化训练,忽视道德修养的培育

当今社会是一个非常现实的社会,普遍存在重视物质水平的提高、轻视思想水平的提升的现象,再加上目前处于社会市场经济阶段,它所引发的求取功利思想在青年人心中基础深厚,不容易动摇,这使得思想品德、理想信念等受到了非常大的冲击。例如,一些学生热衷于考级考证,片面重视外语、计算机、公文写作等实用型技能,把其当作成才立业的根本;部分学生参加"暑期三下乡"等服务活动,也只是为了丰富毕业时简历中的内容,增加其就业的砝码。而目前高校所进行的道德教育多停留在理论的层面上,学习和教育的目的仅仅是为了考试,学生对其含义的理解不充分,更不能较多地在生活中加以运用,道德认知和现实实践不一致。很多高校并不重视对学生道德修养的评价,也造成了很多学生轻视道德素质的提高,最终结果会导致其人生观、利益观的偏差,拜金主义和官本位思想严重,例如部分高校毕业生不愿意下基层到条件艰苦的地方奋斗,更愿意选择眼前优越的生活条件、选择较高的工资和较好待遇的职业,限制了自己的就业视野,形成狭隘的自我发展观。

(三)以智育教育为主,忽视创新能力的培养

在大学中,"60分万岁"的现象非常普遍,很多学生认为只要在大学期间不挂科不重修就已经达到了学习的目的,还有一部分学生把获得奖学金作为自己大学期间的目标,把是否拿过奖学金做为评价自己是否充实地度过大学生活的标准。同学们主要是想学习应试的技巧,能够把知识迅速地背诵下来以获得短期的记忆。在课堂上经常出现学生用手机将老师在课堂上播放的幻灯片课件拍下来的现象,其目的也正是为了应付考试中可能会出现的题目。在课堂中,大多数老师根据书本上的知识或自己储备的知识"灌输"给学生,没有充分地引导其思考,而由于学生一直以来都习惯于在课堂上被动地接受,并且认为教师的讲课内容是完全正确的,很少有学生在课堂上对于老师的讲解提出质疑,教师的权威

是不容置疑的,学生缺乏自己的见解,以致缺乏批判和独立性思维。而且高校举办的一些创新创业活动大多流于形式,学生们参与的动机可能也只是为了增加就业时的砝码。学生们往往在答题时行云流水,但缺乏分析时事和从事实践活动的能力,缺乏解决实际问题的能力,更缺乏创新的能力。

三、人的全面发展理论视域下大学生全面发展的目标设计

根据人的全面发展理论的内核来看,大学生的发展应该包括大学生的能力、社会关系、素质和个性的全面发展。但因为大学生在大学期间还是以获得知识为主要任务,所以,知识获得充分发展也属于大学生全面发展的内容。因此,大学生的全面发展的目标,就是使大学生实现知识、能力、社会关系、素质和个性的全面发展,并且达到这五个系统之间的协调发展。

(一)知识的全面发展

对于大学生来说,知识系统包括一般知识和专业知识,要实现一般知识和专业知识的协调发展,不仅要具有涉猎广泛的一般知识,更要有精深的专业知识。从目前在校大学生自身的特点来看,知识储备不足是大学生们亟待解决的首要问题,不少学生不仅对专业知识缺乏研究和理解,在一般知识方面也比较缺乏。大学生要实现自身的发展,首先要不断地进行知识学习。知识作为一种内在的能量,是能力的基础,并且会促进能力的发展。学习知识不仅是要掌握现成的理论,更重要的是在学习过程中掌握探索真理的方法,提高思维能力和思维品质,并且要把所掌握的理论知识运用到实际的创造实践当中。

(二)能力的全面发展

实现人的全面发展首先是人的本质力量的体现、充实和拓展。个人的能力、才华得到展示,是实现其他方面发展的根本保证。对于大学生来说,最主要的是实现实践和创新能力的充分和全面发展。实践能力是人的体力和智力的综合,实践对于知识和能力的提高具有基础性作用,如果一个人不能将其知识和能力体现在实践中,那他所具有的知识和才能便没有了意义。创新能力是人的素质和潜能的集中体现,是人的综合素质与创造潜能协同作用的效应和结果,一个有创新能力的人,必然也有很强的学习能力、分析能力、综合能力等,还具有把知识转换为实践的能力。社会不断发展和科技进步要求发挥人的创造能力。创造能力是衡量一个人、一个民族和国家是否发展的重要指标,现在社会的竞争,也越

来越表现在创造能力的竞争上。人的发展必须要实现人的创造能力的发展,人的创造能力的发展使人的发展能够更好地实现。

(三)素质的全面发展

素质系统包括思想品德素质、文化和科学素质、身体和心理素质、审美素质、劳动技能素质。其中,思想品德素质能够使人确立正确的人生方向,文化和科学素质、身体和心理素质是人能够存在和发展的基础条件,审美素质是使人充满生机、活力的血液,这些都是对人的全面发展不可或缺的素质,只有每一个方面都得到协调的发展,才能为实现人的全面发展提供有力的保障。而高校对大学生实施德、智、体、美和劳动技术教育,通过作为一个有机整体的五育综合效应,完整而统一地体现在作为教育对象的人这个整体上,使教育对象的各方面素质得到全面协调发展。大学生只有这五个方面都得到很好的发展,才能成为一个真正全方面发展的人。

(四)社会关系的全面发展

大学生的社会关系系统中主要包括家庭关系、同学关系、师生关系和社会交往关系等,大学生也能够根据相同的兴趣、爱好和追求,形成一个个小的学习团体或伙伴关系,这些关系可以统称为人际交往关系。在大学的学习生活中,大学生的交往范围不断扩大,交往的频率不断提高,交往的手段也增多,社会关系不断扩展,主动追求开放式的人际关系。大学生交往关系的全面发展,不仅是大学生成长中的重要组成部分,也是其品格修养、素质提高的重要基础。在各种人际交往的过程中,大学生的能力如交流沟通能力、处理事务的能力不断得到提升,他们能够正确地处理与他人的关系,形成懂得感恩、谦让、合作的良好品德。大学阶段的人际关系更是为其未来的发展提供了保障。

(五)个性的自由发展

人的个性是其在长期的活动和行为中体现出来的比较固定的、区别于他人的心理特征的综合。大学生个性的自由发展突出地表现在大学生的独立意识、自主意识、批判精神上。人的独立性是人的本质的表现,是人的全面发展的基本特质,增强人的独立性对个人积极干预生活、创造性地建设事业和实现人的全面发展具有重大意义;自主意识即能够进行自我选择、自我负责、自我管理,自主意识是现代人的立人之本,是现代人格的必有内涵;批判意识其本质是一种思考方法,是一种思维的训练,可以将其称为"审慎性思考",它的结果是开放性的,其开启了人们创新的头脑,是创新型人才必须具备的能力。大学生通过对现实社会不断地反思、批判和超越，提高和发展适应未来社会的能力，不断达到自身的解放。

四、人的全面发展视域下大学生全面发展的实现路径

重视大学生的全面发展是社会不断向前发展的要求，目前高等教育正面临着严峻挑战。进入大学阶段的青年学生，自我意识不断增强，思维的抽象性明显增强，独立思考的能力也有所加强，情绪体验加快，个性特征也越来越明显。但是由于缺乏实践经验和社会阅历，生理和心理也还处于渐渐成熟的时期，也是心智发展比较成熟，接受、理解知识和观念最快最好的阶段，可塑性比较大，在这个时期，其能力和素质以及社会关系等都能够获得较快的发展。所以针对当前大学生的特点，鉴于目前高校全面发展教育的现状，在马克思主义全面发展理论的指导下，我国大学生的全面发展教育应注重以下几个方面。

（一）注重大学生知识的全面性培养，构建各科知识的大融合

对于大学生来说，他所拥有的知识系统应该有：系统扎实的基础知识体系、学有所专的专业知识体系、学以致用的工具知识体系、富有效率的方法知识体系。要以广博为基础，以专长而过人。在对大学生的教育内容上，必须加大力度改革，拓宽知识面，构建知识体系的大融合，才能切实推进人的全面发展。一是要在课内外、各学科之间"全开放""大信息"，促进各系统之间全方位的信息交流、能量交换，达到目标一致，功能互补；二是合理设置基础性课程和拓展延伸型课程，在各层面内及层面间构建合理的知识结构，有助于学生在本学科向纵深发展，同时也有助于其向相邻学科发展，甚至跨学科发展，促进学生知识结构合理化。从而保证给予学生生动活泼、自主发展的充分空间，使学生在广博的一般知识面的基础上有精深的专业度，做到博学多才、一专多能。

（二）以人为本，注重大学生主体性的发挥

全面分析和辩证把握教育对象的特点是进行教育活动的重要前提和基础。传统的应试教育强调考试成绩，重视考试所需的知识的教授，忽略了学生独立性和批判意识的培养，不利于学生主体性的发挥。由于每个人生下来所具有的素质、社会环境和所受教育影响的不同，所以在对大学生进行教育时，一是要承认大学生的个人特点，承认学生之间的差别，全面观察和分析每个学生，善于发现和开发学生的潜质，根据学生们的不同特点因材施教，使学生不仅有各方面都协

调发展的基本素质,又能够发展他的特长,给学生创造良好的、宽松的空间,形成丰富而独特的个性;二是应尊重学生的主体地位,调动其积极性,鼓励大学生能将自由、独立的精神带进课堂,强调独立思考的重要性,积极思考,敢于质疑,引导大学生在虚心接受老师教导的同时,运用自身的主观能动性,培养自由、独立的精神,提倡让学生主动发展。大学生全面发展的过程,必须是主动获取、主动发展的过程。只有充分发挥学生的主体性作用,外部的条件才能真正转化为学生的内部条件,使他们的个性得到充分自由的发展,促进学生个体的最优发展。

(三)注重大学生素质的培养,坚持"五育"并举

德育、智育、体育、美育、劳育五育,是培育全面发展的人的五个不可或缺的部分。作为现代化建设主力的大学生们,只有当其品德、智能、生理、审美和劳动技能素质形成一个相互促进的有机整体时,才会发挥出推进社会现代化的巨大作用。要使当代大学生成为推动社会主义现代化进程的全面发展的人,就必须把构成现代人基本素质的各种要素,通过五育的综合效应,完整而统一地体现在作为教育对象的人这个整体上。当前,我国很多高校过于注重智育,却忽视了德育、体育、美育和劳育。大学生仍处于人生观、世界观、价值观正在形成的阶段,因此,必须重视大学生德育、智育、美育、体育和劳育的协调发展,尤其要坚持以德育为本,只有正确认识各育的性质和作用,才能使学生的身心素质全面健康地发展。一是要完善德育课程设置,增加德育课程时间,加强社会主义道德教育和共产主义道德教育。将德育内化为大学生的自觉思想和行为,要以社会主义核心价值体系作为引导,理想信念教育是大学生思想政治教育的核心,要使学生们的理想信念坚定,要重视思想道德修养与法律基础等德育课程的教学,注重培养大学生的思想素质、政治素质、道德素质。二是要平等地对待各育的教育内容和任务,充分重视各育的作用,处理好各育之间、各育与素质教育整体之间的关系,坚持全面与重点相结合,提倡综合培育原则,广泛开展健康有益、积极向上的学术、科技、体育、艺术和娱乐活动,实现"五育"并举。

(四)注重科学精神和人文精神的培养

人文科学教育是大学生全面发展教育的关键。科学精神和人文精神是社会文明的象征,也是社会不断向前发展的内在精神动力。科学精神一般包括求真的精神、求新的精神、善于怀疑批判的精神、自觉用科学造福于人类的精神,它以物为尺度,追求真实,推崇理性;人文精神包括一个人的道德和信念,对自由平等的追求,对个人尊严、价值、命运的关心和维护,是推动人的发展的精神动力,它崇尚情感,以人为中心,追求美好。人文精神和科学精神是社会精神文明的最重

要所在,它们能使人的心理更加成熟并能够提升人的品德和修养的境界。科学精神和人文精神的培育对于大学生来说有着非常重要的作用,一个人只有兼具人文精神和科学精神,才能最大限度地发挥自身的潜质,才能对这世界的把握更全面,才能更自觉地从事实践活动,为社会发展和人类事业服务。高校要大力弘扬这两种精神,使两种精神平衡发展,并以人文精神引领科学精神和科学的发展。人文教育的特点在于把高尚的品德内化于心,人文教学应该改变以传授知识为唯一目的,把传授知识与品德熏陶结合起来,把文化知识转化为学生自身内在的人文精神;要使学生相信科学、尊重科学,并加强辨认封建迷信和伪科学的能力,能够自觉地与它们作斗争;要加强学生创造性思维的培养,结合课堂教学来引导学生们产生对科学的好奇心,鼓励学生勇敢地猜想,能够提出自己对于问题的独特见解,并主动去验证自己的猜想,激发学生对科学探索活动的浓厚兴趣。

(五)重视实践能力与创新能力的培养

创新和实践教育是大学生全面发展教育的升华,人的知识、能力是为社会实践服务的,社会实践促进人的全面发展,要大力引导学生高度重视知识、能力与社会实践的关系。但长期以来的应试教育和灌输式教育,使得学生的实践能力和创新能力不足,表现在学生运用自己专业领域知识解决实际问题的不足,其观察能力、想象能力、动手操作能力、科学实验能力、创造能力还不能适应社会发展的需要。一要增加实践性教学环节,包括课堂中在实验教学以及在课堂外的拓展。前者即课堂中的实验操作、课堂讨论以及课外作业等,后者则是指在完成课堂教学之后,以社会生产和实践为依托的、使专业知识转化为实践的综合性教育和训练,积极支持学生关注社会现实问题。二要积极支持大学生开展形式多样的实践活动,努力为大学生的实践活动的有效开展提供有利条件,充分发挥高校团委、学生会的作用,推进校园文化活动建设,多在校园内举办实践活动,在实践中发挥学生主体的积极性。三要形成一种善于批判和良性竞争、大胆怀疑、敢于批判、善于创新的教学文化氛围和校园创新文化氛围,把培养学生的批判性思维当成一个重要目标,老师不仅仅只是知识的灌输者,而是成为和学生平等的、与学生进行交流的伙伴,在日常的课堂中培养学生们学会创新,成为促进学生形成创新能力的引导者,鼓励多元和发散,鼓励学生对种种观念进行有理由的理智的质疑和探讨,主动地进行探寻和验证,进而得出自己的结论,激发学生们的创造性。

推进大学生的成长成才,促进其实现全面发展,是提高高等学校人才培养的质量,为社会主义建设培养接班人的现实要求,对社会的发展具有重大的现实意义。面对新形势,我国高校要促进大学生的全面发展,必须在马克思主义关于人的全面发展的理论的引导下,正确地认识和处理大学生全面发展各目标体系之间的关系,正确看待目前高校教育存在的问题,以全面发展教育为主要内容,引导促进大学生全面发展,使之成为对社会真正有用的人,为中华民族伟大复兴的中国梦培养人才。

【作者简介】 周明晶 浙江大学马克思主义学院2017级硕士生 浙江 杭州 310028

参考文献

[1] 萧前,李秀林,汪永祥.历史唯物主义原理[M].北京:北京师范大学出版社,2012.

[2] 扈中平.现代教育学[M].北京:高等教育出版社,2010.

[3] 顾玉民,肖巍.当代中国马克思主义研究报告[M].北京:人民出版社,2015.

[4] 苏振芳.思想道德教育比较研究[M].北京:社会科学文献出版社,2011.

[5] 杨竞业,姜晓丽.人的全面发展问题的当代论域[M].武汉:武汉大学出版社,2009.

[6] 龚超.马克思社会教育思想研究[M].北京:人民出版社,2013.

[7] 曹福成.大教育与现代人的培养[M].太原:山西教育出版社,1997.

[8] 沈炜,宋来.大学生全面发展教育:科学发展观视角[M].上海:华东理工大学出版社,2009.

[9] 王永斌.促进人的全面发展——教育创新的根本使命[J].当代教育与文化,2010(5):16-20.

[10] 胡飒.论马克思关于人的全面发展理论的基本内涵[J].湖南科技大学学报(社会科学版),2011(1):27-30.

[11] 苏少丹,刘妙英.人的全面发展理论对高校思想政治教育的指导意义[J].理论导报,2012(6):44-45.

论马克思主义大众化与文风建设

——读《反对党八股》的启示

杨媛媛

【摘　要】　文风建设是推进马克思主义大众化的重要路径。《反对党八股》是毛泽东所写的关于文风建设的重要文章,从中可以探索马克思主义大众化需要的文风。毛泽东认为,推动马克思主义大众化的指导原则是历史唯物主义和辩证唯物主义,内容上要讲实际轻空谈,形式上要注重语言艺术的运用,态度上要利国利他。当前我国在推进马克思主义大众化方面存在类似的"党八股"现象有:不以群众为本、传播错误思想、搞形式主义等。针对这些问题,可以在毛泽东《反对党八股》中找到治病良方,如学习列宁进行调查研究、学习共产国际善于运用群众语言、学习鲁迅不生搬硬造做文章、学习中国共产党理论结合实际的经验等。

【关键词】　马克思主义大众化　文风建设　党八股

在从马克思恩格斯到中国共产党的革命和建设实践中,马克思主义的大众化一直是共产党人坚守的重要任务。时至今日,中国共产党的十九大报告中,习近平总书记在讲到文化自信时仍然提到:"必须推进马克思主义中国化时代化大众化,建设具有强大凝聚力和引领力的社会主义意识形态,使全体人民在理想信念、价值理念、道德观念上紧紧团结在一起。"①可见,马克思主义大众化在当代

---

① 决胜全面建成小康社会 夺取新时代中国特色社会主义伟大胜利——习近平同志代表第十八届中央委员会向大会作的报告摘登[N].人民日报,2017-10-19.

仍然有现实意义。在新时代中国特色社会主义思想的指导下,结合时代特点探索推进马克思主义大众化的路径,是我们的迫切任务。

一、建设良好的文风是马克思主义大众化的必要路径

通常我们所认为的马克思主义大众化,就是"把马克思主义由抽象理论转变为生动具体的形式、由深奥思辨转变为通俗易懂、由被少数人所理解和掌握转变为被广大人民群众所理解和掌握,并转化为人民大众的思想、价值观和行为方式"①。也就是说马克思主义大众化要符合三点要求:第一要通俗化,用百姓所理解的语言来解释和传播马克思主义;第二要具体化,要结合中国的特点和实际问题来研究马克思主义理论;第三要生活化,就是将马克思主义理论与人民群众的生活相联系,为广大人民群众所理解和接受,进而在日常生活中运用、发展和创新理论。马克思主义大众化的实质是使马克思主义理论为群众所掌握,并转化为物质力量。马克思主义大众化的对象是人民群众,而人民群众接触并学习马克思主义理论的一个重要途径就是阅读相关的文献、著作,因此在大众化的过程中文字领域是我们必须坚守的阵地。在文字领域里文风扮演着重要的角色,所谓文风在狭义上就指文章的风格、语言文字的作风,它是文章的灵魂,构建良好文风是推进马克思主义大众化的必要路径。

(一)文风在形式上表现为文章的行文风格,这会直接影响到读者的阅读体验

良好的文风有利于将马克思主义理论以人民群众所喜闻乐见的形式呈现,使群众愿意读。通常情况下,一篇文章的内容是基本固定的,但它的行文风格却可以是多样的,如果能以大众所喜欢的文风来呈现马克思主义理论,那么大众自然是乐意读的。如顾海良的《画说资本论》一书,将马克思的经济思想以漫画形式展现,探讨了资本主义经济关系和资本主义商品经济运动的基本过程、内在规律、发展趋势,而且科学地提示了社会化大生产的共同规律和商品经济发展的基本规律。② 对于广大群众来说,漫画的形式更具吸引力,他们愿意读这样的书,能够理解其中的意思,也自然会有所收获。

---

① 刘德海.马克思主义大众化的科学内涵、历史经验及其当代实践路径[J].南京大学学报,2011(4).

② 顾海良.画说资本论[M].南昌:二十一世纪出版社,2009.

（二）文风最终体现的是作者的思维方式、立场和价值取向，这会对读者的世界观、人生观、价值观造成影响

有良好文风的文章，是站在群众的立场上将马克思主义理论以更加通俗易懂的形式展现给大众，使人民群众读得懂。如艾思奇的《大众哲学》就是将理论通俗化的一个代表，他在写作时便考虑到阅读对象是广大群众，所以对文章的定位就是通俗类读物，将晦涩的哲学知识写得通俗易懂。他还认为通俗类的文章比学术文章更难，因为："通俗的文章要求我们写得具体、轻松，要和现实生活打成一片。写作技术是第一要义，同时理论也切不可以有丝毫的歪曲。"①正是因为这本书将深刻的理论和通俗易懂的形式结合起来，它吸引了一大批的读者，成为广大群众在战争年代的精神食粮。

（三）良好文风的最终价值取向是理论结合实践，这会影响读者学习的最终效果

正如马克思所言："哲学家们只是用不同的方式解释世界，问题在于改变世界。"②理论的目的和归宿在于实践，一篇文风良好的文章，会将理论与实践紧密结合，对人们的生活实践起到指导作用，如毛泽东许多类似于《改造我们的学习》《整顿党的作风》的文章，最后都是以如何实践结尾的，这些文章一方面分析问题，帮助人们认识事物的本质，另一方面为接下来该怎样做提出指导，内容详实、直指实践，让我们深感其独特文风的魅力。相反，如果仅仅停留于书本和知识本身，那么一部分文化水平较低的人就会被排斥在外，而且理论的作用也被大大限制，难免陷入教条主义的陷阱。

二、从《反对党八股》看马克思主义大众化需要怎样的文风

说到文风建设，就不得不提到《反对党八股》这篇文章。它是毛泽东于1942年8月2日在延安干部会上的讲演，与《改造我们的学习》以及《整顿党的作风》一起，共同作为毛泽东在延安整风时期的代表作，对中国共产党的思想改造起到重要作用。反对党八股以改进文风，是《反对党八股》这篇文章的主题，其中提到对于文风问题的看法，对于我们今天推进马克思主义大众化的进程有着重要的

---

① 艾思奇.大众哲学[M].北京：人民出版社，2004：250.
② 马克思恩格斯选集（第1卷）[M].北京：人民出版社，1995：57.

借鉴意义。

在《反对党八股》中,毛泽东提出了"党八股"的概念,这是针对五四运动以前封建社会所惯用的八股文即"老八股"而提出来的。《毛泽东选集》中的一个注释提到:"党八股是指在革命队伍中某些人在写文章、发表演说或者做其他宣传工作的时候,对事物不加分析,只是搬用一些革命的名词和术语,言之无物,空话连篇,也和上述的八股文一样。"①根据毛泽东本人的解释,党八股就是对于五四运动的一个反动,是小资产阶级思想的反映,而且这种现象在党内已经存在许久了。他在文中对党八股的八条罪状提出了批判,并且也提出了解决这种不良文风的方法。通过这八条罪状的揭示,我们可以总结出有利于马克思主义大众化的文风应该具备以下几个特点。

（一）在指导原则上,利于马克思主义大众化的文风是坚持辩证唯物主义和历史唯物主义的

毛泽东在《反对党八股》中将当时存在的不良文风称为党八股,并提到:"党八股是藏污纳垢的地方,是主观主义和宗派主义的一种表现形式。"②可见,他已经找到了不良文风的根源就是主观主义。在这之前他在《整顿党的作风》一文中就详细分析了主观主义的表现和危害,他认为:"主观主义可以分为两种:一种是教条主义,一种是经验主义。"③教条主义就是指,把马克思主义理论当作死教条,只注重书本知识,不将其与中国实际结合起来运用。经验主义只以自身经验为满足。这两者将感性认识和理性认识割裂开来,都犯了主观性和片面性的错误。因此,要构建利于马克思主义大众化的文风,就必须防止主观主义的错误,在写作相关的文章时,坚持辩证唯物主义和历史唯物主义的原则,一方面以马克思主义理论为指导,将它看作行动的指南,灵活运用;另一方面结合我们国家和人民群众的生活实际,实现感性认识和理性认识的结合。

（二）在态度上,利于马克思主义大众化的文风是负责任的,目的是为了利国、利他

毛泽东在总结党八股的八条罪状时,提到第六、七、八条罪状分别是:"不负责任,到处害人""流毒全党,妨害革命""传播出去,祸国殃民"。④ 这三条集中阐

---

① 毛泽东选集(第3卷)[M].北京:人民出版社,1991:830.
② 毛泽东选集(第3卷)[M].北京:人民出版社,1991:827.
③ 毛泽东选集(第3卷)[M].北京:人民出版社,1991:815.
④ 毛泽东选集(第3卷)[M].北京:人民出版社,1991:840.

述了党八股类的文章因为不负责任的态度而导致的严重后果,他认为写文章的主要目的就是给他人看,如果不负责任地写出八股文之类的文章,传播出去会造成不良的社会后果,思想领域的混乱会危害共产党,危害革命,最终导致祸国殃民的严重后果。我们在写作有关马克思主义大众化的文章时,因为指向的目标是千千万万的人民群众,所以文风就必须是负责任的,所谓负责任,就是要符合马克思主义的基本思想,向大众传播的一定要是科学的马克思主义,而非半截子的甚至是修正主义的马克思主义,只有将科学的马克思主义理论作为我国的主流意识形态,才可以引领思潮,凝聚人心,推动发展。

(三)在内容上,利于马克思主义大众化的文风是重实际而轻空谈的、是追求真理和本质的

毛泽东在总结党八股的罪状时,提到的第一条罪状是"空话连篇,言之无物",第二条罪状是"装腔作势,借以吓人",第五条罪状是"甲乙丙丁,开中药铺"。① 第一条是说党八股类的文章不论长短,说的都是空话,没有什么实际内容。在第二条罪状中他说道,有的文章非常幼稚,它是靠辱骂和恐吓来证明自己的合理性的,然而"凡真理都不装样子吓人,它只是老老实实地说下去和做下去"②。第五条是说有的文章喜欢从事物的外部标志来一味进行概念分类,没有看到事物的内部联系、内部矛盾,最终做的只是概念游戏。综合以上三点,我们在写作马克思主义大众化一类文章时,一定要杜绝出现这类文风。一方面要轻空谈、抓本质,一篇好的文章不在于篇幅的长短、语句的华丽,而在于内容的精粹,文章内容多一些有用的东西,抓住事物的本质,能够给人以启迪,那么自然会得到群众的认可。正如马克思所说:"理论只要能说服人,就能掌握群众;而理论只要彻底,就能说服人。所谓彻底,就是抓住事物的本质。"③另一方面要注重调查研究,发现事物的内部规律和联系,探索事物的本质,从而无限接近于真理,要通过实践来证明马克思主义理论的真理性,实现理论和实践的结合,而不是一味地玩概念游戏,糊弄群众。

(四)在形式上,利于马克思主义大众化的文风是有的放矢和注重语言艺术的

毛泽东在总结党八股的罪状时,提到第三条罪状是"无的放矢,不看对象",

---

① 毛泽东选集(第3卷)[M].北京:人民出版社,1991:833-839.
② 毛泽东选集(第3卷)[M].北京:人民出版社,1991:835.
③ 马克思恩格斯选集(第1卷)[M].北京:人民出版社,1995:9.

第四条罪状是"言之无味,像个瘪三"。① 这两条是从形式上来批判不良文风的,其中第三条罪状是说做文章或宣传的时候不看对象,总以自己习惯的方式进行,常常会产生对牛弹琴的效果,这是不尊重人民群众的表现。第四条罪状是说有的文章语言十分枯燥乏味,让人感觉到面目可憎,便不会产生想要阅读的欲望,就更谈不上理解了。由此,我们在写作有关马克思主义大众化的文章时,一定要警惕在形式上犯以上两点错误。首先一定要有的放矢,即针对不同的对象采取不同的形式。马克思主义大众化所指向的人民群众是一个广泛的概念,其中不同人的文化水平是有所差异的,因此在理论宣传和教育的时候,要因人而异,注重对象的差异性,给不同文化水平的人读的文章在形式上要有差异。其次要注意语言艺术。语言是传递思想的桥梁,在撰写有关马克思主义大众化的文章时一定要注意合理运用语言,一方面要学习和运用群众的语言,用群众熟悉和喜闻乐见的语言来传播马克思主义,通俗易懂的语言更容易被群众所接受和运用;另一方面要从外国语言和古人语言中吸取有用的东西,在其中我们可以找到自己有时难以表达意思的词汇,也可为相关词汇增添更多的意义。

三、当前马克思主义大众化在文风方面
仍然存在的"党八股"现象

经过长期的改造学习,学术界的文风已经有了很大的改观,但这不意味着党八股的现象已经杜绝。对比党八股的八条罪状,我们当前马克思主义大众化一类文章的文风仍然存在的"党八股"现象有如下几种。

(一)不以群众为本

人的解放是马克思毕生追求的目标,中国共产党一直强调以群众为本,将群众作为各项事业的出发点和落脚点。但是在写文章时却有部分人违背了这一点,这主要表现为:一方面不学习群众的语言,当前马克思主义是我们的主流意识形态,所以马克思主义大众化一类文章受官方政治性语言影响过重,所用一部分语言是为了附和政治潮流,忽视对群众语言的运用,使群众失去了阅读的兴趣;另一方面不区分对象,写出所谓的"万能文章",不论对谁都用同样的话语和说辞。比如说一些宣传海报,在宣传国家的主流意识形态时,往往是将领导人的

---

① 毛泽东选集(第3卷)[M].北京:人民出版社,1972:836-837.

话照抄照搬上去,忽视了被宣传群众的不同文化程度和理解能力,使得理论宣传仅仅流于形式。

(二)传播错误的理论

理论的生命力在于真理性和现实性,其中真理性虽然是相对的,但是只有真理才有长久的生命力,并在现实中得到检验和运用。但在马克思主义大众化一类的文章中却存在传播错误理论的现象,这主要是因为部分人对马克思主义理论的理解不透彻,抓住马克思主义理论中的只言片语就来为自己的观点做辩护,将马克思主义肢解得支离破碎,甚至导致大众对我们社会主义事业产生怀疑。比如有的人看到马克思在《共产党宣言》里提到公妻制①,便大肆宣扬,导致大众的误解,殊不知马克思提出这一点是为了批判资产阶级建立在金钱关系上的一夫一妻制。不将马克思主义理论进行整体的、系统的研究,这样的错误就会层出不穷,最终造成的后果真的会像毛泽东所说的害人害己、害党害国。

(三)走形式主义

所谓形式主义,就是指在写文章和做事时只注重外在的形式,认为形式决定内容。这在马克思主义大众化一类的文章中就表现为少部分学者所写的马克思主义大众化的文章用语还算通俗易懂,能够使广大人民群众都进行阅读,但是却多是一些泛泛而谈的废话,最终导致群众的误解,认为马克思主义理论都是大而空的东西,没有实际用处。懒惰是形式主义主要原因之一,马克思主义理论是一个包含多学科和多角度的庞大理论体系,要想将其中的知识融会贯通,就必须花费大量时间和精力,再将其转化为通俗易懂的语言进行大众化的宣传,又是一道极其困难的工序,于是有一部分人便趁机投机取巧,只抽取其中的只言片语进行写作,在形式上表现得像是在研究和传播马克思主义理论,实际上只是在自欺欺人罢了。时至今日,人民群众的文化水平已经普遍提高,他们希望通过阅读获得对自己有用的知识,如果只是一味走形式主义,那么最终只会被群众抛弃。

四、《反对党八股》的治病良方

在分析了党八股的八条罪状以后,《反对党八股》这篇文章也提出了相应的

---

① 马克思恩格斯.共产党宣言[M].北京:人民出版社,2014:47.

治病良方,这对于我们探索当前适合马克思主义大众化的文风具有重要的借鉴意义。

(一)学习列宁进行调查研究

毛泽东提到列宁写传单进行宣传时都会提前与熟悉情况的同志商量,进行调查研究,结合工人罢工的现实情况来揭露资产阶级的本质,宣传社会主义学说。也正是因为列宁以调查研究作为前提,实现了理论的科学性与现实性的结合,所以他的理论才会有如此大的说服力和号召力,推动了当时苏联的革命和建设事业。马克思主义大众化类的文章也应该进行调查研究,大众化的目的是为了使理论传播到广大人民群众身边,给群众以指引和启迪,可以用人民群众是否接受来检验理论大众化的效果。而要使群众接受和运用马克思主义理论,就要进行调查和研究,一方面进行大量调查,搜集社会现象,了解社会现实,并帮助群众透过现象看本质;另一方面了解群众的真正需求,有所侧重地宣传他们所需要的理论,让他们感受到理论的实用性。

(二)学习共产国际善于运用群众的语言

毛泽东在文中借用季米特洛夫在共产国际第七次大会的报告中的告诫,认为我们在写东西和做文章时应该用群众的语言,让群众愿意看且看得懂。人民群众的文化水平参差不齐,尤其是对于一些文化理论水平较低的人来说,学习内涵深刻的马克思主义理论是有困难的,所以需要用更加通俗易懂的方式来阐述理论。另外,群众在日常生活中的用语与学术用语有差别,学术用语虽然短小精练,但仅限于在学术界的交流,而群众多样的日常用语具备更丰富的内涵和强大的传播能力,因此,马克思主义大众化类的文章更应该学习群众的语言,用群众所喜闻乐见的方式进行传播,如此才可以与群众沟通交流,将理论广泛传播开来,实现理论与实践的结合。

(三)学习鲁迅绝不生搬硬造做文章的态度

毛泽东提到鲁迅曾经列举了写文章的八条规则,总结起来就是不生搬硬造。一篇文章的写作总是有感而发的,不能为了写作而写作,凭空捏造的文章是没有生命力的。马克思主义大众化类的文章就是为了把马克思主义理论传播给群众,而马克思主义的基本原理和中国特色社会主义的实践就是这些文章的养分,马克思主义基本原理包含着丰富的理论内涵,涉及哲学、政治经济学、科学社会主义等各方面的知识,是马克思主义大众化的理论源泉。后来经过马克思主义的中国化,中国领导人以及学者结合中国实际,又相继提出了毛泽东思想以及中国特色社会主义理论,这也是马克思主义大众化的重要理论来源。另外,人类社会具有历史性和发展性,现实的实践会不断提出新的需求,这是马克思主义大众化的现实源泉。总之,马克思主义大众化是以深厚的理论做基础,基于历史与现实的需要进行的,我们在写作相关文章时绝不能想当然地写一些文章来扰乱大众的思想,从前人的理论与当前的现实中一定有可以挖掘的且用之不尽的行文材料。

(四)学习中国共产党联系中国实际的经验

马克思提到过:"哲学家们只是用不同的方式解释世界,问题在于改变世界。"①理论与实际结合是马克思主义理论的本质特征,也是马克思主义理论在几个世纪以来一直保持生命力的源泉。中国共产党也正是将马克思主义与中国的实际相结合,开辟了中国特色社会主义道路,才迎来了今天中国崛起的奇迹。时至今日,以习近平总书记为领导的党中央,又适时地提出了新时代中国特色社会主义思想,针对我国当前存在的主要矛盾,指明未来建设和发展的方向。共产党的实践尚且如此,我们在写文章时更应注重联系中国的实际,理论来源于实践,同时也是行动的先锋,当今中国在发展的道路上面临诸多问题,如社会主义市场经济的发展、国家治理体系和治理能力的提升、生态问题等,这些都需要理论界进行思考和探索,以减少在实践中的挫折。在写有关马克思主义大众化的文章时,与中国的现实相结合,才能使文章内容充实,进一步推进马克思主义的中国化、时代化和大众化。

小 结

马克思主义大众化的文风建设是时代赋予我们的迫切问题,《反对党八股》已经对不良的文风做出了本质的揭示和批判,也告诉了我们应该怎样纠正这种不良的文风,那么我们便应该引以为鉴,改进文风,有效推进马克思主义大众化。当然文风建设是一个长期和系统的工作,随着时代的发展,我们会面临不同的问题。当前如何将文风建设融入文化自信,从全局和整体的角度来推进文风建设,如何在网络领域进行马克思主义大众化的文风建设,如何将传统经验与现实问题相结合以推进马克思主义大众化的文风建设,仍然有待研究。

---

① 马克思恩格斯选集(第1卷)[M].北京:人民出版社,1972:16.

【作者简介】 杨媛媛 浙江大学马克思主义学院 2017 级硕士生 浙江 杭州 310028

参考文献

[1] 毛泽东选集(第 3 卷)[M].北京:人民出版社,1972.

[2] 马克思恩格斯选集(第 1 卷)[M].北京:人民出版社,1995.

[3] 艾思奇.大众哲学[M].北京:人民出版社,2004.

[4] 顾海良.画说资本论[M].南昌:二十一世纪出版社,2009.

[5] 马克思,恩格斯.共产党宣言[M].北京:人民出版社,2014.

[6] 刘德海.马克思主义大众化的科学内涵、历史经验及其当代实践路径[J].南京大学学报,2011(4).

[7] 刘建军.关于当代中国马克思主义大众化的若干问题[J].思想理论教育,2008(7).

[8] 李冉.当代中国马克思主义大众化实现路径探析[J].毛泽东邓小平理论研究,2009(7).

马克思主义大众化与辅导员思想政治素质的提升

王礼君

【摘　要】　在"马克思主义大众化"的过程中,高校辅导员的重要性不言而喻。但由于辅导员队伍本身学养的局限性和社会价值观的现实主义取向而使现状并不尽如人意。辅导员是青年学生思想的引路人,为更好地推进"马克思主义大众化"进程,必须掌握牢固的马克思主义基本知识,坚定正确的政治立场;不断学习中国特色社会主义理论,阐释当前的时代意义;积极培养自身科学的思维方式和工作方式,帮助学生树立正确的"三观"。

【关键词】　马克思主义大众化　辅导员　思想政治素质

马克思主义传入中国已经有百年历史。在这一百年中,马克思主义指导中国共产党人打退外国列强,抵挡军国主义、资本主义、封建社会思想等的侵蚀,逐渐把中国带入一个富强民主的新社会。然而,社会环境是在不断变化的,如何适应当前世界政治经济文化发展,如何更好地把有中国特色的社会主义道路走下去,如何坚持和发展新时期中国特色社会主义,将是我们始终需要思考的重要问题。

党的十七大报告指出,"开展中国特色社会主义理论体系宣传普及活动,推动当代中国马克思主义大众化"[①],这是马克思主义大众化概念的第一次提出,具有十分鲜明的时代性。党的十七届四中全会要求全党"不断推进马克思主义

---

①　胡锦涛.高举中国特色社会主义伟大旗帜　为夺取全面建设小康社会新胜利而奋斗——在中国共产党第十七次全国代表大会上的报告[N].新华每日电讯,2007-10-15(1).

中国化、时代化、大众化",将马克思主义大众化作为重要工作来抓。党的十八大报告强调"推进马克思主义中国化时代化大众化,坚持不懈用中国特色社会主义理论体系武装全党、教育人民",①进一步明确了马克思主义大众化的重要性。党的十九大报告提出"牢牢掌握意识形态工作领导权。……必须推进马克思主义中国化时代化大众化,建设具有强大凝聚力和引领力的社会主义意识形态"②,将马克思主义大众化推向新的高度。

大学生是国家的依托和未来,肩负着建设中国特色社会主义的重要使命。辅导员、班主任是高等学校教师队伍的重要组成部分,是高等学校从事德育工作、开展大学生思想政治教育的骨干力量,是大学生健康成长的指导者和引路人。③ 高校辅导员素质的三维结构(MKI 模型)中,个人思想政治素质是最为重要的维度。④ 因此,辅导员具备怎样的思想政治素质,直接影响到了教育的质量。

一、马克思主义大众化的理论解读

自"马克思主义大众化"概念提出,许多学者就开始从各自学术领域进行解读。越来越多的学者倾向于"两说",即广义说和狭义说。从广义上说,当代中国马克思主义大众化应包括历史上的马克思主义理论和当代的马克思主义理论在当代中国的大众化;而从狭义上来说,当代中国马克思主义大众化就是指向大众普及中国特色社会主义理论体系。⑤

如果更为具体地分析,可以从内容维度、客体维度和过程维度三方面来对当代中国马克思主义大众化进行解释。从内容维度来看,当代中国马克思主义大众化即是指马克思主义中国化最新成果的大众化,也就是指"中国特色社会主义理论体系"这一马克思主义中国化最新成果的大众化。从客体维度来看,当代中国马克思主义是党运用马克思主义基本原理观照中国特色社会主义实践一般规律和特殊规律的理论成果,是为推动中国特色社会主义事业发展服务的。因此,当代中国马克思主义大众化的对象也应该指向现实的所有的人。从过程维度来看,当代中国马

① 胡锦涛.坚定不移沿着中国特色社会主义道路前进 为全面建成小康社会而奋斗——在中国共产党第十八次全国代表大会上的报告[M].北京:人民出版社,2012:1.

② 习近平.决胜全面建成小康社会 夺取新时代中国特色社会主义伟大胜利——在中国共产党第十九次全国代表大会上的报告[N].人民日报,2017-10-18(1).

③ 教育部关于加强高等学校辅导员班主任队伍建设的意见(教社政[2005]2 号).

④ 彭庆红.高校辅导员素质结构模型的构建[J].清华大学教育研究,2006,(3).

⑤ 刘建军.关于当代中国马克思主义大众化的若干问题[J].思想理论教育,2008,(7).

克思主义大众化是当代中国马克思主义的"大众化"与当代中国马克思主义的"化大众"有机统一的过程。也就是说,实现当代中国马克思主义大众化,一方面需要致力于创新当代中国马克思主义理论,使其更容易为我国广大社会民众所理解和掌握;另一方面则又需要用有中国特色的社会主义理论指导人民群众的实践。①

由对马克思主义大众化的阐释和分析我们可以看到,马克思主义大众化既是对马克思主义的继承,也在社会主义国家建设中使其得以发展;不仅是马克思主义在中国传播的结果,也是正在并且持续的历程;不仅是当代中国社会主义发展提出的要求,也是中国社会主义社会沿着良性轨道前进的助力。马克思主义大众化是一贯以来马克思主义在中国得以传播和发展的有效途径。其在当代的提出,具有鲜明的时代意义。面对世界范围内纷繁复杂的变化,一些不良价值观的渗透以及西方社会对于中国的和平演变,马克思主义大众化尤为紧迫。对于青年群体这一国家建设的中坚力量,必须将马克思主义广泛传播,作为一种思想方向的正确引导,为继续建设好中国特色社会主义做有力保障。

二、马克思主义大众化在辅导员思想政治教育中的现实困境

1.马克思主义中国化传播中辅导员学养的局限性

马克思主义来到中国后,为了适应中国国情,更好地解决我国在发展中遇到的问题,必须将马克思主义中国化。而在当代中国马克思主义的大众化过程中,其大众化程度主要取决于马克思主义中国化后的理论吸引力和说服力。如果这一理论能够很好地解释中国社会主义发展中的问题,并能在此理论指导下更好地建设国家、提高人民生活水平,那么就会得到广大人民的拥护。

在进行思想政治教育时,我们必须讲清当代中国马克思主义和经典马克思主义之间一脉相承的关系,以及经典马克思主义在实践当中的演变和当代中国马克思主义是如何指导实践的。然而,这只是非常理想的状态。事实上,在很多情况下,在处理问题的时候,我们的辅导员又很难从经典马克思主义那里还原和提炼出相应的阐述和根据,而仅仅以"中国特色的社会主义"来解释,这种解释是模糊而没有说服力的,也更混淆了中国特色社会主义的本质。

2.社会价值观的现实主义取向

当今社会日新月异,发展进程越来越快,科技水平也越来越高。但自科技迅

---

① 郑自立.当代中国马克思主义大众化视域中的大学生思想政治教育研究[D].长沙:湖南师范大学,2011.

速发展以后带来的科学主义和工具理性倾向日趋严重,社会的整体价值观呈现一种越来越赤裸裸的现实取向。

受这种社会整体价值观改变的影响,人们越来越急功近利,看重理论和技术对于当下的具体实践有没有益处、是不是支持、能不能产生效益。而对现实生活有普适性指导的马克思主义在这一方面又并非如此"接地气",在掌握和认识之后不能立即投入生产而产生利益。所以,很多人对于这种看起来无法指导实践、和现实生活距离"遥远"的马克思主义抱有敬而远之的态度。

在具体工作时,辅导员常常会遇到这样的问题:"学习马克思主义有什么用?""不学马克思主义我们会过得不好吗?""这个时代我们还需要学习马克思主义吗?"这些问题的本身就带有功利主义的倾向。须知任何一种具体领域思想流派的诞生、任何一种行为方式的出现都带有哲学思想的烙印,是某种哲学思想作为源头的生发。中国在马克思主义影响下走出了半殖民地半封建统治,确定了社会主义初级阶段,并在这个阶段中大力发展经济,取得了杰出的成就。因此,要重视当代中国的马克思主义作为一种哲学思想而对人们产生的指导和引领作用。在辅导员工作实践当中,要用当代中国的马克思主义贯穿思想政治教育的始终。

三、辅导员应具备的思想政治素质

1. 牢固掌握马克思主义基本知识,坚定正确的政治立场

辅导员作为学生思想政治教育工作不可缺少的重要力量,自身首先应具备过硬的基本理论素养。关于马克思主义的知识内容,要认真去学,不能道听途说,对于不成熟的评论,不能不加以任何判断而人云亦云。关于马克思主义的基本理论,要认真研究,不要认为这是很久以前的理论,就没有继续钻研的价值,而要体会其中一直保留和鲜活至今的道理和意义,找出它在现代社会仍具有生命力的核心原理和价值。

辅导员作为先进的中国共产党党员,且担任高校的教育教学工作,在工作当中应该为人师表,一定要坚定正确的政治立场。对于现在社会流传甚广的新自由主义、虚无主义、后现代主义等侵蚀中国特色社会主义的部分内容要始终保持警醒,不断反思。对于重大的原则问题保持立场鲜明,反对非马克思主义、唯心主义,反对伪科学。只有坚定正确的政治立场,才能在学生思想政治教育与管理过程中传达正确的政治思想和人生信念,培养学生正确的人生观、世界观、价值观。

2. 不断学习中国特色社会主义理论,阐释当前的时代意义

时间流逝,社会在发展,问题也不断出现。为了解答在发展过程中提出的问

题,势必要不断解释和完善马克思主义理论。在解释和完善的过程中,就完成了马克思主义的中国化,形成了有中国特色的社会主义理论体系,这是中国共产党成立以来继承和发展的最为宝贵的政治和精神财富。中国特色的社会主义理论创造性地解释了"什么是社会主义""怎样建设社会主义",并制定了社会主义初级阶段的基本路线。"三个代表"很好地回答了在新形势下"怎样建设党""建设什么样的党"。科学发展观的第一要义是发展,核心是以人为本,基本要求是全面协调可持续,根本方法是统筹兼顾,解释了中国在生产力进一步提高中应该"怎样发展"的问题,进一步丰富了中国特色社会主义理论。习近平总书记系列重要讲话精神,统筹推进"五位一体"总体布局,协调推进"四个全面"战略布局,为我国全面现代化建设更添了一把力。

中国特色社会主义理论体系再好,只学习和接受是远远不够的,只能说这是最开始的一小步。就好比一件有益的发明,放在家里孤芳自赏那它永远就只有观赏价值,而拿出去介绍给大家,让大家都能受益,这才使这项发明真正得其所用,实现了它的真正价值。而当代中国马克思主义大众化,正是要完成这种"让一件有益的发明得其所用"的过程。辅导员在这一过程中要起到不可替代的作用。宣传普及当代中国马克思主义的基本理论、观点和方法,讲清当代中国马克思主义的理论意义;同时也要努力用当代中国马克思主义来疑释解惑,指导实践,提高同学们的认识,体现出当代中国马克思主义的实践意义。①

3. 着力培养自身科学的思维方式,树立正确的"三观"

辅导员对于学生的引领和指导作用最为重要和核心的方面是正确的"三观",即人生观、世界观、价值观。人生观是人们对于人生的根本看法和态度,也就是对于人类生存的目的、价值和意义的看法。世界观是人们对于世界的基本看法,世界是什么样的,精神和物质的关系是什么,我们的思维是如何产生的,我们以怎样的方式存在。价值观是人们对周围的客观事物的意义和价值的评价,什么样的事物是有价值的,符合我们各自确定的准则。人生观由世界观决定,而价值观又是人生观的核心。

现在社会存在着很多由思想意识形态偏差产生的问题,比如急功近利、浮躁之风盛行,拜金主义在很大程度上成为社会的主流价值。一方面对于"拼爹"、走关系等现象深恶痛绝,另一方面在对待自己的问题上又靠这些自己痛恨的方式来谋取更大的利益。这背后的深层原因就是价值追求的错位。青年学生在观念上基本保持了正向、积极的一面,知道善恶优劣,但在具体实践当中又容易被迷

---

① 张博颖.关于当代中国马克思主义大众化的若干思考[J].上海师范大学学报(哲学社会科学版),2008(3).

惑和误导。因此,在不良环境中辅导员应该端正自身,摆正立场,并把这种正向的力量传递给广大的青年学生,帮助他们树立正确的人生观、世界观、价值观,为国家和社会的发展带去正能量。

辅导员要将马克思主义大众化深入到每个学生的心中,培养自身科学的思维方式,辩证唯物地看待问题。[1] 明白事物是在不断发展变化的,以前适应社会和个人发展的,现在可能存在一定的问题,以往不恰当的,又并不一定无可取之处。处理问题的时候要抓住主要矛盾以及矛盾的主要方面,点面结合,统筹规划。用联系的观点和整体的观点,用历史和发展的眼光,力求全面地分析和把握客观事物的产生、存在和发展。运用到学生工作当中,就是全面客观地分析学生的问题,因人而异地解决他们的问题,看到每个学生的优点和不足,捕捉和把握教育的契机。

总之,当代中国马克思主义大众化具有重要而独特的社会历史意义,辅导员作为我国思想政治教育工作者,处在这一工作的前沿阵地。如何将工作做好,面临着来自理论本身和外部各种因素的挑战。面对这些挑战,辅导员更应该提高自身的思想政治素质和修养,从而影响学生、教育学生,在培养他们成为社会主义合格建设者的路上发挥助推的作用。

【作者简介】 王礼君 浙江大学马克思主义学院思想政治教育专业 2017 级博士研究生 浙江 杭州 310028

参考文献

[1] 胡锦涛.坚定不移沿着中国特色社会主义道路前进 为全面建成小康社会而奋斗——在中国共产党第十八次全国代表大会上的报告[M].北京:人民出版社,2012.

[2] 习近平.决胜全面建成小康社会 夺取新时代中国特色社会主义伟大胜利——在中国共产党第十九次全国代表大会上的报告[N].人民日报,2017-10-18(1).

[3] 教育部关于加强高等学校辅导员班主任队伍建设的意见(教社政[2005]2 号)[E].

[4] 彭庆红.高校辅导员素质结构模型的构建[J].清华大学教育研究,2006(3).

[5] 刘建军.关于当代中国马克思主义大众化的若干问题[J].思想理论教育,2008(7).

[6] 郑自立.当代中国马克思主义大众化视域中的大学生思想政治教育研究[D].长沙:湖南师范大学,2011.

[7] 张博颖.关于当代中国马克思主义大众化的若干思考[J].上海师范大学学报(哲学社会科学版),2008(3).

[8] 靳玉军.高校辅导员素质开发研究[D].重庆:西南大学,2008.

---

① 靳玉军.高校辅导员素质开发研究[D].重庆:西南大学,2008.

马克思主义生态观与科技教育

许聪聪

【摘　要】　马克思主义生态观是按照自然规律科学地认识自然、改造自然，协调人与自然之间的关系的世界观和方法论，其主要观点包括人与自然的辩证关系、劳动是人与自然的媒介、共产主义是人与自然相统一的最高境界三方面内容。对马克思主义生态观的研究分析，为科技教育的发展指明了方向。

【关键词】　马克思主义　生态观　科技教育

人类自诞生之日起，就与大自然有了千丝万缕的联系。古往今来，人们对生态观的思索也在不断地丰富和发展。近代以来，随着自然条件和社会环境的变化，人与自然的关系又出现了崭新的发展态势。根据这一时代素材，马克思对整个社会及生产方式进行了批判性考察，形成了马克思主义生态观。

一、人与自然的辩证关系

马克思主义生态观从人与自然的关系入手研究自然界，主张人与自然的关系既统一又对立。一方面，自然界是人类生存与发展的基础，人是自然界的一部分，与此同时，自然界又是人类的无机的身体，是人类不可分割的一部分；另一方面，随着资本主义生产方式的确立，人与自然的关系出现了紧张的对立。

（一）人是自然界的一部分，人的生存与发展依赖于自然界

"人本身是自然界的产物，是在他们的环境中并且和这个环境一起发展起来的。"[①]马克思主义认为，自然界先于人类而存在，人类是自然界发展到一定阶段的产物。"从最初的动物中，主要由于进一步的分化而发展出无数的纲、目、科、属、种的动物，最后发展出神经系统获得充分发展的那种形态，即脊椎动物的形态，而最后在这些脊椎动物中，又发展出这样一些脊椎动物，在它身上自然界达到了自我意识，这就是人。"[②]"所谓人的肉体生活和精神生活同自然界相联系，不外是说自然界同自身相联系，因为人是自然界的一个部分。"[③]历经几亿年的发展演化，人的生命活动已渗透入全球自然生态系统之中，参与着全球物质能量的自然循环。在此进程中，人的生长与发育遵循着生物学规律，其行为活动始终在自然的空间中展开。

在此基础上，马克思认为："人直接的是自然存在物。人作为自然存在物，而且作为有生命的自然存在物，一方面具有自然力、生命力，是能动的自然存在物，这些力量作为天赋和才能、作为欲望存在于人身上；另一方面，人作为自然的、肉体的、感性的、对象性的存在物，同动植物一样，是受动的、受制约的和受限制的存在物。"[④]这一观点包含两方面的含义：一方面，马克思认为，人类起源于未经人类改造的自然界，是天然的自然界中的存在物，具有主观能动性，有着改造自然的需求；另一方面，人类生存于经人类改造后的自然界中，是现实的自然界中的存在物，不得不受到种种现象及规律的制约。马克思指出，自然条件是人类生存和繁衍的基础，它不仅给人类提供了生活资料，而且也为人类从事生产提供了劳动对象、劳动资料和劳动场所。"自然界一方面在这样的意义上给劳动提供生产资料，即没有劳动加工的对象，劳动就不能存在，自然界也在更狭隘的意义上提供生活资料，即提供工人本身的肉体生存所需的资料。"[⑤]

（二）自然界是人类的一部分，自然界是人类无机的身体

人类产生、存在于其中的自然界，就其对人的特殊价值而言，又是人类的一部分。"自然界，就它本身不是人的身体而言，是人的无机的身体。人靠自然界

---

①　马克思恩格斯文集（第9卷）[M].北京：人民出版社，2009：38.
②　马克思恩格斯文集（第9卷）[M].北京：人民出版社，2009：420.
③　马克思恩格斯文集（第1卷）[M].北京：人民出版社，2009：161.
④　马克思恩格斯文集（第1卷）[M].北京：人民出版社，2009：209.
⑤　马克思恩格斯文集（第1卷）[M].北京：人民出版社，2009：158.

生活,这就是说,自然界是人为了不致死亡而必须与之处于持续不断交互作用过程的人的身体。"①马克思不仅认为人根源于自然、依赖于自然,还认为人可以利用自然、改造自然。正是基于这一点,马克思认为,自然界允许人类的存在是为了利用其改造自己"身体"的智慧来使自己的存在具有客观真实的意义。"无论是在人那里还是在动物那里,类生活从肉体方面说来就在于:人(和动物一样)靠无机界生活,而人比动物越有普遍性,人赖以生活的无机界就越广泛。从理论领域说来,植物、动物、石头、空气、水等等,一方面作为自然科学的对象,一方面作为艺术的对象,都是人的意识的一部分,是人的精神的无机界,是人必须事先进行加工以便享用和消化的精神食粮;同样,从实践领域说来,这些东西只是人的生活和人的活动的一部分。……在实践上,人的普遍性正表现在把整个自然界——首先作为人的直接的生活资料,其次作为人的生命活动的材料、对象和工具——变成人的无机的身体。"②这就说明了自然界同样离不开人类,人对自然界的存在和发展来说也具有重要意义。

(三)人与自然的关系在对立之中统一

马克思认为,人与自然的关系处于不断的矛盾与调和之中。从历史上看,自然界与人是对立的。"自然界起初是作为一种完全异己的、有无限威力的和不可制服的力量与人们对立的。"③最初,人类由于对大自然知之甚少,从而不可避免地对大自然怀有一种恐惧的心理,认为自己与自然格格不入。在历史发展过程中,人类逐步从大自然中分化出来。这时,他们为了再生产出自己的生存资料,就必须和自然界进行持续的物质交换。此时,由于认识水平有限,人不能有效地利用自然规律,对自然持一种敬畏之心。

"人也反作用于自然界,改变自然界,为自己创造新的生存条件"④,随着科学技术的发展,人们开始有效地利用自然规律,在更为广阔的领域中对大自然进行剥夺、征服。"现代自然科学和现代工业一起变革了整个自然界,结束了人们对于自然界的幼稚态度和其他的幼稚行为。"⑤人类为了满足自己无休止的需求和欲望,不断向自然界索取资源、破坏自然,使得人与自然产生了对抗的一面。

在马克思看来,造成人与自然之间矛盾激化的首要原因就是资本主义生产

---

①　马克思恩格斯文集(第1卷)[M].北京:人民出版社,2009:161.

②　马克思恩格斯文集(第1卷)[M].北京:人民出版社,2009:161.

③　马克思恩格斯文集(第1卷)[M].北京:人民出版社,2009:534.

④　马克思恩格斯文集(第9卷)[M].北京:人民出版社,2009:484.

⑤　马克思恩格斯全集(第7卷)[M].北京:人民出版社,1995:241.

方式的形成与发展,因此资本主义生产方式是问题产生的根源。"资产阶级在它的不到一百年的阶级统治中所创造的生产力,比过去一切时代创造的全部生产力还要多,还要大。"①资本主义生产方式相较于封建社会的生产方式来说,使生产力得到了极大的飞跃,是人类生产方式的巨大进步。因此,马克思首先对资产阶级在生产力方面对世界作出的贡献做出了肯定,然而正如恩格斯所言,"在今天的生产方式中,对自然界和社会,主要只注意到最初的最显著的结果,然而人们又感到惊奇的是:为达到上述结果而采取的行为所产生的比较远的影响,却完全是另外一回事,在大多数情况下甚至是完全相反的"②,资本主义生产方式不断地掠夺和盘剥自然,造成了对自然环境的极大破坏。"我们不要过分陶醉于我们人类对自然界的胜利。对于每一次这样的胜利,自然界都对我们进行报复。"③"在资产阶级看来,世界上没有一样东西不是为了金钱而存在的,连他们本身也不例外,因为他们活着就是为了赚钱,除了快快发财,他们不知道还有别的幸福,除了金钱的损失,也不知道还有别的痛苦。"④资本主义生产以最大限度地谋求剩余价值为目的,资本家组织生产时只考虑利润,而对其造成的其他后果漠不关心。所以,资本主义生产方式不仅要掠夺和盘剥劳动者,也必然会掠夺和盘剥自然,造成对自然环境的破坏。当社会中的人们将对大自然的这一掠夺、蹂躏视为理所应当,大自然也就开始以它自己的方式抵抗,从而造成了人与自然间的对立。

在资本主义生产方式中,资本增值的逻辑表现为对财富永无止境的追逐和对自然贪得无厌的索取,这就造成了人与人之间、人与自然之间的异化关系,人与自然出现背离,使得自然界日益腐朽败落。而由此造成的异化劳动,也导致了人对自然界资源的过度利用和野蛮开发,使人与自然的对立日益尖锐化,最终必然给工人阶级和整个人类都带来灾难性的后果。

然而,虽然自然与人有对立的一面,但这种对立不是根本性的对立,而是在统一中的对立。马克思主义将人类看作自然界的一个组成部分,而非外来的征服者;将自然界看作人类生存和发展于其中的环境,而非单纯的改造对象。人与自然的关系是休戚相关、互利共生的,人类必须正确地利用规律,像爱护自己的身体一样保护自然。"我们绝不像征服者统治异族人那样支配自然界,绝不像站在自然界之外的人似的去支配自然界——相反,我们连同我们的肉、血和头脑都

①　马克思恩格斯文集(第2卷)[M].北京:人民出版社,2009:36.
②　马克思恩格斯文集(第9卷)[M].北京:人民出版社,2009:563.
③　马克思恩格斯文集(第9卷)[M].北京:人民出版社,2009:559.
④　马克思恩格斯文集(第1卷)[M].北京:人民出版社,2009:476.

是属于自然界和存在于自然界之中的;我们对自然界的整个支配作用,就在于我们比其他一切生物强,能够认识和正确运用自然规律。"①并且,近年来随着人们环境保护意识的大幅提高,越来越多的人对以往以破坏自然为代价追求经济效益的做法提出了严厉的批评,人与自然和谐发展的理念逐渐深入人心。

二、劳动实践是人与自然的媒介

实践在马克思主义生态观中具有相当重要的地位。而劳动对人的存在发展同样发挥了至关重要的作用。"整个所谓世界历史不外是人通过人的劳动而诞生的过程,是自然界对人来说的生成过程。"②与动物不同,劳动是人生存的首要条件,"动物仅仅利用外部自然界,简单地通过自身的存在在自然界中引起变化;而人则通过他所做出的改变来使自然界为自己的目的服务,来支配自然界。这便是人同其他动物的最终的本质的区别,而造成这一差别的又是劳动。"③"劳动作为使用价值的创造者,作为有用劳动,是不以一切社会形式为转移的人类生存条件,是任何自然之间的物质变换即人类生活得以实现的永恒的自然必然性。"④马克思将劳动定义为"物质变换"这一概念,它不仅是自然界自身内部的物质联系,还包含了人与自然界的相互作用。劳动是"人和自然之间的过程,是人以自身的活动来中介、调整和控制人和自然之间的物质变换的过程"⑤。马克思恩格斯将自然界、人类与社会历史三者融于一体,通过对劳动实践的考察,打破了过去将人与自然根本对立开来的观念,提出劳动实践是实现人与自然内在统一的唯一手段。"政治经济学家说:劳动是一切财富的源泉。其实,劳动和自然界一起才是一切财富的源泉,自然界为劳动提供材料,劳动把材料转变为财富。但是劳动的作用还远不止于此。劳动是整个人类生活的第一个基本条件,而且达到这样的程度,以致我们在某种意义上不得不说:劳动创造了人本身。"⑥这一段则体现了自然界通过人类的劳动实践,显示着自身存在的意义和现实价值,也揭示了人不能离开自然而独立存在、自然若离开人类而存在也是毫无意义的。

人类的劳动实践必然要遵循规律。马克思认为,人类的劳动是改变自然形

① 马克思恩格斯文集(第9卷)[M].北京:人民出版社,2009:560.
② 马克思恩格斯文集(第1卷)[M].北京:人民出版社,2009:196.
③ 马克思恩格斯文集(第9卷)[M].北京:人民出版社,2009:559.
④ 马克思恩格斯文集(第5卷)[M].北京:人民出版社,2009:56.
⑤ 马克思恩格斯文集(第5卷)[M].北京:人民出版社,2009:207.
⑥ 马克思恩格斯文集(第9卷)[M].北京:人民出版社,2009:550.

式,是实现人的目的与遵循自然规律的统一。"劳动过程结束时得到的结果,在这个过程开始时就已经在劳动者的表象中存在着,即已经观念地存在着。他不仅使自然物质发生形式变化,同时他还在自然物中实现自己的目的,这个目的是他所知道的,是作为规律决定着他的活动的方式和方法的,他必须使他的意志服从这个目的。"①接着,马克思又提出,"人在生产中只能像自然本身那样发挥作用,就是说,只能改变物质的形式。不仅如此,他在这种改变形态的劳动本身中还要经常依靠自然力的帮助"②。在这里,马克思在承认人发挥主观能动性的同时,特别强调自然规律的作用。他认为进入到人的劳动生产中的自然物质并没有失去其固有的规律性。"自然规律是根本不能取消的。在不同的历史条件下能够发生变化的,只是这些规律借以实现的形式。"③也就是说,人的目的的设定要从属于自然界的规律性以保证其顺利实现。"不以伟大的自然规律为依据的人类计划,只会带来灾难。"④这就启示我们,在劳动中必须尊重、遵循自然规律,把人类的生产与消费控制在生态系统所能承受的范围以内。

三、共产主义是人与自然相统一的最高境界

由于人与人、人与自然的关系在实践中是同时发生的,因此,马克思率先把生态问题看成社会问题,主张将生态问题置于社会现实中考察,"人对自然的关系直接就是人对人的关系,正像人对人的关系直接就是人对自然的关系,就是他自己的自然的规定。"⑤马克思认为,人与自然的和解,依赖于生产关系和社会制度。也就是说,人与自然的关系受制于人与人的社会关系,并需要整个社会一致地解决,将人的自由而全面的发展、社会制度的变革与自然的和谐统一起来。

在资本主义经济制度下,资本主义生产的终极目的,无外乎就是最大限度地榨取剩余价值,这种追求利润最大化的生产方式必然是无休止地扩大再生产,从而导致自然资源的大量开采和生态环境的持续污染。在这样的背景下,如果不变革资本主义制度,不可能解决人与自然关系的异化,更不可能真正解决人与自然的矛盾。这就必然要求我们用社会主义制度取代资本主义制度,进而用社会主义生产方式取代资本主义生产方式,最后走上共产主义道路,实现人与自然的

① 马克思恩格斯文集(第5卷)[M].北京:人民出版社,2009:208.
② 马克思恩格斯文集(第5卷)[M].北京:人民出版社,2009:56.
③ 马克思恩格斯文集(第10卷)[M].北京:人民出版社,2009:289.
④ 马克思恩格斯全集(第31卷)[M].北京:人民出版社,1979:251.
⑤ 马克思恩格斯文集(第1卷)[M].北京:人民出版社,2009:184.

真正和解。

马克思在《手稿》中批判地考察了各种共产主义思潮后,对自己的共产主义理论做了全面的阐述,并且说明了共产主义是人与自然相统一的最高境界。提出了彻底改变资本家贪婪的本性、解决人与自然矛盾的对策,就是变革社会制度,实现共产主义。"这种共产主义,等于自然主义,它是人和自然界之间、人和人之间的矛盾的真正解决,是存在和本质、对象化和自我确证、自由和必然、个体和类之间的斗争的真正解决。"①所谓自然主义,是把自然界看作世界的唯一真正的本体和基础。而人道主义强调人是世界的真正主人,人自身具有最高的价值,是一切世界历史的主体基础。而共产主义则是自然主义与人道主义的和谐统一,即发展完备的以自然为基础的唯物主义,应该以人为中心;而发展完备的人道主义,应首先把人看作自然界的一部分。在马克思的预想中,共产主义是人与自然、人与社会之间关系的高度和谐,是实现人的个性自由、全面发展的社会形态,它能真正把自然界作为人类的无机身体,并使人们对自己的这一身体进行保护与改造。

马克思主义的生态观不同于一般的生态观,它总是在人类历史的具体的实践进程中去探讨自然的具体的价值。马克思主义生态观,就是我们按照自然规律,科学地认识自然、改造自然、协调人与自然之间的关系的世界观和方法论。

中国共产党自改革开放以来,就一贯高度重视生态文明建设,走出了一条中国特色社会主义生态文明建设之路。历届党中央领导集体在不同时期,面对不断变化的党情、国情,提出的不同理论中都包含着丰富的生态文明思想,这也充分说明党中央对生态文明建设的认识和探索在实践中得到了不断进步和加强。

四、马克思主义生态观对科技教育的借鉴意义

科学技术教育,简称科技教育,是指增进人们的科学知识水平、提高人们的技术水平、培养人们应用科学技术能力的教育。科技教育涉及的范围很广,是一项由学校、家庭和社会共同实施的综合性工程。

一般认为,科技教育包括三个层次:科技知识、科技思想以及科技哲学思想。其中,科技知识即公认的科学创造成果,表现为科学技术的理论与实践知识,是技术教育的基础环节。科技思想主要考察科技知识产生的思想背景、基础原理和条件。科技哲学思想是对科技思想的进一步提炼与加工,主要考察科技方法

---

① 马克思恩格斯文集(第1卷)[M].北京:人民出版社,2009:185.

论、科技的逻辑基础、科技发现的规律等。无论在哪一层次中,都应渗透马克思主义生态观。马克思主义生态观在一定程度上对科技教育具有深远的借鉴意义,为科技教育指明了方向,其指导意义主要表现在以下四个方面。

(一)科技教育方法生态化

由于我国传统教育机制的限制、科技工作者观念的落后,以及经济条件、道德观念的约束,科技教育总是在实施方法上停滞不前,沿用课堂教学方法的现象比比皆是。它造成的后果是:学生亲自动手操作的时间机会越来越少,自由探索的空间越来越小。为了全面提高学生的综合科学素养,可以根据学生特点和地方特色,在自然环境下开展各种科技活动或者与自然环境密切相关的科普活动,激发学生对自然的好奇心和求知欲,引导学生树立人与自然和谐相处的意识。

(二)科技教育内容生态化

教育者应将生态科学、生态伦理、生态国情等方面的知识纳入科技教育的具体实施过程中。不仅要让学生把握人与自然界的客观价值关系,了解自然界生物多样性的生态价值,更让学生深刻理解人与自然之间的密切联系,了解我国生态环境问题的严重性与紧迫性,真正将所学知识与对社会、生态的道德情感有效关联起来。教师应引导学生以生态知识作为行动的理论基础,以生态规范作为实践的理论指导,使学生在真正意义上认同人与自然和谐统一的观点,并将这种内在认同转化为外在行动指南。

(三)科技教育环境生态化

学生处在校园环境、精神环境以及制度环境三方面的综合氛围中,这三种环境在教育过程中总是共同作用,对学生产生影响。因此要致力于实现受教育者所处教育环境的整体生态化。这启示教育者们在教学科研、日常管理和文化建设等各个方面都要充分体现生态价值和生态责任的原则,形成和规范生态化的组织运行机制,带动师生认同生态价值观和所应承担的生态责任。以浓郁的校园生态文化氛围促使学生完成从认知到实践的转变,从而实现对生态责任的知行合一。

(四)科技教育目标生态化

"在人类的物质生活以及人类的历史和人类意识的进步史中,自然界对于人类来说始终是一个能动的伙伴。……由人类自身所推动的自然界的变化,反过来会决定人类历史发展的可能性及其界限。"①自然界之于人类社会是"帮助"还是"限制",完全取决于人对待自然的行为方式。为了达到人与自然和谐相处的目标,教育者就应使学生明确教育目标:将所学的科学知识用于改造自然,造福人类,促进人与自然的和谐共生。

科技教育是基础教育的重要组成部分,是全面推进素质教育,培养学生创新精神和实践能力,促进学生全面发展的重要内容和有效途径,在科技教育中向学生渗透马克思主义生态观,对于增强科技教育的效果、践行科学发展观、促进人与自然和谐相处具有重要的意义。

【作者简介】　许聪聪　浙江大学马克思主义学院马克思主义基本原理专业2017 级硕士研究生

参考文献

[1] 马克思恩格斯文集[M].北京:人民出版社,2009.

[2] 史方倩.马克思主义生态观及其现代价值[J].理论月刊,2011(1).

[3] 赵士发.论生态辩证法与多元现代性——关于生态文明与马克思主义生态观的思考[J].马克思主义研究,2011(6).

[4] 张秀丽,封学军.当代中国马克思主义生态观的历史文化基奠与发展[J].毛泽东邓小平理论研究,2011(3).

[5] 罗川,倪志安.论马克思生态思想"实践的三重维度"[J].理论月刊,2016(1).

[6] 李旭华.马克思生态思想的全面考察——自然生态与人文生态的统一[J].理论月刊,2012(9).

[7] 孙晓艳,李爱华.马克思生态教育思想与中国当代生态文明观教育[J].教育探索,2016(2).

[8] 吴育飞,刘敬华,曹玉民.试论技术教育在科学教育中的价值及实施方法[J].教育学术月刊,2008(1).

[9] 顾建军,胡晓蕾.科学教育与技术教育的融合——现代创新人才培养新路径[J].中国科技教育,2015(8).

---

① 奥康纳.自然的理由——生态学马克思主义研究[M].南京:南京大学出版社,2003:9.

思想政治教育与
党建理论研究

理想信念教育何以必要，何以可能

李　岩

【摘　要】 理想信念是世界观、人生观、价值观的集中体现，是人类特有的精神特质。坚定和崇高的理想信念不会自发产生，必然需要教育的塑造。理想信念教育之所以必要，在于其对中华民族伟大复兴、思想道德建设、党的建设以及个人发展均具有不可替代的重要作用。理想信念教育之所以可能，在于社会主义建设成就、马克思主义、党和国家的方针政策以及思想政治理论课为理想信念教育的开展提供了重要条件。

【关键词】 理想信念　理想信念教育　必要性　可能性

习近平总书记在党的十九大报告中强调：人民有信仰，国家有力量，民族有希望，要广泛开展理想信念教育。理想信念是人民的信仰，是思想的核心，是精神上的"钙"。缺少了理想信念，人民就会精神迷失，国家和民族就会失去精神根基，中华民族的伟大复兴就会丧失希望。近些年来，由于党和国家对于理想信念的高度关注，国内学者针对理想信念的研究也随之增强，取得了丰硕的研究成果，其中关于理想信念教育方面的研究占据了很大的比重。学者们一致承认理想信念教育具有重要的作用和地位，对于理想信念教育何以必要的问题阐发了诸多有价值的观点。但是总体来看，比较零散，缺乏系统性和全面性，同时缺乏对理想信念教育何以可能问题的关注。

有鉴于此，本文从理想信念本质、国家和民族发展、社会道德建设、党的建设以及个人发展五个维度对理想信念教育何以必要的问题进行较为系统的分析和阐述；同时从物质保障、理论支撑、政策引导、渠道保证四个层面对理想信念教育何以可能的问题进行较为全面的论述，力求能够为理想信念教育的进一步研究提供理论支撑和方法论启发。

一、相关概念界定

（一）理想信念的内涵

"理想信念"概念的提出是有一定理论和现实意义的。过去人们过于强调"理想"忽略"信念"或者相反，人们往往将"理想""信念""理想信念"三个概念交叉使用甚至相互替代。从内涵上来看，三个概念具有相近性，但是从本质来看是有区别的，不能够将其相互替代，明确其内涵、认清其中的区别对于理论研究和实践引导具有重要的作用。

"理想"和"信念"都是人类独有的精神特质。"理想"强调了人类对于美好事物的合理期望，是人类的价值观念在人生奋斗目标的集中体现。"信念"强调了人类对于某些思想和观念的信任和秉持。"理想信念强调了理想与信念中两个基本方面的统一，既注重对未来奋斗目标的追求，又注重现实生活中人们应秉持的信念支撑，实现了对理想和信念的超越。"[①]可见，"理想信念"指人类对某些美好事物和社会状态的期望和追求以及对相关思想观念的信任和信奉并将其作为自身现实行为的指导，是世界观、人生观、价值观的集中体现，是人类特有的精神特质。

（二）理想信念教育的内涵

"理想信念教育"是思想政治教育的核心内容，具有思想政治教育的普遍性以及自身的特殊性。"理想信念教育"与思想政治教育一样本质上都是培养人的实践活动，目的都是培养人的道德规范、政治观点和思想观念使其符合社会的要求，最终实现人自由而全面的发展。"理想信念教育"除了与思想政治教育有共通的本质与目的外，自身有其特殊的内容和使命。

从本质、内容和目的的角度来看，"理想信念教育"是指教育者通过一定的方法和途径对受教育者进行马克思主义、共产主义和社会主义教育，使其形成共同的价值规范和精神动力，指导人们以共产主义为奋斗目标进行社会主义建设，为追求个人自由全面发展的实践活动。从含义中可以明显看出，"理想信念教育"包含的不是一般的理想信念教育，而是科学的、崇高的理想信念教育，是以马克

---

① 吴潜涛.正确理解理想信念的科学含义[J].教学与研究,2011(4):7.

思主义为理论指导的共产主义和社会主义理想信念教育，具体而言就是树立马克思主义的信仰，树立共产主义伟大理想和中国特色社会主义共同理想和坚定信念。

二、理想信念教育何以必要

（一）坚定和崇高的理想信念不会自发产生，需要教育的塑造

马克思、恩格斯以及列宁等经典作家在领导工人运动的过程中意识到，共产主义和社会主义意识不能从工人中自发产生。"工人阶级单靠自己本身的力量，只能形成工联主义的意识"[①]；"没有革命的理论，就没有革命的运动"[②]。所以要把社会主义意识"从外面灌输给工人，即只能从经济斗争外面，从工人同厂主的关系范围外面灌输给工人"[③]。历史和实践证明，对工人阶级灌输共产主义和社会主义意识是必须的，只有在科学社会主义理论的指导下，工人运动才能取得最终胜利。共产主义和社会主义理想信念是共产主义和社会主义意识的重要组成部分。而教育是灌输的重要手段和方式，通过系统的和有组织的教育，可以将崇高的共产主义和社会主义意识广泛地传递给社会大众，从而形成坚定的理想信念，加强社会团结和社会稳定。

理想信念作为一种社会意识，是由社会存在决定的。人类社会目前处于阶级社会，"在阶级社会里，每个人都在一定的阶级地位中生活，各种思想无不打上了阶级的烙印"[④]。所以，理想信念具有阶级性。在阶级社会中，代表不同阶级利益的人会产生相应不同的理想信念，而统治阶级的理想信念则占统治地位，为了维持和巩固统治阶级地位，必须将已形成的理想信念通过一定的方法和手段让社会成员认同，以此来巩固社会基础。社会主义社会当然也不例外，无产阶级必须用共产主义和社会主义理想信念塑造社会成员，而理想信念教育则是必不可少的手段。

---

① 列宁全集（第 6 卷）[M].北京：人民出版社,1986:29.
② 列宁全集（第 6 卷）[M].北京：人民出版社,1986:23.
③ 列宁选集（第 1 卷）[M].北京：人民出版社,1972:293.
④ 毛泽东选集（第 1 卷）[M].北京：人民出版社,1991:283.

（二）理想信念教育是实现中华民族伟大复兴的必然要求

历史唯物主义强调社会存在决定社会意识的同时也指出社会意识对社会存在具有反作用。所以，理想信念对国家和民族发展具有重要的反作用。但是这种反作用有两个方向，一个是正方向，即积极作用；一个是负方向，即消极作用。积极作用就表现为对国家和民族发展具有促进作用，消极作用就体现为对国家和民族发展具有阻碍作用。至于一种理想信念将产生哪种作用，关键在于与现实社会和社会发展之间的适应关系。共产主义和社会主义理想信念是科学的理想信念，是吸收和借鉴人类一切优秀文明成果并总结世界各国共产主义运动经验的基础上形成的理想信念，是被实践和历史证明能够促进国家和民族发展的社会意识。这种科学性根源于马克思主义的科学性、实践性和革命性，显示出巨大的生命力。

实现中华民族伟大复兴是中国共产党在共产主义伟大理想的指引下结合中国实际提出的阶段性发展目标，是中国特色社会主义的共同理想，是能够促进国家和民族发展的崇高的和科学的理想。但是理想再科学和美好，如果不能被社会大众所认可和接受，就无法形成共同的精神意志，中华民族伟大复兴梦想就缺乏精神支撑和力量源泉。而且，实现中华民族伟大复兴也不能一蹴而就，需要社会各领域各群体长期的共同奋斗。所以，基于以上原因，开展理想信念教育，加强人们对中华民族伟大复兴梦想的理解和认同，是实现中华民族伟大复兴的必然要求和应有之义。

（三）理想信念教育是提升思想道德建设的内在需要

思想道德素质和科学文化素质是中国特色社会主义建设事业对人才的内在要求，两者都不可偏废。具备思想道德素质却缺乏科学文化素质很难承担起社会主义现代化建设的重任，而具备科学文化素质却缺乏思想道德素质也很难促进经济社会的和谐和可持续发展。但坚持两点论的同时也要坚持重点论，从人类社会发展历程来看，思想道德素质是更具基础性和前提性的素质。道德规范的产生与发展与人类文明社会的产生和发展是基本同步的，具有悠久的历史。人作为社会中的人，必然处于一定的社会关系中，而道德的作用就在于处理人与人、人与集体的关系，使之和谐有序。中国儒家思想就非常强调道德的重要性，讲求以德治国，一定程度上促进了中国古代封建社会的和谐稳定，当今社会同样需要道德的规范作用。可以说，良好的思想道德品质是人之为人最基本的素质和要求。

思想道德建设是社会主义精神文明建设的核心和灵魂，决定着精神文明建设的方向和性质。而理想信念教育又是思想道德建设的精髓和核心。理想信念是人的世界观、人生观、价值观的集中体现,是认知、情感、意志的深化和统一,是人最高的精神品质,统领着人的思想道德。牵牛要牵牛鼻子,解决问题就要抓主要矛盾,加强理想信念教育是提升思想道德建设的内在要求。

(四)理想信念教育是党的建设的根基

习近平总书记在党的十九大报告中强调新时代党的建设要以坚定理想信念为根基。明确指出共产主义远大理想和中国特色社会主义共同理想,是中国共产党人的精神支柱和政治灵魂,也是保持党的团结统一的思想基础。要把坚定理想信念作为党的思想建设的首要任务,教育引导全党牢记党的宗旨,挺起共产党人的精神脊梁,解决好世界观、人生观、价值观这个"总开关"问题,自觉做共产主义远大理想和中国特色社会主义共同理想的坚定信仰者和忠实实践者。理想信念是共产党人精神上的"钙",中国共产党之所以能够取得革命、建设和改革事业的巨大胜利,就是因为中国共产党始终高度重视理想信念教育的作用,向每一位党员积极宣传共产主义伟大理想和社会主义理想。也正是因为有无数心怀理想的共产党员,不怕牺牲,顽强拼搏,甘于奉献,新中国才能建立,改革开放的伟大事业才能不断前进和突破,中华民族的伟大复兴才有可能实现。

然而,由于社会主义市场经济的建立和发展、政治体制改革的相对滞后、西方个人主义和功利主义的侵蚀、中国传统腐朽文化的影响以及社会生活的安逸导致部分党员丧失了理想信念。部分党员政治方向偏离、政治信念动摇、对共产主义理想心存怀疑,有些党员甚至烧香拜佛信奉鬼神、是非不分、正义感退化、贪污腐败、失去党性、失去与群众的血肉联系。针对党存在的严重的思想问题,党的十八大以来,以习近平同志为核心的党中央确立了全面从严治党的战略思想,通过开展一系列教育实践活动,不断提高党员的理想信念和党性修养,取得了明显的成效,但是问题依然没有得到根本解决,仍然需要持续努力。实现中华民族的伟大复兴需要党的坚强领导,而加强理想信念教育则是党的建设的根基。根基牢固,梦想才会有坚实的基础和保证。

(五)理想信念教育是促进人全面发展的重要手段

人是理想信念的主体,但这里所说的人,并不是抽象的人,而是现实的人。所谓现实的人,就是强调人在现实生活中所进行的生产生活和交往活动,是社会中的人。不同的人在社会关系中所扮演的角色和地位不同就会产生不同的社会意识,从而产生不同的理想信念。"马克思主义赋予作为主体的人充分现实性的同时,当然也赋予了人充分的能动性。"①所以人不是被动消极地反映现实生活,而是能动地反映现实生活,正是因为这种能动性,人们才能立足于现在,把握现实规律的同时,展望未来,为自己设立理想,并坚信理想的可实现性,为之不断努力。所以,理想信念是人的现实性和能动性相结合的产物。

　　理想信念教育的出发点和落脚点就是促进人的全面发展,核心在于教育人们树立科学的崇高的共产主义和社会主义理想信念,并以此指导人们的生产生活。人的全面发展包含多种要素,比如强健的体魄、良好的思想品德、渊博的知识、优秀的文化素养等等,而坚定的理想信念同样也是人的全面发展的重要组成部分,并且起着主导和统领的作用。如果没有崇高和坚定的理想信念的支撑和引导,人的发展就不可能全面,只能是动力不足、平庸的发展。马克思指出,未来的共产主义社会将是一个自由人的联合体,"在那里,每个人的自由发展是一切人的自由发展的条件"②。所以,只有实现了共产主义,才能真正实现人的全面发展,而只有拥有坚定的共产主义理想信念并不断努力,才能真正实现共产主义。虽然,注定有很多人看不到共产主义的实现,人的真正全面发展也不能完全达到,但是只要人们坚定理想信念,通过一代又一代人的不懈努力,终会达到。当代人的努力不是徒劳,当代人坚定理想信念不是无用。理想信念教育具有理想信念自身独特作用和教育教化作用的双重功能,通过理想信念教育,坚定人们的理想信念,是促进并最终实现人的全面发展的必然选择。

三、理想信念教育何以可能

(一)社会主义建设的成就奠定了坚实的物质基础

　　从理论逻辑来看,历史唯物主义指出,社会存在决定社会意识,经济基础决定上层建筑,所以理想信念及其教育水平取决于社会的物质生产水平以及由生产决定的社会关系。从历史逻辑来看,社会主义500多年的历史同样证明了相同的道理。社会主义发展的初期即空想社会主义阶段,资本主义生产力发展还不充分,社会主义空想家虽然对未来社会提出了一些设想,但却找不到实现其社会理想的正确道路和力量,要么诉诸书籍,比如莫尔的《乌托邦》和康帕内拉的《太阳城》,要么就开展一些社会实验,比如欧文的"新和谐公社"和傅立叶的"法郎吉",但均告失败。这个阶段,人们对于共产主义的理想只停留在脑海中,无法

---

① 王沪宁.政治的逻辑[M].上海:上海人民出版社,2016:443.
② 马克思恩格斯选集(第1卷)[M].北京:人民出版社,2012:422.

付诸行动，其理想只是空想，更无法形成坚定的信念，其理想信念宣传和教育缺乏科学的理论基础。19世纪中叶，随着工业革命的发展，资本主义生产力得到了充分发展，资产阶级与工人阶级的矛盾日益激化，工人阶级逐渐成为独立的政治力量登上历史舞台，此时资本主义生产方式的矛盾也逐渐凸显，资本主义的罪恶昭然于天下。为了适应阶级斗争的需要和批判资本主义，马克思和恩格斯创立和发展了科学社会主义，科学论证了共产主义必胜和资本主义必亡的历史必然性，为共产主义伟大理想提供了科学依据，理想不再是空想，这为无产阶级树立伟大的共产主义理想和坚定共产主义必胜的坚定信念以及理想信念教育奠定了科学基础。可以说，社会物质生产水平的提高，为科学的理想信念的产生奠定了物质基础。但是虽然有科学的理论，社会生产力依然不够高，工人阶级依然不够强大，工人运动屡遭失败，其理想信念及其教育效果受到一定程度的削弱，然而总体教育水平是不断提升的。列宁领导的十月革命，建立了世界上第一个社会主义国家，使社会主义从科学理论走向现实社会制度，极大鼓舞和坚定了本国和世界无产阶级的理想信念。斯大林领导的苏联社会主义建设显现出巨大的优越性，创造了巨大的社会生产力，促进了世界共产主义运动发展，理想信念教育大力发展，世界无产阶级的理想信念空前高涨。但是随着苏联模式的弊端的显现，生产力受到严重阻碍，最终导致东欧剧变和苏联解体，国际共产主义运动受到极大挫折，无产阶级的理想信念及其教育事业随之受到严重削弱和损害。

中国人民尤其是无产阶级的理想信念及其宣传教育状况的发展变化说明了同样的规律，即理想信念的坚定及其教育效果的提升需要坚实的物质生产基础。毛泽东领导的新民主主义革命一方面重视工人阶级的领导作用，另一方面更加重视农民的作用，对农民宣传党的指导思想和共产主义理想信念，并使土地革命伴随革命始终，解放农业生产力，为革命及其理想信念教育奠定了坚实的物质基础。农民不断被吸收到无产阶级队伍中来，壮大了革命力量，使无产阶级的理想信念更加坚定，理想信念教育效果不断提升，从而促进了革命的胜利。新中国成立之后，努力发展生产力，并在全国开展土地革命，国民经济得到初步恢复和发展。第一个五年计划和社会主义改造使中国进入了社会主义社会，毛泽东以苏为鉴，阐述了一系列社会主义建设的科学论述，重视发展教育事业，促进了社会主义生产力的发展，无产阶级的共产主义理想信念得以不断坚定，理想信念教育事业蓬勃发展。但是由于国际国内形势的变化以及党内的左倾错误，毛泽东做了错误判断，大力开展大跃进和人民公社化运动并最终走向文化大革命，严重损害了社会生产力和理想信念教育的效果。十一届三中全会以来，邓小平带领中国解放思想，总结历史经验，开启改革开放的伟大事业，建立了中国特色社会主义的科学发展道路、制度和理论体系，经过一代又一代中国人民接力发展，坚持改革开放不动摇,中国取得了举世瞩目的发展成就,逐渐形成中国特色社会主义共同理想。当代中国已经进入中国特色社会主义新时代,正不断向中华民族伟大复兴的梦想不断迈进,改革开放的成就更加坚定了人们的共产主义伟大理想和中国特色社会主义共同理想和信念,为理想信念教育奠定了雄厚的物质基础和良好环境。总而言之,回顾历史,社会主义的发展是充满坎坷和曲折的,理想信念及其教育状况同样也是波动不平的,但是,社会主义总体上是不断发展的,理想信念及其教育效果是不断提升的,500年来尤其是中国40年改革开放取得的社会主义的发展成就,为理想信念教育发展奠定了雄厚的物质基础。

(二)马克思主义提供了科学的理论支撑

"批判的武器当然不能代替武器的批判,物质力量只能用物质力量来摧毁,但是理论一经掌握群众,也会变成物质力量。理论只要说服人,就能掌握群众;而理论只要彻底,就能说服人。所谓彻底,就是抓住事物的根本。"[1]教育实践活动推动理论发展的同时,科学的理论对教育实践活动也具有重要的指导作用,理想信念教育本身包括对马克思主义的信仰。一方面,理想信念教育促进了马克思主义的传播和发展;另一方面,马克思主义的真理光芒同样也为理想信念教育提供了科学理论支撑。

首先,马克思主义为理想信念教育奠定了科学基础。马克思、恩格斯立足于人类历史尤其是资产阶级社会发展的历史,批判继承法国、英国的空想社会主义思想、英国的古典政治经济学、德国的古典哲学的合理成分,结合革命实践经验,吸收借鉴细胞学说、质量守恒定律和达尔文进化主义优秀成果,创造了唯物史观和剩余价值思想,正确地说明了生产力决定生产关系、经济基础决定上层建筑、社会存在决定社会意识等唯物史观原理,揭示了资本主义剥削的本质,从此马克思主义作为一种科学的思想,作为一种普遍的科学方法为世界上无数国家所信奉、继承和发展,并经过实践的考验证明其科学性。马克思主义的科学原理和方法比如"灌输论"为理想信念教育提供了科学的理论支撑和方法指导。理想信念教育只有具有科学性才能真正说服广大人民,才能真正被人民接受和认同,从而被人民所掌握化为物质力量共同为社会主义建设而奋斗。

其次,马克思主义赋予了理想信念教育丰富的实践性。马克思在《关于费尔巴哈的提纲》中批判了从前一切的唯物主义和唯心主义,称其具有一个巨大的缺陷,就是没有认识到人的实践活动。"社会本质上是实践的,人的思维是否具有

---

① 马克思恩格斯选集(第1卷)[M].北京:人民出版社,2012:9-10.

客观真理性，这不是一个理论的问题，而是一个实践的问题。"①马克思主义的本质是实践，基础是实践中的现实的人，马克思主义不仅是解释世界的科学，更是改变世界的科学。这种实践性强调世界的客观性更强调人的主观能动性，为世界革命变革提供了方法论指导，为中国共产党领导人民革命、建设和改革提供思想基础和理论支撑。同样，马克思主义的实践性也规定了理想信念教育的本质不是一般的知识教育，而是实践教育和人的自我教育。理想信念教育在宣传和教授理论知识的同时，必须强调将理论知识化为人的自身信念和行为准则，指导人们去改造社会，从内心出发，通过实际行动为社会主义建设贡献力量，为共产主义伟大理想而奋斗。所以理想信念教育是一个经过理论认知、情感认同、意志坚定、行为践行，从而深化认知并以此更好指导实践的螺旋上升的过程，是理论与实践互动提升的过程。

另外，马克思主义规定了理想信念教育的阶级性。马克思主义具有鲜明的阶级立场，是指导无产阶级战胜资产阶级、实现共产主义、实现人类解放的学说。自由主义、无政府主义、实用主义、改良主义、基尔特社会主义被实践证明都无法拯救中国，只有把马克思主义作为指导思想的中国共产党拯救了中国，就是因为马克思主义不仅是科学的理论学说，更是坚定站在以无产阶级为先进代表的劳动人民立场上的理论。马克思主义从创立以来就公开表明自己的阶级立场，所以得到了中国无数劳苦大众的信奉，并利用马克思主义争取自身的利益，也正是有了掌握马克思主义的劳动人民，才会有革命、建设和改革的伟大成就，才能更加有信心和力量实现中华民族的伟大复兴。理想信念教育同样具有鲜明的阶级性，它归根到底是为了人民利益服务的，只有坚持阶级性，理想信念教育才会继续被广大人民所接受。阶级性也决定了理想信念教育是国家意识形态斗争的重要手段，要坚决抵制资本主义的腐朽思想，防止人民陷入资本主义糖衣炮弹的漩涡之中，从而导致理想信念淡化、意志消沉、是非不分。

(三)党和国家提供了有力的政策引导

中国共产党自成立起，就重视开展以思想教育、政治教育、信念教育为内容，以学习领会重要会议决议、文件报告、政策规定为主要形式的理想信念教育，尤其是对党员的理想信念教育。党和国家高度重视为理想信念教育提供有力的政策引导。土地革命时期，党通过制定和宣传《古田会议决议》，撰写《中国的红色政权为什么能够存在》《星星之火，可以燎原》《反对本本主义》等文件和文章纠正

① 马克思恩格斯选集(第1卷)[M].北京：人民出版社，2012：134.

党内存在的错误思想和非无产阶级思想,宣传先进的无产阶级思想,消除党内对中国革命的悲观情绪,客观分析国内形势,科学论证中国革命的正确道路,坚定党员的革命信念和信心。抗日战争时期,通过发表《改造我们的学习》和《整顿党的作风》等重要报告,开展整风运动,提高党员的马克思主义理论水平,确立实事求是的思想作风,树立无产阶级的正确世界观和方法论。解放战争时期,针对党内存在的思想不纯和组织不纯的问题,决定开展以"三查三整"为主要内容的整党运动,纠正了党内的"左"倾错误,提高了党员思想的纯洁性和先进性。新中国成立后,针对党内存在的官僚主义、贪污腐败等问题,开展了一系列的整党运动,通过学习中央发布的《关于发展和巩固党的组织的指示》和《为更高的共产党员条件而奋斗》等文件报告,提高党员的思想觉悟,增强党性修养。进入改革开放新时期,中央发布了《关于在县级以上党政领导干部深入进行以"讲学习、讲政治、讲正气"为主要内容的党性党风教育的意见》和《"三个代表"重要思想学习纲要》等文件,开展以"三讲"为主要内容的党性党风教育和贯彻"三个代表"重要思想教育,提高党员的先进性,坚定党员政治方向。进入 21 世纪,通过深入学习党的十六大、十七大、十八大、十九大报告中关于加强党的思想建设的重要指示,开展党的群众路线教育实践活动、"三严三实"专题教育、"两学一做"学习教育,提高党员的理论素养和理想信念。总而言之,党的理想信念教育贯穿于党的建设的始终,充分证明党对党员理想信念教育的重视。

党和国家对党员的理想信念教育充分重视的同时,对学校学生尤其是大学生的理想信念教育同样高度重视,颁布了一系列政策文件。比如 1994 年,党和国家发布《中共中央关于进一步加强和改进学校德育工作的若干意见》,强调社会主义理想信念是一个通过教育逐步形成的过程,要针对学生发展的不同阶段,科学规划教育内容和方法。1995 年发布《关于高校马克思主义理论课和思想品德课教学改革的若干意见》,突出强调学校"两课"的根本目标是引导和帮助学生树立马克思主义的世界观、人生观和价值观,通过改革创新教育内容和方法,培养学生的理想情操和良好品德。1998 年发布《关于普通高等学校"两课"课程设置的规定及其实施工作的意见》,突出了"两课"对帮助学生树立有中国特色社会主义的共同理想的重要作用。在 2004 年发布的《中共中央国务院关于进一步加强和改进大学生思想政治教育的意见》中,党和国家针对一些大学生不同程度地存在的政治信仰迷茫、理想信念模糊等问题,强调要以理想信念教育为核心,提高针对性,培养德智体美全面发展的社会主义合格建设者和接班人。2016 年习近平总书记在全国高校思想政治工作会议上强调,要注重教育和引导学生不断树立为共产主义远大理想和中国特色社会主义共同理想而奋斗的信念和信心,这为新时代中国特色社会主义理想信念教育提供了方向指引。总之,党和国家对党员和学生理想信念教育的重视为理想信念教育提供了重要支撑和保证。

（四）思想政治理论课提供了主要的教育渠道

习近平总书记在全国高校思想政治工作会议上的重要讲话指出："要用好课堂教学这个主渠道，思想政治理论课要坚持在改进中加强，提升思想政治教育亲和力和针对性，满足学生成长发展需求和期待。"[①]这句话充分表明了思想政治理论课在作为思想政治教育核心的理想信念教育中的主渠道地位。

思想政治理论课主要目的是通过马克思主义理论教育和社会主义教育，帮助和引导人们学习和掌握马克思主义的立场、观点和方法，树立对马克思主义的信仰、对共产主义和社会主义的信念，坚定正确的政治方向。思想政治理论课本质是一种知识教育，具有较高的广泛性、系统性、集中性、针对性，为加强理想信念教育提供了重要的教育渠道。

首先，良好的思想道德素质尤其是坚定的理想信念是人的基本素质和要求，所以思想政治理论课作为培育人的思想政治素养的主渠道是人成长发展的必修课，贯穿于人学习生涯的始终。思想政治理论课的范围和对象几乎涉及每一个人，从而具有极高的广泛性，且时间跨度长，连续性强，使思想政治理论课的效果得到不断增强和深化，人们的理论素养得以不断提高，理想信念得以更加坚定。

其次，思想政治理论课在各个教育阶段都具有核心地位，其重要性决定思想政治理论课应具有较强的系统性，使之发挥最大功能。一方面，党和国家规定基本指导思想、方向、原则和主要内容，地方政府教育部门根据当地实际情况制定地方教育政策和方案，系统指导思想政治理论课；另一方面，地方各级各类学校具体系统规划思想政治理论课，设置专门学院或部门，培养和配备专门的教师队伍，开展集体备课和研讨，系统设置课程时间、内容、难度、方法和考试方案等等，使思想政治理论课在系统的规划下发挥每一部分的最大功效。另外，思想政治理论课主要采取课堂教学的方式，将学生集中在一起开展教育，凸显集中性。这种特性在大学表现得最为明显，大学的思想政治理论课几乎都为大课，课程容量一般超过专业课程，学生来自不同学院不同专业，这种集中性授课是由其教育对象的广泛性以及师资及教室资源的局限性决定的，但也因其独特的集中性使理想信念教育可以更集中更广泛更有效率地开展。

最后，思想政治理论课具有较强的针对性。主要体现在教育内容和方法上，针对学生不同的年龄，不同的教育阶段，会教授不同的教学内容，应用不同的教

---

① 习近平在全国高校思想政治工作会议上强调：把思想政治工作贯穿教育教学全过程，开创我国高等教育事业发展新局面[N].人民日报，2016-12-09.

学方法,使理想信念教育更有成效,更容易被理解和接受。总之,思想政治理论课为理想信念教育提供了主要渠道。

【作者简介】　李　岩　浙江大学马克思主义学院马克思主义中国化研究专业
　　　　　　　　2017级硕士研究生　浙江 杭州 310028

参考文献

[1]吴潜涛.正确理解理想信念的科学含义[J].教学与研究,2011(4).

[2]列宁全集(第6卷)[M].北京:人民出版社,1986.

[3]列宁选集(第1卷)[M].北京:人民出版社,1972.

[4]毛泽东选集(第1卷)[M].北京:人民出版社,1991.

[5]王沪宁.政治的逻辑[M].上海:上海人民出版社,2016.

[6]马克思恩格斯选集(第1卷)[M].北京:人民出版社,2012.

[7]习近平在全国高校思想政治工作会议上强调:把思想政治工作贯穿教育教学全过程,开创我国高等教育事业发展新局面[N].人民日报,2016-12-09.

社会分层视域下思想政治教育社会化对策研究

唐　姣

【摘　要】　社会分层是指社会成员、社会群体因社会资源占有不同而产生的层化或差异现象,尤其指建立在法律、法规基础上的制度化的社会差异体系。这一社会现象于改革开放起发展至今经历了从出现到固化的变迁过程。思想政治教育社会化是指思想政治教育要面向社会各领域,发展社会性,并帮助人们正确认识和处理复杂的社会,适应并创造现代社会生活,提高社会化程度。要在社会分层这一社会背景下探索适应社会分层的思想政治教育目标、培养适应社会分层的思想政治教育主体、完善适应社会分层的思想政治教育功能、增强思想政治教育载体的社会适应性共同构成思想政治教育社会化的应对机制。

【关键词】　社会分层　思想政治教育社会化　对策

思想政治教育社会化是指"思想政治教育既主动适应社会的要求同时又努力对社会进行改造,在这个过程中,思想政治教育与社会变化二者间保持一致。"[①]"简而言之,思想政治教育社会化就是一个融合了社会发展与自身活动的过程"[②],从中可以看出思想政治教育社会化的内容必定与一定的社会环境密切相关。社会分层这一社会现象一方面为思想政治教育社会化提供了新的机遇,另一方面也加剧了思想政治教育社会化难度。在社会分层背景下,各种新问题、新状况层出不穷,这就要求思想政治教育的目标、功能、主体、载体等也必须做出

---

①　蓝江.思想政治教育社会化研究[M].武汉:湖北人民出版社,2005.

②　蓝江.思想教育社会化趋势当议[J].探索,2002(1):89.

相应的调整。关于社会分层、社会分层与思想政治教育社会化互镜关系的研究、社会分层视域下思想政治教育社会化的对策研究对思想政治教育工作的开展、思想政治教育理论的创新、全面小康社会的建成和"中国梦"的实现具有重要理论意义和现实意义。

一、社会分层及其特点

社会分层是指同一社会中按照社会政治地位的高低划分,并被法律所确认的不同社会集团以及同一阶级中因财产状况、社会地位或谋生方式的不同而区分开来的社会集团。阶层是对阶级构成的进一步深入剖析,它与阶级划分既相互联系,又不能相互代替。与自然界高低有序的若干等级层次相类似的就是社会有机体中存在着的人与人、集团与集团之间的不平等关系。社会分层是改革开放的产物,改革开放以来,我国社会分层呈现不断细化、阶层固化趋势明显、中间阶层比例不高三大明显的特征。

(一)社会分层不断细化

"资产阶级""无产阶级""工人阶级""地主阶级""农民阶级"这样的词汇对于中国人来说并不陌生。毛泽东对近现代中国社会各阶级分类的思想在《中国社会各阶级的分析》较为全面集中地体现出来。结合我国的国情,毛泽东将当时中国各阶层分为六部分:地主和买办、中产阶级(民族资本家)、小资产阶级、半无产阶级(以农民为主)、无产阶级(产业工人)、游民无产者(帮会、黑社会)。这也奠定了中国革命和解放后的社会各阶层分类思想。相较于新中国成立初期的社会分层的提法和分法,在当前的时代这些标识着每一分层的范畴更加精确和细化。例如"农民"这一阶层就不能一概而论,根据从事的具体工作又可分为务工农民和务农农民;根据地区划分则可分为东部农民和西部农民以及中部农民;完全依靠农业收入的农民和从事多项工作的农民;大规模承包土地经营的产业农民和个体经营的小农。另外,工人也不再是以前提到的单纯的工人,有着"工人"这个相同称谓的工人却能分属国有企业、私营企业、乡镇企业和下岗失业工人等各不同的阶层。总体而言,社会分层呈现着不断细化的趋势。

(二)阶层固化趋势明显

当前我国社会各阶层之间的界限十分明显,占有大量资源的强势群体与占有极少资源拥有庞大人口的弱势群体的分化日益严重,并且呈现出阶层固化的趋势。目前社会上的强势群体多是各个领域的精英,他们或是在经济领域遥遥领先,或者在政治领域拥有至高的权力,也可能在社会上声望显著,高技术产业和金融服务业等产业一般都掌握在社会的精英阶层中。农民工群体、工人群体都在各自的阶层中流动,代际流动减弱。通过读书等步入中产阶级是大多数出身下层阶级知识分子的唯一出路。近年来社会上出现频率较高的"官二代""富二代""星二代"等词语,可以反映出我国社会各阶层呈现出比较稳定的趋势。上中下层阶级在已经占有的资源和享有的经济地位上进行传承。尽管一些社会底层的人通过自己的努力在经济收入等方面达到了中产阶级的水平,但长久以来形成的阶层烙印依然挥之不去。个体从出身开始就已经决定了自己所属的社会分层。农民阶层、工人阶层等要步入上层社会十分困难,精英阶层凭借自己的社会地位牢牢控制着社会分层的准入门槛。

(三)中间阶层比例不高

把社会简单地分为上中下三层,中国的社会分层呈现出金字塔结构。上层社会不足3%,然而事实上这个比例已有所放大。在一个家庭内倘若有一个家庭成员属于上层社会,那么他的家人也就被归为此阶层。同理可推断,受诸多因素的影响,同一层级中各地区和每个人也有着一定的差别,因此属于上层中的一部分人其实划分到下一层级是更合理的。中间阶层是一个相对开放的阶层,它与职业阶层之间的界限比较模糊,并不排斥下层人民通过教育和职业跻身中上层社会的可能。社会学者发现,中间阶层是一种在精神上相对保守、在组织上趋于稳定的力量。中间阶层占主导地位的社会往往是政治上十分稳定的社会。近年来,我国改革进一步深化发展,越来越多的下层人民通过艰苦奋斗努力拼搏跻身于中层社会。然而我国中间阶层比例不高的现状依然没有改变,中间阶层占总人口的40%左右。最后,中国的待发展阶层。这一阶层的人在我国社会的比例超过50%,他们大多分布在经济欠发达的农村地区。改革开放以来,由于市场经济的发展,这一阶层中的很大一部分进城务工,属于城市的边缘人群,没有享受到城市的公共资源,面临着很大的生活压力。努力提高这一阶层人员的生活水平对于全面建成小康社会、实现社会分层结构合理化至关重要。

二、社会分层对思想政治教育社会化的积极影响

作为我国现存的一种客观的社会现象,社会分层构成了思想政治教育的重要环境载体,通过影响思想政治教育的目标、主体、功能、载体等对思想政治教育社会化产生正反两方面的影响,对思想政治教育社会化既是机遇又是挑战。社会分层对思想政治教育的积极影响表现在促进社会分层变革加剧、搭建人的价

值实现的平台、加速政治民主化进程。社会分层对思想政治教育的消极影响表现在社会成员利益冲突加剧、思想文化日益多元、不良社会现象的出现。

(一)社会分层对思想政治教育社会化的积极影响

促进社会分层变革加剧。我国的社会分层在改革开放前后有着很大的差别,改革开放前是一个身份界定十分明确的社会,尤其是农民、工人、干部等这几个有着明显差异的身份标签在相互排斥时又紧密相连。因为城乡经济发展差距产生的城乡二元体制,固定僵化和牢不可破的人事编制制度以及各用人单位体制身份壁垒森严严重阻隔各阶层之间的人员流动。改革开放和社会主义市场经济的建立极大地增强了市场的流动性,使得社会结构更加多元。每一社会分层中又分为不同层次的群体,社会分层的细化和多元化使整个社会更富活力,改变了传统的闭塞单一的分层。例如改革开放以来经济欠发达地区的农民到沿海开放城市务工、城镇化趋势等极大地加强了人员的流动性,人们不再像过去一样固守某一单位某一部门,安土重迁观念不再根深蒂固,农民、工人等人力资源的流动极大地促进了市场人力资源的优化配置。各阶层相互交流,彼此间往来增多,对于打破改革开放以前的社会分层和加速经济发展有着重要的作用。

搭建人的价值实现平台。社会分化为不同的阶层使各社会成员在自己所属的阶层中实现自己的人生价值。改革开放前我国实行的是计划经济的体制,这与新中国成立不久政治不稳定、经济欠发达的社会状况是相一致的,在这段时期,"平均主义"思想明显,它虽然为维护社会稳定作出了贡献,但抑制了人们的思想,不利于激发人们的积极性和主动性。在计划经济体制下平均主义的分配原则也让人们处于整体贫困状态。改革开放以后,市场经济的实行让社会大众的积极性和主动性提高了,人们摆脱了平均主义的思想枷锁,愿意为了自己的美好新生活而不懈奋斗。传统的计划经济体制向公有制为主体多种所有制经济共同发展的经济制度变迁是社会的一大进步,这种经济体制让不同社会阶层的人们基于各自的思想观点、价值取向、利益考虑等选择到不同的领域工作。人们的选择日益多元化,自强、自立、求富、创新等思想观念和意识应运而生,对社会公平正义和平均主义有了新的认识。面对风云变幻的社会形势,人们增强了应对各种风险、压力和挑战的能力。思想观念的重大变革,追求美好生活的愿望,竞争氛围的形成和各种人才的出现与思想政治教育社会化趋势是相吻合的。

加速政治民主化进程。在传统的经济体制下,政治成为社会生活的主题。政治高压制约着人们的自主性,在政治高压下,所有的社会成员严格遵循着政治的条约或规则,自主性能量不能得到释放。社会分层打破了传统政治的壁垒,促进了社会结构的瓦解。一方面新的社会阶层逐步形成和发展壮大,这些新的阶层大都是伴随混合所有制企业、私营企业、个体私营业等的出现而产生的；另一方面传统的社会分层出现分化的趋势，工人阶级进一步分化为白领阶层、蓝领阶层等。农民阶级中也有了各自的发展路径，有的自主创业开办工厂，有的进城务工，也有的仍进行着日复一日的简单耕作。这些社会分层的变化使人们的自我表达意识、权利维护意识、政治参与意识进一步增强。政治民主化增加社情民意的畅通渠道，相对宽松的政治环境有利于加快我国社会主义民主政治建设，思想政治教育社会化也旨在增强社会各阶层政治参与、政治表达的权利，让各阶层的社会成员都能为国家的政治经济发展建言献策，改善强烈的政治高压下人民的话语权遭到剥夺、思想界万马齐喑的现象。新产生的社会阶层和加速旧的社会分层的分化瓦解，是政治民主化进程的助推器，与思想政治教育社会化的目标具有内在一致性。

（二）社会分层对思想政治教育社会化的消极影响

社会成员利益冲突加剧。社会分层过程中难免出现一些不公正的社会现象，这些现象的产生加剧了人们之间的矛盾和利益冲突。社会公正的失衡让很多人出现了负面心理，人们对社会公正的质疑拓展到社会的各个领域，这给思想政治教育的社会化带来了挑战。这些不公正的社会现象主要有地区间发展不平衡、各行业间发展存在差异。社会上存在一些灰色收入人群，勤奋踏实的人努力生活依然饱尝生活的艰辛，而另一些人凭借着投机取巧和各种非法手段牟取暴利，获得大量不义之财，使得贫富差距加大、城乡差异扩大、二元体制进一步地形成。这些不公正的社会现象是利益冲突的根本表现，让人们不满情绪增加。先富起来的一批人不但没有在很大程度上帮助经济上处于不利地位的人，"先富帮后富"并没有实现，更值得关注的是先富起来的人群中有较大一部分并非靠自己诚实劳动和合法经营，而是采用非法手段获取暴利富起来。在社会转型时期只有各方面加大对违法走私、偷税漏税、行业垄断等的监管和惩罚力度，营造一个公平竞争的社会环境，才能减轻人们的相对剥夺感、挫败感等。因此要高度重视社会分层过程中出现的不同阶层的贫富差距过大和利益冲突加剧的问题。

思想文化日益多元。社会分层以后，社会各阶层先进思想与落后思想、科学思想与迷信思想、主流思想与非主流思想、正确思想与错误思想并存，人们的思想异常活跃且良莠不齐。虽然当前我国大力提倡社会主义核心价值观，提出了国家层面、社会层面和个人层面的价值观，但社会上依然存在拜金主义、享乐主义、奢靡之风等消极颓废的错误观念。在当前的社会分层背景下，有的人脚踏实地，不断完善自我，期望实现人生价值，胸怀远大理想和坚定信念，但也有的人为了权力、金钱等不择手段。人们对于社会改革的褒贬多是以自己在改革中所受的损益为标准。改革开放以来,各社会分层的利益日益分化,各阶层对于社会、自身和未来已经不再持理性而乐观的态度,相反,而是急切地想要改变现状。整个社会的思想规范也缺乏一种统一的标准或尺度去衡量,利益主体的多元化、利益思想的复杂性对思想政治教育功能社会化、思想政治教育主体社会化都提出了更高的要求。这些都是思想政治教育社会化所要面对的重大挑战。

不良社会现象出现。与社会分层相伴随而来的是一些不良社会现象的出现。人们崇尚民主的政治,期盼发达的经济,向往和谐的社会,但这只是人们所希冀的正常的社会现象。事实证明,社会分层过程中非正常的社会现象时有发生。以当下关注颇多的反腐败为例,在党政机关或者政府部门每年都有大批官员因为贪污腐化而落马,一些干部队伍素质低下、市场经济下私营业主的唯利是图、三聚氰胺毒奶粉等食品安全事件不断曝光。这些不良社会现象不断累积扩大,让国家公务员体系中一些廉洁清明的工作人员、党政机关的高素质干部、市场上诚信经营的企业主和知识分子阶层对政府当下的决策和措施产生质疑,这样的一些社会阶层有着很高的素质和判别能力,他们也在一定程度上对政府的决策产生重大影响,因此,让他们始终在各领域发挥先锋模范作用,坚持党的领导,坚持中国特色社会主义,拥有理论自信、制度自信和道路自信、文化自信,事关国家的政治稳定、经济发展和社会和谐。思想政治教育社会化正是在强调中国特色社会主义的优越性和坚持中国共产党的领导下进行的,因此,不良社会现象的出现无疑对思想政治教育社会化带来了一个重大挑战。

三、社会分层下实现思想政治教育社会化的的应对机制

了解社会分层的现状和特点、把握社会分层对思想政治教育社会化的影响能够更深刻地理解社会分层对思想政治教育社会化的要求,从而提出社会分层下思想政治教育社会化的对策。当前这些应对策略主要包括提出适应社会分层的思想政治教育目标、培养适应社会分层的思想政治教育主体、完善适应社会分层的思想政治教育功能、搭建适应社会分层的思想政治教育载体。

(一)提出适应社会分层的思想政治教育目标

思想政治教育的培养目标就是促进人的自由全面发展,生活在一定条件下的人不仅拥有满足生存发展的物质条件,而且还有丰富的社会关系。思想政治教育目标在形式上具有主观性,在内容上具有客观性,因此,满足一定社会和人的发展的需要就成为制定思想政治教育目标的必然要求。在社会分层下思想政

治教育目标要适应社会分层的状况需要做到以下两点。

注重人的发展全面性。思想政治教育最终目标是要实现人的全面发展,以一种全面的方式,作为一个完整的人,占有自己的全面本质。但人的自由全面发展并非一个空洞的范畴,它需要结合各阶段的现实情况而进行。当前我国社会分层出现新特点,准入门槛更高,阶层之间的界限逐渐形成。一些高技术产业一般社会群体很难进入。具有阶层特征的生活方式、文化模式逐渐形成。在城市出现了明显的阶层生活区域,同时阶层生活方式的形成也使社会从过去的无序走向有序。各阶层分布比例不协调,社会分层结构不合理。所有的这些分层特点已经不同于新中国成立初期和改革开放前,思想政治教育的目标要与社会现实结合起来,改变传统思想政治教育简单片面地把思想政治教育目标制定为培养人的某一种固定能力,而社会分层就是思想政治教育目标的制定必须要面对的一个客观现实。在社会分层下要克服"道德人""经济人""工具人"等的局限,要在社会分层下按照人的本质属性和特征培养人的各种能力和关系的全面发展。只有人的劳动能力、才能品质、社会关系等都获得发展,才能够既适应当前的社会分层,又加速改变当前不合理的社会分层,实现社会的和谐发展,使社会结构更加合理。但强调思想政治教育目标的现实性,促进人的自由全面发展并不意味着人的发展取向与各种素质的平均性,坚持人的全面发展必须克服发展取向的平均性。

坚持正确的价值取向性。价值取向作为一种社会意识归根结底是由经济基础决定的。各阶层在发展过程中受政治经济等多方面因素的影响,价值取向容易发生偏差。对当前我国社会分层中的特权阶层、农民阶层、学生阶层等具有显著特征的一些阶层,思想政治教育目标在社会化的过程中应把握和坚持正确的价值取向。党的十八大以来加大了反腐的力度,惩治了众多贪官污吏,充分显示了党的领导人反腐的决心和力度。对于这些身居要职的官僚阶层,加大思想政治教育力度时要坚持以培养他们一切为了人民,依靠人民,尽力为老百姓办好事办实事为目标。要使他们明白权力是人民赋予的,权力应该以不损害人民的权利为前提。对于学生等广大青少年,要加强理想信念教育,使他们树立远大理想,培养良好的道德,自觉遵守纪律,学习先进文化,成为合格的社会主义"四有"新人。对于生活在社会底层的农民群体,思想政治教育目标的制定就是要提高他们的积极性和主动性,坚信在党和国家的带领下定将实现全面建成小康社会的目标,困难只是暂时的,要坚定不移地拥护和支持社会主义,拥护党的领导。受改革开放和经济全球化的影响,个人主义、利己主义、利益至上的倾向越来越明显,思想政治教育目标也不可避免地存在着世俗化与理想化相矛盾的问题。"因此,我国的思想政治教育目标应在强调先进性、理想化的同时,注重普遍性、大众化，克服错误性倾向，实现两者的有机结合。"[①]

(二)培养适应社会分层的思想政治教育主体

"在思想政治教育中，教育者与受教育者都是具有主体性的人，都是教育教学的主体。"[②]随着市场经济体制的建立和发展以及社会分层的形成与变迁，在民主与法制的发展和信息社会中，各阶层的人们主体性普遍提高，体现在思想政治教育社会化中的主体性也不断提高，在此层面上来说，思想政治教育主体也应该适应社会分层。

强化教育者的主导性。培养适应社会分层的思想政治教育主体要提升教育者的主导性。在思想政治教育过程中，教育者始终占据着主导地位，是思想政治教育活动的组织者、发动者和实施者。社会分层下教育者也不可避免地被分化。教育者按照党和国家的意志与所要求的思想观点、政治观念、道德规范等通过各种渠道、各种途径开展教育，在主流思想的影响下也明显带有教育者本身所属的阶层的特性。因此，在社会分层下分化的教育者要有效整合思想政治教育结构要素，在共同遵循党的意志和响应政府的号召的同时也根据社会发展的实际需要尤其是各阶层面临的具体的思想问题等，积极开展思想政治教育工作。各阶层的思想政治教育者虽然在开展思想政治教育活动时的具体任务有所差别，但又具有共同的任务，家庭、学校、社会各部门代表各阶层的思想政治教育者在大力加强思想政治教育工作的同时，正确分析社会分层现状，在选择教育方法、传播教育内容等方面充分发挥其主导地位，一方面调动社会各界力量积极参与到思想政治教育活动中来，实现各阶层的思想政治教育者之间的良性互动；另一方面应注意各专职思想政治教育者发挥自己的职能和价值，传达党和政府的思想，充分发挥思想政治教育者在教育过程中的主导性。

激发受教育者的主动性。培养适应社会分层的思想政治教育主体要激发受教育者的主动性。在我国思想政治教育的传统中，受教育者在思想政治教育活动过程中只是被动的接受者。教育者对受教育者传导一定的思想观念、政治观点、道德规范等，具有绝对的权威。随着社会分层的加剧，各阶层由于政治、经济等各方面的分层和不平等，思想文化异常活跃，教育者单方面的灌输已经不能满足受教育者的需要，也不利于取得更好的思想政治教育实际成果。在思想政治教育过程中，受教育者要积极参与互动，充分意识到自己的主体地位，对受教育者的思想观念可以选择性地接受。无论是出于社会上层的精英阶层，还是出于

① 刘建柏. 和谐社会建设中思想政治教育社会化研究[D]. 长沙：湖南师范大学，2010.

② 郑永廷，张耀灿. 现代思想政治教育学[M]. 北京：人民出版社，2006.

中产阶级的群体,或者出于社会最底端的社会下层人群,都是思想政治教育的受教育者。处于社会上层的精英阶层和官僚阶层,提高他们的主动性就是要让他们在维护自己的正当利益时,增强社会责任感,他们有责任和义务帮助处于社会下层的群体,要始终铭记社会主义共同富裕这一目标;对于处于社会底层的群体来说,要主动承认社会分层这一客观事实,也要主动分析和认识这样的社会分层对该群体自身的利弊。最重要的是要努力适应社会分层,了解社会分层的本质和特征后积极主动地改变自己在社会分层中的不利地位。以农民工问题为例,他们在维持自己的生存的同时应着力提高自己的社会地位,通过各种正当途径保障和维护自己的合法利益。总的来说,在社会分层的背景下,思想政治教育受教育者要积极主动地适应社会分层,在社会分层中既适应又超越社会分层的现状,朝着更高的人生理想和生活目标奋斗。

(三)完善适应社会分层的思想政治教育功能

"思想政治教育功能是针对受教育者和社会而言的,主要指思想政治教育对二者产生的正面的有利的作用。"[①]对于思想政治教育功能的划分可以分别从不同的角度展开,因此得出的结论也有所不同。一般来说,思想政治教育有社会功能和个体功能。无论是个体功能还是社会功能,思想政治教育都是政党传播本阶级阶层思想的利器,让思想政治教育影响人、改造人、促进社会发展和人的发展。完善思想政治教育功能具体包括优化思想政治教育个体功能和提升思想政治教育社会功能。

优化思想政治教育个体功能。思想政治教育的个体功能包括个体生存、个体发展、个体享用等功能。传统思想政治教育历来重视个体功能中的个体生存功能,在社会分层十分明显的当今社会,个体功能依然具有基础性地位,但仅仅发挥思想政治教育的个体生存功能已经不能满足多层次的社会群体的需要了,必须实现由强调个体的生存功能到针对不同的阶层有效发挥个体发展和个体享用功能的升华。这是与当前人的社会化相适应的变化。社会主义市场经济实行以来,打破了人们之间彼此孤立的状态。不同的社会阶层相互交流融合,联系日益紧密。原来只适应于本阶层的思想政治教育目标已经不能满足变化发展着的社会分层。不同阶层的思想政治教育个体功能的重点不同。对于生存问题尚未解决的群体,个体生存功能是最为重要的,而对于那些经济地位较高的社会群体,个体发展和个体享用功能就更为重要。要更加注重个体功能中对不同阶层

---

① 张耀灿.思想政治教育学原理[M].北京:高等教育出版社,2005.

的理想信念导向、奋斗目标导向、行为规范导向,保证各阶层的政治共识性、思想一致性、行动统一性。合理调节、调整好利益关系、经济关系。努力提高人们的思想道德素质,包括思想政治素质和科学文化素质。让他们不仅能在本阶层立足和发展,而且能在与其他阶层的交流融合中实现自身的发展,做到坚守自我、实现自我、不随波逐流,在社会阶层的变迁之中不被边缘化,提高自身的思想素质的同时提升自己的才能、知识。"思想政治教育通过塑造和培养人的方式,转化为生产力和经济力量。"①

提升思想政治教育社会功能。在社会分层下提升思想政治教育的社会功能就是要增强思想政治教育的政治功能、经济功能、文化功能。提升思想政治教育的政治功能就是要传播社会普遍赞同和接受的价值观点,如当前大力提倡的社会主义核心价值观作为社会主义核心价值体系的高度凝练,不同的社会阶层都要积极践行。这不仅有利于本阶层的发展,也对整个社会和谐和发展起着至关重要的作用。提升思想政治教育的经济功能就是要激发人的主体性和积极性,让人们积极地参与到社会主义现代化建设中来,使每一个社会成员都为社会发展贡献一份自己的力量,促进社会的发展,实现社会进步。社会主义的本质不仅要大力发展经济,而且要实现共同富裕,各阶层现在所享有的资源、财富、权利、地位等的不平等有其存在的依据,要改变这种状况,只有各阶层共同加入到社会主义现代化建设中来,才能为营造一个公平的环境提供现实可能性,同时各阶层的人应提升自己的政治意识,加速政治民主化进程。发挥思想政治教育的文化功能就是要立足于优秀的传统文化中和谐、兼爱、平等等积极因素,在一定程度上抑制社会分层中的不公平现象。

(四)搭建适应社会分层的思想政治教育载体

"蕴含着思想政治教育的教育内容和思想目标,且教育者和受教育者可借此相互作用的实体物质或媒介。思想政治教育载体分为实物载体、传媒载体、管理载体、文化载体、活动载体。有效运用其中的传媒载体、文化载体和活动载体,是促进思想政治教育社会化的必要途径。"②从适应社会分层的思想政治教育载体而论,大致包括如下一些。

创建丰富多样的文化载体。"思想政治教育文化载体是指将各种文化产品和因素充分灌注在思想政治教育过程中,实现思想政治教育与文化建设的紧密

---

① 陈秉公.思想政治教育学原理[M].北京:高等教育出版社,2006.

② 卢忠萍,郜影论思想政治教育社会化的基本内涵[J].求实,2009(3).

结合,促进人们思想道德素质的提高。"①在不同的社会分层中,可以采用不同的文化载体,实现思想政治教育社会化。对于生活在偏远山区的农民,各村通过广播和宣传到户的形式,培养村镇文化进行思想政治教育;对于进城务工的农民团体,当地政府部门应该组织开会、演讲等形式实现思想政治教育社会化;对于企事业单位应经常采用思想教育动员大会、讲座等形式。形式多样的文化载体对人有着全面的影响,而且这种影响方式具有渗透性。文化载体形式多样,既包括文学艺术、新闻出版、广播电视、卫生体育、科技场馆等文化事业,又包括音乐、书法、舞蹈、电影等多种形式。在对各社会分层进行思想政治教育,实现思想政治教育社会化的过程中,要结合实际情况,有针对性地选择文化载体,让各社会阶层在润物无声、潜移默化中受到感染和熏陶。

思想政治教育社会化的任务是要向人们传导符合我国社会发展要求的思想观点、价值观念和道德规范,以使人们形成符合社会发展要求的思想和行为,并积极在社会中践行,深入到社会生活的方方面面。文化内含着思想政治教育的内容,思想政治教育社会化涉及的领域较广泛,每个人的生存和发展都与文化息息相关。在现实中存在的不同的社会阶层其生活方式、生活内容、就业方式等有着很大的差异,且呈现出日益多样化的趋势,这就对思想政治教育文化载体的运用有了更高的要求。文化载体的运用应摒弃过去整齐划一的方式,广泛开展能适应不同社会阶层思想实际、满足不同阶层精神需求的文化活动。

拓展形式新颖的活动载体。"思想政治教育活动载体是指将活动与教育内容密切结合,相互贯通,让受教育者一边参与活动一边接受教育,思想道德素质也在这个过程中得到提升。"②思想政治教育活动载体是指职业活动以外的一般的社会活动,包括社会调查活动、各种娱乐活动、学习英雄模范人物活动等,也包括与经济工作相关的各种有益的活动。随着社会分层的发展和流动,不同阶层的人们有了越来越多的与本阶层相关的活动,这些活动对各阶层的生活方式、生产方式、思维方式有着深远的影响,在这种情况下就要求在选择运用活动载体时要尽可能地将各种思想政治教育内容寓于活动之中,学会运用各种活动载体对各阶层开展思想政治教育工作。思想政治教育功能得到有效发挥的重要条件之一是在选择活动载体时需要明确教育的目的性。其次,思想政治教育社会化落实到城乡基层要注重群众的参与性,积极鼓励各阶层人员参与到活动中来。最后,应突出活动载体的社会实践性。传统的开会、谈话、理论教育和专题讲座等形式是以教育者单方面灌输、受教育者接受为主的过程,但活动载体让受教育者

---

① 张耀灿. 思想政治教育学原理[M]. 北京:高等教育出版社,2005:106.
② 张耀灿. 思想政治教育学原理[M]. 北京:高等教育出版社,2005:131.

接受和践行同时进行。在选择活动载体时要考虑到各社会阶层所能进行的实际的实践活动现实性和可能性,这是活动载体功能和特征的重要体现。

国外的实用主义与我国思想政治教育活动载体有异曲同工之妙,正如杜威所认为的那样:"教育即生活就是指只有将现实生活作为教育的资源,以现实生活的形式去进行教育、组织教育活动,才能让教育形成生动活泼而又富有效率的局面,克服传统教育中用单调贫乏的代替物进行教育的弊端。"[①]思想源于实践,只有与各社会阶层的生活和生产实践紧密相连,才能使思想政治教育受教育者在实践中更加融入。因此,要开展内容和形式都很新颖的活动,不能盲目追求过多的活动。在活动过程中要积极调动活动参与者的热情,使各阶层人们在自己喜闻乐见的活动中提升自己的思想道德素质和精神文化境界,实现自我价值和社会价值。

结　语

综上所述,改革开放和市场经济以来,社会分层呈现出的变化给思想政治教育社会化带了机遇与挑战,使思想政治教育目标、主体、功能的社会化趋势更加明显,实践基础上的理论创新对实践具有重要的指导作用。为此,思想政治教育社会化积极地做出相应的调整是当前社会分层下思想政治教育工作面临的一项重要任务。

党和政府应积极引导社会分层朝着良性方向发展,努力为思想政治教育社会化提供相应的制度机制保障。思想政治教育在社会化过程中努力实现理论突破和实践发展。二者的良性互动对于在深刻的社会变化中维护社会和谐稳定、促进社会高速发展、实现"中国梦"和中华民族的伟大复兴作出了不容忽视的重要贡献。

【作者简介】　唐　姣　浙江大学马克思主义学院 2017 级硕士生　浙江 杭州 310028

参考文献

[1] 张耀灿,郑永廷,等.现代思想政治教育学[M].北京:人民出版社,2001.

[2] 蓝江.思想政治教育社会化研究[M].武汉:湖北人民出版社,2005.

[3] 陈秉公.思想政治教育学原理[M].北京:高等教育出版社,2006.

---

① 杜威.学校与社会·明日之学校[M].北京:人民出版社,2005.

［4］杜威.学校与社会·明日之学校［M］.北京：人民出版社，2005.

［5］白海岩.试论思想政治教育社会化［J］.临沂学院学报，2004(4).

［6］李玉方，李华.当前国有企业职工思想状况［J］.工会理论与实践，2000(6).

［7］郭亮，翟洪峰.当代中国社会分层的社会现代化解读［J］.兰州学刊，2003(5).

［8］石秀印.晚清以来中国社会的阶层分化、合作及其社会后果［J］.江苏社会科学，2002(4).

［9］陈清华.大学生思想政治教育社会化的必然性［J］.学校党建与思想教育，2007(11)

［10］李合亮.论思想政治教育的社会化趋势［J］.学校党建与思想教育，2007(2).

［11］王景云.新加坡思想政治教育社会化途径探析及其启示［J］.东南亚纵横，2008(4).

新形势下党的思想建设的路径研究

钟香妹

【摘　要】　注重从思想上建党,是马克思主义政党建设的根本原则,也是我党的优良传统和政治优势。中国共产党自成立以来,自身建设始终贯穿着一个鲜明特征,即把思想建设摆在极其突出的地位,从而使我党在任何考验中定好风、掌稳舵,带领人民取得一个又一个的胜利。习近平总书记多次就思想建设作出明确要求,他特别告诫全党,思想上的滑坡是最严重的病变,"总开关"没拧紧,各种出轨越界、跑冒滴漏就在所难免了。新形势下党的自身发展的变化、时代发展的新要求、党的历史使命使探索新形势下党的思想建设的路径显得尤为重要。我们要从夯实思想建设路径基础、保障思想建设路径畅通和拓宽思想建设路径范围三个方面探寻党的思想建设路径。

【关键词】　思想建设　路径　新形势

党的思想建设是党的根本建设,也是我党自身建设的经验总结。中国共产党长期革命和建设的实践表明,党只有搞好自身的思想建设,才能领导和凝聚全国各族人民的力量,集中力量办大事、办成事、办好事。反之,党的各项举措很难达到应有的实效。[①]当前,我国发展进入新阶段,改革进入攻坚期和深水区,世情、国情、党情均发生着深刻变化,过去的思想建设路径有些不适应形势的发展和要求,探寻思想建设路径成为党的建设的迫切需要。

---

① 陈光军.对新时期党的思想建设的思考[J].南方论刊,2010(12).

一、探索党的思想建设路径是党的建设的迫切要求

党的思想建设,是指党稳固党魂,保持先进性而在思想领域进行的一种党性教育,其实质是加强党员马列主义修养和共产主义信念,确保全党思想行动高度集中统一。思想是行动的先导,思想建设在党的建设中一直处于首要地位。党的十八大报告指出:"形势的发展、事业的开拓和人民的期待,都要求我们要以改革创新的精神全面推进党的建设新的伟大工程,使党的建设更加科学化。"①新形势下,党面临自身队伍数量和构成的变化、党员工作方式转变的影响;面对信息技术发展对党员思想的挑战、市场经济条件下经济利益多元化对党员思想的冲击、党自身建设的现状和实现党的历史使命之间的差距,这些给当前党的思想建设的路径造成了一定程度的影响,探索党的思想建设的新路径,已成为新形势下党的思想建设的迫切要求。

(一)党的发展现状需要探索思想建设新路径

目前,党员队伍数量和构成发生了巨大变化,对党的思想建设路径提出了新要求。据统计,截至 2016 年年底,我国党员人数大量增加,达到 8779.3 万名,比上年增加 110.7 万名。其中就党员的构成来看,女党员有 2167.2 万名,占党员总数的 24.7%;少数民族党员有 605.1 万名,占党员总数的 6.9%;大专及以上学历党员有 3775.5 万名,占党员总数的 43.0%;35 岁及以下的党员有 2247.9 万名,占党员总数的 25.6%。这些数据告诉我们:党员在数量不断增长的同时,其队伍结构不断优化,其素质不断提高。这些变化,一方面给党自身的发展带来了活力;另一方面,这些新入党的成员,由于他们绝大部分是在和平环境和发展市场经济条件下成长的,世界观、人生观、价值观受到各种社会思潮的影响,使得他们对马克思主义理想和共产主义信念不够坚定,如何解决党员数量和队伍变化带来的新问题是党的思想建设必须解决的问题。

另外,流动党员数量的增加也给党的思想建设路径提出了新的挑战。随着户籍制度的松动,经济社会的发展,社会人员的流动性越来越强,外出务工党员数量增大,流动党员的思想建设成为一大课题。当前,流动党员思想建设主要有以下挑战:首先,去向不明确。有的党员外出前不向党组织报告,外出后又不与党组织联系,完全不过党组织生活,游离于组织之外。此外,外出党员的流动性

---

① 习近平. 紧紧围绕坚持和发展中国特色社会主义 学习宣传贯彻党的十八大精神[J]. 世纪行,2012(11).

强,导致党组织难以准确地掌握外出党员的情况。其次,活动难开展。一方面,流动党员在异地就业,远离属地党组织,无法参加原党支部开展的活动;另一方面,对于一些外出党员来说,其工作的地点没有建立党的组织抑或其工作地点有党的组织,但是受各种条件限制,他们无法参加工作地方的党组织生活。流动党员数量较多、分布范围广、流动性强、情况千差万别,很难组织集体学习。① 这些因素的存在,使得探寻新的思想建设路径成为党的建设的迫切需要。

(二)时代发展要求探索党的思想建设新路径

信息网络化时代要求思想建设有相适应的路径。当前,信息网络化改变着我们的生产生活方式,便利了我们的生活,但同时也应该看到网络上所夹杂着的各种各样的思想文化,这些思想文化给党的思想建设带来冲击和挑战。首先,西方资本主义国家亡我之心不死,从未停止对我国的和平演变,而且手段变得极为隐蔽。他们宣传他们的制度如何好,攻击社会主义制度,否定中国共产党的领导地位,宣传社会改良主义、马克思主义过时论,使一些党员出现思想上的混乱,严重者迷失方向。其次,信息化背景下,党员干部和人民群众的三观发生着分化甚至对立。"宁愿坐在宝马里哭,也不愿坐在自行车上笑"式的拜金主义思想和"我爸是李刚"式的极端个人主义的思想及行为不断在社会上演。最后,一些媒体不顾职业道德,不履行社会责任,极力宣扬历史虚无主义,杜撰、发布与主流价值观不一致、骇人听闻的消息,例如,"雷锋、黄继光、邱少云的事都是假的""飞夺泸定桥纯属虚构""王进喜是假铁人"等,这些宣传极大地损害了优秀共产党员在人民心目中的形象,带来人们思想的混乱。

经济利益多元化冲击着传统的党的思想建设的路径。市场经济的发展所带来的经济利益多元化已成为不可扭转的趋势。在经济利益多元化面前,人们的思想认识、价值观念等发生了深刻变化。经济利益多元化对思想建设的影响具有双重性。一方面,它为党的思想建设提供了物质基础;另一方面,冲击着传统党的思想建设的路径。传统党的思想建设的路径、形式比较单一,一般是进行集中的理论学习和讨论,内容主要是学习马列主义基本原理和党的方针政策以及党的基本知识。这种思想建设路径已经与当前形势不相适应,为此,探索对党员进行思想建设的新路径就显得格外迫切。

---

① 杨东广.农民工中党的工作:困境与出路选择[J].理论与改革,2012(3).

（三）党的自身发展迫切要求思想建设路径的畅通

思想建设是党的建设的基础，抓好党的思想建设是党自身健康发展之需。当前党员的思想出现了新问题、新情况。主要表现为两个方面：其一，党员理想信念模糊。伴随着改革开放的推进和经济的发展，部分党员的思想出现滑坡，理想信念逐渐淡化，出现了对马克思主义信仰的质疑，对共产主义理想的动摇，导致形式主义、官僚主义、享乐主义和奢靡之风的出现。习近平总书记指出："理想信念就是共产党人精神上之'钙'，没有理想信念，理想信念不坚定，精神上就会'缺钙'，就会得'软骨病'。现实生活中，一些党员干部出这样那样的问题，说到底是信仰迷茫、精神迷失。"①这要求我们党加强思想建设，警惕灵魂堕落，思想腐蚀。其二，宗旨意识淡薄。中国共产党的宗旨是全心全意为人民服务，但是当前很多党员将为人民服务挂在嘴上，却没有落实到行动中。水能载舟，亦能覆舟，如果失去群众这个政治优势，中国共产党将成为无源之水、无本之木，这将严重危及自身的生存和发展。中国共产党当前的目标是实现中华民族伟大复兴的中国梦，中国梦的实现有赖于广大党员坚定理想信念。党的十八大报告指出："对马克思主义的信仰，对社会主义和共产主义的信念，是共产党人的政治灵魂。"如何教育党员忠于自己的信仰、坚定共产主义的信念、不忘初心、关心人民群众的疾苦、为人民群众实事办好和好事办实是实现中国梦的关键，也是当前党的思想建设的主要任务，这需要畅通的思想建设路径来保障。

二、新形势下党的思想建设的主要路径

在不同的历史阶段，党的建设的目标不一样。党的十八大以来，建设学习型、服务型、创新型马克思主义政党是我党的重要目标，体现了我党与时俱进的品格。学习是前提，学习好了才能服务好，也才有可能进行创新。② 中国共产党人依靠学习走到今天，也必然要依靠学习走向未来。重视党员的学习和教育，是推动党和人民事业前进的一条成功经验。③

---

① 习近平.紧紧围绕坚持和发展中国特色社会主义 学习宣传贯彻党的十八大精神[J].求是,2012(11).

② 刘朋.学习型服务型创新型马克思主义执政党研究述评[J].党政干部学刊,2014(4).

③ 习近平在中央党校建校 80 周年庆祝大会暨 2013 年春季学期开学典礼上的讲话[J].人民日报,2013-3-1(1).

（一）加强理论学习，为思想建设路径打下理论基础

加强理论学习是党员坚定理想信念的基础。崇高的理想信念是保持党先进性和纯洁性的精神动力。习总书记指出："坚定理想信念，坚守共产党人精神追求，始终是共产党人安身立命的根本。对马克思主义的信仰，对社会主义和共产主义的信念，是共产党人的政治灵魂，是共产党人经受住任何考验的精神支柱。"①崇高的理想信念不会自发产生，也不会自动坚定，要想练就"金刚不坏之身"，就必须加强理论学习，理论上越清醒，政治上就越发坚定，正如毛泽东同志所说，"我们说马克思主义是对的，决不是说马克思是什么'先哲'，而是因为他的理论，在我们的实践中，在我们的斗争中，证明了是对的"②。共产党人要把加强对马克思主义的理论学习作为必修课，真学真懂真信真用，不断提高马克思主义的理论水平和思想觉悟。

当然，就理论学习来说，应该达到三重境界。首先，理论学习上要有"望尽天涯路"那种志存高远的追求，耐得住"昨夜西风凋碧树"的清冷和"独上高楼"的寂寞，静下心来通读苦读；其次，理论学习上要勤奋努力，刻苦钻研，舍得付出，百折不挠，下真功夫、苦功夫、细功夫，即使是"衣带渐宽"也"终不悔"，"人憔悴"也心甘情愿；再次，理论学习贵在独立思考，学用结合，学有所悟，用有所得，要在学习和实践中"众里寻他千百度"，最终"蓦然回首"，在"灯火阑珊处"领悟真谛，在理想信念上更加坚定。③

（二）加强群众观教育，为思想建设路径打下群众基础

中国共产党的发展历程告诉我们，只有植根群众，服务群众，关心群众，我们党才能无往不胜。习近平总书记指出，"保持党的先进性和纯洁性，巩固党的执政基础和执政地位靠什么？最重要的就是坚持党的群众路线、密切联系群众"。为此，党的思想建设要突出群众路线教育，真正使党员干部做到亲民、爱民、为民。同时广大党员干部"不是百事通，不是万能的。要做群众的先生，先做群众的学生。领导干部要放下架子，甘当小学生，多同群众交朋友，多向群众请教。要真正悟透群众是真正的英雄"④。习近平总书记指出："党要继续经受住执政

① 习近平.紧紧围绕坚持和发展中国特色社会主义 学习宣传贯彻党的十八大精神[J].世纪行，2012(11).

② 毛泽东选集(第1卷)[M].北京:人民出版社，1994;333.

③ 欧阳兵.习近平中国特色新型智库建设思想中的话语体系构建[J].天津市社会主义学院学报，2016(12).

④ 习近平.在广东考察工作时的讲话[J].广州日报.2012-12-8(1).

考验、改革开放考验、市场经济考验、外部环境考验，就必须始终密切联系群众。"①"保持党的先进性和纯洁性，巩固党的执政基础和执政地位靠什么？最重要的就是坚持党的群众路线、密切联系群众。"共产党人应该积极主动地向人民群众学习，倾听人民群众的心声，接受人民群众的批评和教育，切实做到权为民所用、利为民所谋，实现好维护好最广大人民的根本利益，使我党获得最牢固最坚实的群众基础。

（三）加强教育实践活动，为思想建设路径打下党性基础

教育实践活动是党探索加强自身思想建设的重要经验。列宁曾经指出，要用马克思主义武装党员，马克思主义不能在工人中自发地产生，必须通过灌输，才可以使工人阶级掌握这个强大的思想武器。对于执政的中国共产党来说，面对复杂环境和各种风险挑战的考验，必须绷紧思想建设这根弦，始终把思想建设摆在党的各项建设的首位，通过组建理论研讨班、专家授课讲学、党员自学等方式，各级单位积极落实，层层压实，将"两学一做"教育常态化、群众路线教育惯常化，确保每一位党员都能够受到思想的教育，不断对广大党员加强党的最新理论、路线、方针、政策的教育，提高广大党员将理论运用于实践的本领。经过从群众中来、到群众中去的工作方法的检验，将思想教育的效果充分体现出来。通过理论的灌输、实践的运用，让广大党员保持理论上的清醒、实践上的自觉，确实让思想教育实践入脑、入心、入行，使每一位党员都能够做到忠诚、践履、担当，始终成为一面高扬的旗帜，从而使广大党员牢牢树立无产阶级世界观和人生观，坚定社会主义信念，坚守共产主义理想，打下坚实的党性基础，确保党的无产阶级性质，正如列宁所说的，"一个党是不是真正的工人政党，不仅要看它是不是由工人组成，而且要看是谁领导它以及它的行动和政治策略的内容如何。只有根据后者，才能确定这个党是不是真正的无产阶级政党"②。

三、新形势下党的思想建设路径保障机制和平台

新形势下，为了切实打通党的思想建设路径，使党的思想建设的效果彰显出来，就必须不断探索党的思想建设的路径保障机制和平台，为思想建设路径提供重要的保障。那么，就目前来说，可以从以下几个方面来努力。

---

① 习近平.在党的群众路线教育实践活动工作会议上的讲话[N].人民日报，2013-06-19(01).
② 列宁全集(第39卷)[M].北京：人民出版社，2014：246.

(一)完善各项机制,保障思想建设路径畅通

机制具有持久性、稳定性和长效性的特征。新形势下加强党的思想建设,应该从机制上予以保障,形成思想建设的长效机制,将思想建设真正落到实处,保障思想建设路径的畅通。

1.形成党委统领、书记主抓党的思想建设的责任机制

构建党的思想建设的长效机制,重在落实责任。开展思想建设的工作必须解决工作责任制是否落实到位,抓住主体责任的"牛鼻子"。党肩负着实现"两个一百年"奋斗目标、实现中华民族伟大复兴的历史使命,同时也面临着"四大考验""四种危险",要完成历史使命,战胜风险考验,必须加强党的思想建设。各级党委应坚持把思想建设作为本职工作,切实把统领全局的责任担当起来。党委应从巩固党的执政地位的全局看问题,把抓好党建看作最大的政绩,把思想建设的责任承担好。坚持将思想建设工作与其他工作同谋划、同部署、同考核。"牛鼻子"形象地表明党委统领的作用,党委书记是牵"牛"的人,也是被牵的"牛",党委书记担负"第一责任人"的责任,要树立"抓好思想建设是本职,抓不好思想建设是不称职,不抓思想建设是失职"的理念。书记抓思想建设要扮演好带头角色,突出主导地位。一是要亲力亲为,坚持思想建设工作亲自部署,重大问题亲自过问,不能当甩手掌柜,要定期召开全体党员干部会议,研究和检查思想建设工作的进展情况;此外,定期开展批评与自我批评,党员通过自我检查和相互监督的方式,及时发现和解决党员思想方面存在的问题。二是要严抓严管,以踏石留印、抓铁有痕的气魄抓党员的理论学习。严格落实党员干部的教育监督机制,做思想建设的明白人、清醒人、领导人。三是要多走多看,积极开展调查,掌握思想建设的实际情况。四是要抓常抓细,思想建设不易出成绩,需要细水长流、久久为攻,发扬钉钉子精神。书记必须紧紧抓住"牛鼻子",坚持"书记抓、抓书记",一级抓一级,层层抓落实。

2.构建以上带下、重在基层的党的思想建设领导机制

基层党组织是整个党组织的"神经末梢",是落实党的路线方针政策和各项工作任务的"毛细血管",也是以人为本、执政为民理念的终端载体。基层党组织作为党的思想建设的主体力量,是党思想建设的组织保障,基层党组织建设的好坏直接关系到党的思想建设的成败。因此,组织领导制度建设必须围绕基层党组织建设展开。据统计,我党现有基层组织436个,8000多万党员中绝大多数在基层,基层党组织的作用不容替代。在党的思想建设过程中,基层党组织发挥着重要作用。只有在基层党组织的作用下,党的方针、政策才能落实到基层,党的思想建设才可以取得实效。为了充分发挥基层党组织的作用,切实提高党的

思想建设的水平,需要建立一套多部门"双管齐下、齐抓共管"的组织领导机制。① 在组织领导机制中,要求各级党组织统一领导,一把手负主责,普通党员积极参与。我党通过组织领导建设来促进党的思想建设的事例屡见不鲜,且取得了很好的效果。例如,在三湾改编中,毛泽东同志提出了"党代表制度""支部建在连上",为党的思想建设提供了强大的组织保障。至今,这些措施对我党的思想建设仍具有启发和借鉴意义,我党应积极将其应用到思想建设的实践中。

加强基层党组织的思想建设应把握以下两点:第一,创新党员教育管理机制。首先,建立党员经常性受教育的机制,加大基层党员的培训力度,及时宣传中央精神和最新政策,提升党员的素质与能力。第二,加强对基层党员的管理。对损害人民群众利益、不符合党员资格的党员进行教育或者处分,严重者开除党籍。此外,定时召开民主评议会,开展批评与自我批评。第二,关心党员。党员也是普通大众中的一员,对于有困难的党员,党组织应该积极帮扶,让党员感受到党组织的温暖,使党员从内心认同党,这也是对党员进行教育的一种重要手段。

3. 充实党建队伍,构建完备的思想建设的组织机制

充实党建队伍,构建完备的思想建设的组织机制是加强思想建设的重要举措。党的思想建设能否取得成效,很大程度上取决于党务工作者能力的高低。试想,在党务工作者的思想政治觉悟和教育能力无法得到保障的情况下,党的思想建设如何落实。因此,充实党建队伍是思想建设的前提条件。根据当前党务工作队伍的现状及问题,充实党建队伍应从以下方面入手。

首先,严格把握党建队伍的入口关,选拔任用合格的党务工作者。选拔党务工作者是充实党建队伍的基础环节。第一,在选拔党务工作者时,坚持"提上来、撤下去"的原则,撤换那些不信仰马列、理想信念不坚定、工作不积极和群众不欢迎的党务工作者,提拔信仰坚定、方法灵活、群众欢迎、思想道德素质和管理能力高的人。第二,在选拔过程中,应严格按照党务工作者的选拔标准,不仅要注重选拔对象的业务水平,还要听取群众的意见。同时,严格遵守选拔程序,对选拔对象进行严格的资格审查,如果审查中发现政治上有问题,坚决不予选拔。第三,加强对党务工作者的考核与管理,一方面,督促党务工作者做好本职工作,提高自身的素质与能力;另一方面,淘汰不合格的党务工作者,达到优化党建队伍的效果。

其次,加大对党务工作者的培养力度。新形势下,加大对党务工作者的培养

---

① 郭峰.当前党的思想建设面临的问题及对策研究[D].济南:中共山东省委党校,2012.

力度是加强思想建设的必要环节。第一，党务工作者要端正培训态度，积极参加培训，发现并弥补自身存在的不足，切实提高自身素质和业务水平。第二，创新培训方法，科学的方法往往能达到事半功倍的效果，我们可以借鉴其他地方的培训方式，结合本地区的实际，创造出较好的培训方法。此外，可以采取远程培训模式，将互联网应用于党务工作者的培训过程中，使培训者和被培训者能够互动，提高培训的实效性。第三，党务工作者应加强自身修养，将成为一名"理论扎实，业务水平高"的党务工作者当作目标。

最后，充分调动党务工作者的积极性，使他们把党的思想建设工作真正重视起来，上级党组织应在思想、工作、生活等方面关心他们，想他们之所想，急他们之所急，解决他们思想上的疙瘩，肯定他们工作上的表现，帮助他们解决生活上的困难。[①]

4.加强建章立制，建立严密的党的思想建设的制度保障机制

党的十八大以来，习总书记强调将思想建党与制度治党紧密相结合，在2014年10月8日党的群众路线教育实践活动总结大会上，习总书记在会上明确提出思想建设制度化，要求思想教育要结合落实制度规定来进行，使加强制度治党的过程成为加强思想建党的过程，也要使加强思想建党的过程成为加强制度治党的过程。[②] 这是对党的思想建设的重要理论创新，将思想建设从传统的思想教育、理论创新等方面拓展到制度化层面，为新时期党的思想建设指明了方向。

为了完善党员理论学习制度，2013年11月，中共中央发布《中央党内法规制定工作五年规划纲要（2013—2017年）》（以下简称《纲要》。《纲要》提出："完善党员干部理论学习制度，健全马克思主义理论研究和工作机制，完善中国特色社会主义宣传普及制度。"为此，定期对党员进行教育或培训，提高党员思想认识和党性修养。同时，健全相关制度，如党委抓思想建设责任制、党员理论学习考核制、党员思想汇报制等，切实增强思想建设的实效性。

（二）借助媒体平台，拓宽思想建设路径范围

思想建设是党的建设的首要任务和中心环节，加强思想建设离不开媒体。媒体作为党的思想建设的重要载体，其承担着对党员进行宣教的作用，通过媒体，宣传社会正能量，及时迅速地将党的最新理论、路线、方针、政策等传播给广大党员，同时，作为一种舆情工具，也应该发挥拨云见日、引导向善的作用，澄清

---

① 邢月军.新形势下中国共产党思想建设研究[D].重庆:西南政法大学,2013.

② 张志明.实现全面从严治党"知行合一"的制度创新[J].理论导报,2016(11).

是非,避免党员思想的混乱。因此,应根据党的思想建设的新形势,在发动传统媒体的同时,积极借助新兴媒体平台,扩大党的思想建设的宣传领域。传统媒体与新兴媒体优势互补、高度融合有利于拓宽思想建设的路径范围。

1.发挥传统媒体作用,稳固党的思想建设的理论阵地

传统媒体是相对于近些年兴起的网络媒体而言的传统的大众传播方式,主要包括报刊、通信、广播、电视及自媒体以外的网络等传统意义上的媒体。与新兴媒体相比,传统媒体的互动性、开放性和时效性相对较弱,但传统媒体依然是党的思想建设的重要载体。

新形势下,利用传统媒体进行党的思想建设,必须坚持党建栏目姓党原则。第一,创新党建节目的内容。内容上应贴近观众,选取地区党建中出现的好做法、好经验,尤其是对先进党员的先进事迹进行宣传,形成榜样示范。第二,创新栏目的形式。例如,党课教育专题活动可以借鉴访谈类节目的特点,将节目现场录制安排到党课现场,让讲授者与党员观众面对面地交流互动,引起思想上的共鸣;在先进党员事迹宣传中,可以将党员本人或者相关人员邀请到现场。

2.借助新兴媒体平台,扩大党的思想建设的宣传领域

随着信息时代的到来,信息技术的发展,新媒体发展之迅速、影响之广,令新媒体得到各国执政党的重视。新媒体在我国已经发展了十几年,其在党的思想建设方面的作用逐渐彰显。新媒体较传统媒体而言,其最大特征是及时性和交互性,新媒体信号速度达到每秒 30 万公里。新媒体利用电脑、手机等终端,通过QQ、微信和微博实现信息交流与互动。新媒体对党的思想建设的作用主要体现在新媒体可以有效地迅速地促使党的工作动态和最新消息传播出去。充分利用和发挥新兴媒体的优势,通过以下方面来扩大党的思想建设的宣传领域:

第一,充分利用 QQ、微信等社交软件对党员进行思想教育。我国基层党组织范围分布广、数量多,开展集中学习交流活动难,很难发挥先进党员的模范带头作用。新媒体正好可以解决这些问题,党组成员可以通过 QQ、微信等新媒体与党组织取得联系,定期或不定期地向党组织汇报情况,也可以通过办理 IC 卡,参与组织活动和缴纳党费。此外,人们对手机的依赖度越来越高,通过微博、微信等社交软件发布消息,使人们在潜移默化中了解并接受党的方针、政策。

第二,充分利用公共交通上的网络媒体资源。公交车、地铁等是人们出行的主要交通工具,它具有流动性强、人口密度大等特点。利用人口密集的公交车和地铁车厢的移动传媒向人们宣传党的方针政策、展示共产党员的先进事迹,可以扩大党的影响力。

第三,创新对党员的教育方式。借助网络,建立党建网络平台、网络学习基地,结合电视等手段创新党员教育方式,党员可以随时随地学习,改变以往的通

过书本学习和会议交流为主的枯燥的学习交流模式。

　　中国共产党历来十分重视自身的思想建设,将其作为党的根本建设。早在新民主主义革命时期,毛泽东就提出把党的思想建设放在党的建设的首位。习近平总书记也强调"抓好思想理论建设这个根本"。在世情国情党情发生深刻变化的新形势下,党要继续高度重视思想建设,充分认识新形势下党的思想建设路径面临的挑战,探索合适的思想建设路径,使我党永远走在时代前列,永葆青春活力。

【作者简介】　钟香妹　浙江大学马克思主义学院马克思主义中国化研究专业
　　　　　　　　2017级硕士研究生　浙江 杭州 310028

参考文献

[1] 毛泽东选集(第一卷)[M].北京:人民出版社,1994.

[2] 江泽民.论党的建设[M].北京:中央文献出版社,2001.

[3] 习近平.关于党的群众路线教育活动论述摘编[M].北京:中央文献出版社,2014.

[4] 张希贤.党的思想建设实例讲解[M].北京:中央文献出版社,2003.

[5] 十八大以来党的重要文献选编(上)[M].北京:中央文献出版社,2014.

[6] 泽昌.马克思主义党建理论学习与导读[M].北京:中共中央党校出版社,1991.

[7] 张中,彭宝亭.马克思主义建党学说在中国[M].北京:中共中央党校出版社,1983.

[8] 万小龙.再论中国共产党思想建设的基本经验[J].党史研究与教学,2016(3).

[9] 齐卫平.标本兼治意义中的先进性政党建设——兼论思想建设与作风建设的内在逻辑[J].江苏行政学院学报,2014(5).

[10] 赵祖禹.在学习实践活动中加强思想建设[J].贵州社会主义学院学报,2014(3).

[11] 公方彬.把精神大厦建设突出来——习近平强调思想建设的几层内涵[J].人民论坛,2014(1).

[12] 孙力,翟桂萍.思想建设与制度建设失调的政治生态分析[J].长白学刊,2016(4).

[13] 赵秀华.加强和改进党的思想建设方法路径论析[J].周口师范学院学报,2016(4).

[14] 陈燕楠.以思想建设为统领铸就领导干部坚强党性[J].中国井冈山干部学院学报,2015(1).

[15] 祝念峰.理想信念教育:思想建设的战略任务[J].红旗文稿,2016(15).

[16] 谢晓峰,凌解良,周军.加强干部队伍思想建设的新思路[J].江南论坛,2015(11).

[17] 高杰.乡村基层党的思想建设应把握的几个维度[J].中共太原市委党校学报,2015(5).

[18] 朱微微.互联网时代下党的思想建设的问题分析[J].佳木斯职业学院学报,2015(1).

[19] 邢月军.新形势下中国共产党思想建设研究[D].重庆:西南政法大学,2013.

农村基层党组织全面从严治党工作存在的问题和对策探析

——以温州瑞安市飞云街道马道村为例

林素琴

【摘　要】　习近平在十八届中央纪委六次全会上指出,要推动全面从严治党向基层延伸。农村基层党组织是党的全部工作和战斗力的基础,加强农村基层党组织建设是全面从严治党的必然要求。本次调研以温州瑞安市飞云街道马道村党组织建设为个案进行调查研究,总结了该村在全面从严治党工作中取得的实际成效与经验,重点分析了农村基层党组织在全面从严治党工作中存在的问题:部分党员身份意识模糊、日常工作重业务轻党建、党内生活程式化、党建主体责任意识不强等问题,并据此提出了注重党员政治品格的涵养、坚定权力的群众立场、严肃党内的政治生活、构建农村基层党建责任体系等对策与措施。

【关键词】　农村基层党组织　全面从严治党　党组织建设

全面从严治党是党的十八大以来党中央作出的重大战略部署,推动全面从严治党向基层延伸是实现全面从严治党的重要环节,对于实现全面从严治党全覆盖,净化基层政治生态,密切党群关系,夯实党的执政基础等具有深远的现实意义。农村基层党组织是党的全部工作和战斗力的基础,加强农村基层党组织建设是全面从严治党的必然要求。本次调研以温州瑞安市飞云街道马道村党组织建设为个案进行调查研究,首先总结该村在全面从严治党工作中取得的成效与经验;其次在文献阅读和该村调研的基础上,总结了农村基层党组织在全面从严治党工作中普遍出现的问题;最后针对这些问题,提出了自己的对策思考。

一、马道村基层党组织在全面从严治党 工作中取得的成效与经验

马道村坐落于飞云江下游南岸,与瑞安市区隔江相望,是飞云街道经济、文化、交通中心。该村共有 485 户人家,总人口为 2308 人。该村党员共有 100 人,其中 2 名为预备党员。截至 2017 年 12 月,全村总资产达 7000 万元,村集体年收入为 500 万元,人均年收入为 37800 元。近年来,马道村坚持以经济建设为中心,在发展各个产业的同时,也十分重视新农村建设和精神文明建设,如开展"四千结对共建文明"活动,对该村"道德模范"家庭、"最美老人"等进行了表彰。马道村作为飞云街道党建示范村,在党建工作方面的成绩也十分突出,曾多次荣获"瑞安市先进党组织""瑞安市五十佳学习型党组织""瑞安市文化示范村""温州市文明村"等荣誉。当然,这些成绩的取得离不开马道村党总支的积极引导! 在全面从严治党的理论背景下,该村党总支的党建工作具有自身的特点。以下将按照全面从严治党六个方面的内容,分析该村党组织在全面从严治党工作中取得的经验与成效。

(一)在思想从严方面

为了进一步坚定本村党员的理想信念、增强他们的党性观念以及保持本村党组织的先进性和纯洁性,马道村党总支要求每名党员干部都要签订《共产党员不信教承诺书》,要求他们树立马克思主义宗教观,不信教,不参与任何宗教活动,不参与"法轮功"等邪教组织。马道村党总支还制订了 2017 年度"两学一做"学习教育常态化计划表,并在每月 16 日定期举行主题党日活动,学习习近平总书记治国理政新理念、新思想、新战略,用马克思主义中国化最新理论成果武装村党员的头脑,使他们能够与中央和省、温州市委以及瑞安市委的精神保持高度一致,在思想上保持党员的先进性与纯洁性。

(二)在管党从严方面

马道村党总支坚持和落实党的领导和党中央的精神,用"四个意识"(即政治意识、大局意识、核心意识、看齐意识)着力落实党员的责任,通过签署责任书,规定党员的责任范围和责任内容,增强党员为人民服务的能力和效率。马道村党总支根据本村的实际情况制订不同的责任清单,如"村书记抓基层党建清单""村

干部微小权力清单""村总支委员责任清单""村党总支书记责任清单"等。同时村党总支将党员的责任落实执行情况与党员先锋考核指数相结合,使党员通过责任书依规办事。在管党从严方面,马道村党总支通过党员大会除名了一名党员,原因在于其自出国留学之后,近6年以来未向党组织提交过任何报告。

(三)在执纪从严方面

马道村坚持把各项政治纪律和政治规矩挺在前面,如在"两学一做"教育活动中,规定每个党员必须学习党章党规的相关内容,如《中国共产党章程》《中国共产党廉洁自律准则》《中国共产党党内监督条例》《中国共产党纪律处分条例》等内容都为每个党员的必修内容,并通过考核的形式检验每个党员的把握情况。在思想上,党员知道了哪些是"带电的高压线"之后,在行动上他们才有可能成为一名合格的党员。总的来说,从前期的调研数据来看,马道村党总支执纪从严的工作做得非常完善,党组织内党员干部不存在违反政治纪律现象。在执纪从严方面,马道村党总支在"大拆大整""五水共治"工作中,贯彻落实温州市委制定的"四带头、四不准"制度,规定每个党员必须做到无违建,带头做好征拆工作,不准阻扰执法部门依法推进"大拆大整"工作等措施。对纪律的遵守,使各项工作步调一致,同时也促进本村党员在小城镇环境治理和创建全国文明城市建设中认真履行先锋模范作用。

(四)在治吏从严方面

马道村党总支坚持正确的用人导向,在上级党委的领导下抓班子建设,通过"两推一选"方式将文化水平较高、思想政治素质突出、履职能力优秀的青年党员选拔到村党总支班子,确保队伍迅速形成战斗力。2017年3月份,马道村党总支进行了一次换届选举,被选上的党员干部要签署一份"工作承诺书",承诺书要求党员干部从党性、干事、服务、品行四个方面对党组织进行承诺,要求党员干部要做表率、争一流、办实事、守规矩、讲品行。同时,新上任的党总支书记王小姆也积极参加了2017年7月份的"全省村(社区)党组织书记示范培训班"的学习,从而进一步增强了自身的使命感,知道了如何做一个合格的村书记。

(五)在反腐从严方面

马道村党总支坚持"五议二公开"制度,做到党务、村务、财务三公开,坚决防止和抵制基层腐败滋生;村书记带头学习党员廉洁自律准则,做到选前"三项承诺"和自觉遵守《中国共产党廉洁自律准则》;村党员干部要签订"廉政责任书",一旦违反责任书上的相关规定,将按照村"党风廉政建设规定"和反腐败工作相关规定,并按党纪有关规定进行责任追究和惩罚,考核的结果也作为年终党员评优评先的重要依据。2017 年马道村全年共抵制不良之风 6 起,金额达数万元,反腐工作成绩优良。

(六)在作风从严方面

马道村党总支积极落实温州市委推行的"红细胞工程",以增强该村党员的宗旨意识和村党员干部勤政廉政的工作作风。"红细胞工程"是温州市委加强农村基层管理工作的一项重要抓手,是温州市委开展党的群众路线教育和作风教育的重要举措。马道村党总支自 2014 年开展"红细胞工程"以来,近年来在党员的宗旨意识和党员干部的勤政廉政的工作作风方面取得了一些成绩。在党员的宗旨意识方面,马道村党总支开展了"红七月志愿服务",组织党员慰问困难群众和留守老人、儿童;组织党员参与河道垃圾清理活动;组织党员主动为红色驿站供应茶水、发放夏令物品、提供雨具等。在党员干部勤政廉政的工作作风方面,马道村党总支严格落实"两委坐班"制度,以增强组织的纪律性和工作责任心,以提高为人民服务的工作效率,落实《马道村党员干部廉政建设规定》,要求村党员干部在工作中廉洁奉公,全心全意为人民服务,为人民谋利益。

二、农村基层党组织全面从严治党工作存在的问题

当前,中国农村的社会结构和经济结构已发生很大变化,中国社会正处在一个新的转型期,农村基层党组织在全面从严治党工作中取得一定成效和有益经验的同时,也面临着许多新问题、新矛盾。目前,农村基层党组织全面从严治党工作存在以下四个方面的问题。

(一)部分党员身份意识模糊

对个人来说,共产党员并非只是一个普通的身份标签,而应该像邓小平同志曾说过的那样:"一个共产党员,第一,他是普通人,第二,他是普通人中的先进分子。"[①]然而,通过走访调研发现,今天的农村基层党组织内,大部分党员都能在工作中严格要求自己,但部分党员要么是入党动机不纯,要么是易受错误思潮影响,要么是经不起环境的考验,在工作中有意无意地模糊甚至完全淡忘了自己的共产党员身份。通过访谈,马道村的部分党员,也直言不讳地说明了当初自己的

---

① 郑琦.强化基层党组织的服务功能[N].学习时报,2015-7-16(3).

入党动机是为了比一般群众多些机会,不然也有可能不入党。这种利己主义思想明显不符合共产党员的身份,轻则脱离群众,重则影响组织的健康发展。甚至有些党员在工作多年后出现了脱党现象,马道村党组织2017年就除名了一名脱党6年之久的党员。

(二)日常工作重业务轻党建

农村基层党组织是党的全部工作和战斗力的基础,是落实党的路线、方针、政策和各项工作的战斗堡垒。但在很多地方,农村基层行政组织和农村基层党组织之间没有明确的分工,在人员配备上,不少农村基层党组织出现行政负责人与党组书记"一肩挑"的情况。例如某些村的村书记既是村委会主任又是党总支书记。这虽然减少了行政开支,简化了决策程序,降低了工作协调难度,但也造成了党建工作和行政事务经常交错进行的局面,重业务轻党建的现象时有发生。尤其在面临政绩考核压力的时候,一些农村基层党组织工作的重心就会发生偏移,行政事务成为工作主体,党建工作则被搁置一边。而有的农村基层党组织和行政组织虽然分工明确,但负有党建责任的农村基层党组织还掌握着一定的行政权力,甚至与行政部门负责人争权夺利,这严重影响了党建工作的正常开展。

(三)党内生活程式化

党内生活是指的各级组织按照党章和其他党规党纪开展的各种活动,包括党的小组会、支委会、支部党员大会、党委会、党代表大会和代表会议、党内民主生活会、党内选举、党课、党内报告、阅读党刊和党内文件以及党内的其他活动等。上述定义涵盖了党内生活的大部分形式。以目前情况来看,部分农村基层党组织党内生活普遍存在程式化的现象。主要原因在于组织松软懒散,把党内生活当成机械、简单的任务来完成。在这种情况下,开展党内民主生活的形式就被当成内容本身,从而造成参与者态度轻忽,导致组织者开展党内民主生活会的目的就成了为了存档而编排成文的会议记录。这些农村基层党组织党内生活虽然按部就班地开展,但是却仅限于满足规定时间、规定次数和规定形式的要求,这种形式主义的党内民主生活最终必然影响农村基层党组织建设的成效。

(四)党建主体责任意识不强

落实农村基层党组织党建主体责任是全面从严治党的必然要求。习近平总书记强调,要坚持从巩固党的执政地位的大局出发,把抓好党建作为最大的政绩。农村基层党组织虽然积极落实中央和地方下达的党建任务,但是在实际的落实过程当中,往往会出现责任主体不清晰的现象。究其原因,往往不外乎班子成员管党治党意识缺失,在落实党建主体责任时主动性与积极性不强。例如,在农村党总支内部,党建责任主体一般为党总支书记。但是有的书记管党治党责任意识不强,当组织内部党员干部在党风廉政方面出现问题时,他并没有及时采取约谈、提醒等形式进行有效的早期干预,而是消极地听任事态发展,直到该党员干部最后触及了党纪国法的底线,最后只能交由纪委查处。这种情况,体现了农村基层党组织党建责任主体没有做好管党治党的工作,管党治党责任意识薄弱,自己最后也难逃其责。

三、加强完善农村基层党组织全面 从严治党工作的对策思考

针对农村基层党组织全面从严治党工作中存在的问题,必须在一定程度上突破传统的思路和工作方法,进行理论与实践的探索与创新,从而推进全面从严治党更有效地往农村基层延伸。针对农村基层党组织全面从严治党工作中存在的上述问题,本文总结了以下四点对策。

(一)注重党员政治品格的涵养

农村基层党组织的力量之源在于党员优秀的政治品格,这些品格包括坚定的理想信念、对党绝对忠诚和为人民服务的奉献精神等。推进农村基层党组织的全面从严治党,从而进一步解决部分党员身份意识模糊这个问题,首先要加强党员的理想信念教育。理想信念作为一种强大的精神力量,在认识世界和改造世界的过程中能转化为物质力量,从而推动社会实践的发展。农村基层党组织可以通过各种形式的活动以及专题学习的方式对党员进行理想信念教育。通过教育,让党员坚定共产主义信念,坚信共产主义不存在你我绝对的对立,从而为人民服务其实就是为自己服务,对人民负责就是对自己负责,对党忠诚就是对自己忠诚。

其次,对党绝对忠诚是中国共产党对党员的基本政治要求,也是党和人民的事业顺利发展的坚强思想保障。因此,强化党员对党绝对忠诚的意识是农村基层党组织培养党员政治品格的基本内容之一。农村基层党员只有保持这种表里如一的忠诚,才能时刻在思想和行动上自觉与党中央保持高度一致,才能积极主动地将党的方针政策落实到实际工作中。

(二)坚定权力的群众立场

党群关系决定着党的前途,维系着党的命运。中国共产党从一个小党能够

发展为如今的一个大党,在于其坚定的执政立场。中国共产党执政的立场是人民群众的立场,执政的终极目标是人民群众的幸福。权为民所用,情为民所系。农村基层党建工作中之所以会出现日常工作偏移的现象,究其根源,就在于其没有真正做到权为民所用。而全面从严治党往基层延伸的终极目的是为了彻底清除权力的腐败,使权力真正用于为人民谋福利,为人民谋发展。农村基层党组织要是没有将权力的群众立场这一点牢记于心,那么在实际工作中就会出现权力滥用的现象,从而伤及人民群众的情感,激起他们的反感甚至痛恨。因此,农村基层党组织党员干部要坚定权力的群众立场,以高度的政治自觉和道德自律为人民掌好权、用好权。在增进农村基层党员干部自觉、自律意识的同时,还要建立健全重点领域和关键岗位的农村党员干部的权力约束制度,避免关键权力过于集中,权力使用过于随便。除此之外,还要注重惩处权力越界行为,严肃查办那些以权谋私、侵吞公款、侵犯群众利益的人和事。

(三)严肃党内政治生活

党内生活之所以会出现程式化的现象,一个重要原因就在于其党内政治生活不够严肃。党内政治生活是农村基层党组织管理教育党员的重要平台,也是农村基层党员加强自身党性修养、进行党性锻炼的重要途径。党要管党必须从党内政治生活管起来,从严治党必须从党内政治生活严起来。为了避免农村基层党组织内部党内生活程式化的现象,就必须严肃党内政治生活。党内政治生活离不开行之有效的载体。随着党员队伍的年轻化和知识化,党内政治生活手段创新的重要性日益凸显。在常规的强化党章党纪党规的学习之外,还可以结合工作实际开展特色专题活动,运用微博微信等多种现代化社交媒体形式促进党员与党员之间、党员与群众之间的良性互动,进而增强组织生活的吸引力,激发农村基层党员组织生活参与的积极性。

(四)构建农村基层党建责任体系

《中国共产党廉洁自律准则》《中国共产党纪律处分条例》强调"各级党委要担当和落实好全面从严治党的主体责任,严格按照《准则》和《条例》办事"。依照上述规定,全面从严治党向农村基层延伸过程中,农村基层党委首先要肩负起党建主体责任,在选人用人上严格把关,强化对权力运行的制约和监督,坚决纠正损害群众利益的行为,同时注重班子的作风建设,当好廉政建设的表率。其次,农村基层纪委要切实负起监督责任,将本部门实际工作情况与中央精神相结合,形成一套切实可行的责任追究制度,坚持把纪律挺在前面,用纪律约束住大多数人。同时对苗头性、倾向性问题要做到即发现即纠正,力求将腐败扼杀在萌芽中。在腐败案件查办中,农村基层纪委要本着对党负责、对人民负责的精神,做到有案必查,有腐必惩。如此,主体责任和监督责任相辅相成,从而构成农村基层党建的责任体系。

【作者简介】　林素琴　浙江大学马克思主义学院2017级硕士生
　　　　　　　浙江 杭州 310028

参考文献

[1] 郑琦.强化基层党组织的服务功能[N].学习时报,2015-7-16(3).

[2] 邓小平文选(第1卷)[M].北京:人民出版社,1994.

[3] 李鉴修.严格党内政治生活重在坚持、加强和创新[N].河北日报,2014-5-3(3).

[4] 李文.对党绝对忠诚是根本政治要求[N].人民日报,2016-2-15(7).

[5] 尹朝晖.全面从严治党新常态下严肃党内政治生活论析[J].郑州航空工业管理学院学报(社会科学版),2016,35(6):1-5.

[6] 赵娜.全面从严治党背景下强化党员干部群众观对策研究[J].改革与开放,2017,3(12):49-55.

[7] 冯德崇.浅谈加强农村基层党组织建设[J].农业经济,1998(9).

[8] 彭汉琼.农村基层党组织建设的实践创新及理论思考[J].学习与实践,2012(11):35.

[9] 张荣臣.关于全面从严治党内涵及对策的思考[J].人民论坛,2015(7).

[10] 肖贵清,杨万山.全面从严治党的时代意义及基本路径[J].山东社会科学,2015(7).

附件：

访谈实录

一、访谈时间：2018 年 2 月 8 日上午 10：00—11：00

二、访谈对象：温州瑞安市飞云街道马道村党总支书记王小姝

三、访谈目的：了解马道村基层党建工作开展情况

四、访谈方式：面对面交流

五、访谈主要内容记录

1. 请问马道村基层党总支的组织结构是怎样的？

我们村的党总支叫马道村党总支委员会，下设三个支部，分别为第一支部、第二支部、第三支部。到目前为止，有 101 名党员，其中 2 名为预备党员。党员的平均年龄为 47.2 岁，男女比为 2：1。在文化水平分布上，大专以上学历占 20%，高中以上学历占 30%。村里共 5 名党员干部，一个是党总支书记，是我，一个党总支副书记，三个党总支委员。

2. 我之前在街道办事处那边听闻我们村的党建工作做得比较优秀，您能简单介绍下支部党建工作的特色吗？包括经济建设方面、组织建设方面、思想引领方面等，从这几个方面，您可以简单讲一讲。

在经济建设方面，我们把推进党建工作与发展经济相结合。在 2017 年 3 月份村级党组织换届之后，我们进行的经济活动有：整改马道村农贸市场的陈旧设施；拓宽西河路道路（由原来的 2 米拓宽到 4 米）；整改小学门口的简易出租房；投资孙桥垟粮食功能区 100 万元等工作。同时在创建全国文明城市、创建市级卫生街道等各项活动中，我们投资了 50 多万元对本村的 3 座公厕进行了重建。我们这些工作不但得到了村民的支持，还得到了上级有关验收组的一致好评。

在组织队伍方面，我们实行了村干部交叉兼职制度。2017 年党组织换届后，针对上几届村干部职数多、费用支出较大的情况，2017 年开始实行村干部交叉兼职制度。村级配套组织全部由村两委（党委和村委）成员兼任。两委对村监督委员会、村老协执委职数进行压缩，对工、青、妇组织加强领导，从而形成村两委合心、合力的良好氛围，激发村两委工作的积极性。

在思想引领方面，我们把"两学一做"学习教育常态化、制度化。我们村党总支把"两学一做"学习教育纳入到全村党员年度先锋指数考核当中，把每月 16 日作为党员活动日。从 2017 年 4 月份起，我们严格执行街道党工委布置的活动与内容，将主题党员活动日和党员大会制度化。党员到会率要达 80% 以上才能召开党员大会。在"两学一做"中，我们学习的主要内容为习总书记系列讲话、新党

章和十九大报告,相关书籍我们会向新华书店提前预订好。对于外出党员,我们也会发放"两学一做"学习用书,并督促其向村党组织汇报学习情况。

3. 说起"两学一做",关键是在"做",学做"合格党员"。那么,我们党总支是如何带领党员在"做"中发挥先锋模范作用的呢?

关于党员的先锋模范作用,我们又要回到前面讲的经济建设这一块内容。这个我印象最深刻。经济是切中每个人利益的关键点,我们党员不是没有个人利益,而是在集体利益面前,我们村大部分党员都能带头作用,让个人利益服从于集体利益。这个例子蛮多的。在 2017 年 7 月份,我们村召开了村党员会议,决定拓宽西河路。但是,部分沿路住户对道路征用补偿提出不同意见,一定程度上阻碍了西河路拓宽工程进度。党员邓招权是第一个签订道路拓宽征用协议的村民。他平日在外经商,得知这一消息后,特意连夜赶回来,自行拆除自家院子里的矮墙。陈咸虎是我们村的老党员,住在西河路最窄的路段旁边。当道路拓宽工程启动后,他不仅带头说服家人拆除屋前矮墙,更是对沿路住户动之以情、晓之以理,劝说大家主动配合。党员模范带头深深打动了沿路 19 家住户,大家纷纷签订协议,无条件腾空屋前违建。2017 年 9 月,西河路拓宽工程完工,道路拓宽至 6.5 米,有效缓解了交通拥堵的情况。

4. 在"两学一做"教育活动中,我们党总支还开展过哪些活动?

在十九大召开期间,我们党总支组织党员、村民代表收听观看大会开幕式;通过书记上党课、文化长廊广场宣讲十九大精神,把十九大精神武装到广大党员和群众的思想和行动上;在 10 月 1 日和元旦,组织党员、群众参加升国旗仪式,增强党员、群众的爱国意识;村党总支通过文化长廊、文化礼堂,开设了党性体验区、宣誓区、十九大宣传栏等有关载体,让人民群众零距离体验党建教育,领会党建助推经济发展,党建助推小城镇环境综合治理及大拆大整、剿灭劣五类污水,体验创建全国文明城市工作中的成效。

5. 您觉得党员同志们参加学习活动的积极性和参与度如何?

积极性和参与度还算可以。老党员的政治觉悟比较高,每次活动都会积极参与,相比之下,我们的年轻党员们积极性就没那么高了,可能年轻党员平时工作比较忙,所以每月 16 日的学习活动,年轻党员请假情况较多。有一个极端例子,我们村有一个党员 6 年来都没有参与过我们村的学习活动,也没有向党组织交过任何报告,2017 年就被党组织除名了,原因是在外求学一直没有回来,但从根本上来看,就是该党员党性意识不够强。

6. 在党组织的制度建设方面,我们村目前有哪些制度呢?

一是"五议二公开"制度。自 2017 年 3 月份以来,我们狠抓落实这项制度。我们 10 个月期间共召开两委会议、村务联席会议 27 次。在涉及保险、失地农民福利发放、农田建设、农贸市场提升、西河路道路改建、孙桥垟道路建设、小学门口简易房改造等事项时均严格执行这项制度,从而杜绝了不正之风,树立了村干部的良好信誉,得到了村民的支持。

二是"三务公开"制度。即党务、村务、财务三公开。在村民办公楼门口设立三务公开栏,公开内容涉及党务、政务、财务。其中财务全年公开4次,其他内容按一事一议公开。

三是落实省委省政府市委市政府的"让群众办事最多跑一次"制度。我们把村民中心三楼的"办事大厅"搬到一楼,改名为"便民窗口",严格落实最多跑一次相关制度,如实行"三个一":群众上门一张笑脸相迎、一杯热茶暖人心、一腔真情解忧等。

还有就是"五项机制",这是温州市"红细胞工程"中的一项工作机制,它包括五个方面的内容:党员联户制度;走访、信息采集制度;例会制度;定期通报反馈制度;考核激励制度等。

其他的还有"村干部上班,听群众说事"工作制度、村两委坐班制度、党风廉政责任制等等。

7. 我们村党总支是如何落实党风廉政责任制的呢?

首先是我个人,作为村领导班子的"班长",我从不以"一把手"自居,任职前,我签订了"工作承诺书""责任清单书""创业承诺书""辞职承诺书"等文件。在平时的工作中,我也更加严格要求自己,违法乱纪的事坚决不干,要求别人要做到的事自己先做到。

其次,对于全体党员,要求他们签订《党员、干部廉政责任书》《不信教承诺书》《马道村村干部"四带头""四不准"承诺书》;对于村两委,要求他们签订《马道村当选村干部承诺书》;对于村监督委员会成员、村民代表均签订《工作责任清单》,这样就差不多把权力关在制度的笼子里了。

2017年全年共抵制不良之风6起,金额达数万元,每次抵制活动我都会写廉政日记,以村级领导干部廉洁自律的规定要求自己。

8. 近年来,我们村的党建工作取得了哪些成绩?

我们村作为飞云街道党建示范村,近年来党建工作取得的成绩还是蛮多的。

我们村被评为"温州市文明村"2次,瑞安市文化示范村"2次,"瑞安市先进党组织"4次,"瑞安市五十佳学习型党组织""瑞安市党风廉政建设"各1次等。同时还多次获得浙江省级、温州市级和瑞安市级单项先进集体荣誉。

9. 您认为我们村党总支部的党建工作目前还存在哪些不足?

存在不足的地方,我觉得有三个方面:一是村集体经济比较紧张,在党建工作上投入有限,从而制约了党建相关工作的开展;二是受视野和时间的限制,从副书记转为书记,平时忙于其他业务上的工作较多,缺乏抓党建的创新思路;三是对青年党员干部培养和考核及发展后备干部没有抓落实。

优化政务公众号的思考

——基于互联网用户体验的视域

何宛怿

【摘　要】　当前政务公众号的注册量呈几何级数增长态势,然而除了"人民日报""共产党员"等少数中央组织部直属的党政宣传平台外,大部分政务公众号的宣传力度和教育效果并不理想。这与其不完善的用户体验有很大关系。政务公众号在用户体验方面存在获得感不够、新鲜感不足、互动性不强等问题,影响了政务公众号潜在价值的发挥。进一步优化政务公众号的用户体验对思想政治工作者的思维方式和工作方法提出了新的要求,需要党政工作者在加强自身队伍建设的同时,学习借鉴其他类型公众号的成功建设经验,使政务公众号在数量增加的同时也能够实现质的巨大飞跃。

【关键词】　互联网　用户体验　政务公众号

习近平总书记在党的十九大报告中指出:"意识形态决定文化前进方向和发展道路。必须推进马克思主义中国化时代化大众化,建设具有强大凝聚力和引领力的社会主义意识形态……高度重视传播手段建设和创新,提高新闻舆论传播力、引导力、影响力、公信力。"①意识形态工作目前在我国依旧是一项极端重要的工作,创新思想政治工作方法既是时代提出的要求,也是人民对思想政治工作者提出的希望。最好的宣传是"看不见"的宣传,思想政治教育工作者在坚持

---

① 决胜全面建成小康社会 夺取新时代中国特色社会主义伟大胜利——习近平同志代表第十八届中央委员会向大会作的报告摘登[N].人民日报,2017-10-19(1).

主流意识形态的主导和灌输的同时,也要在宣传教育的方法和途径上高度重视民众的主体性,尤其在网络思想政治工作中要注重"用户体验",创造群众愿意看、看得懂、看得进的"思想政治教育产品"。

一、互联网用户体验与政务公众号

(一)互联网用户体验的含义

"用户体验"是用户在使用产品过程中建立起来的一种纯主观感受。ISO 9241—210 标准将用户体验定义为"人们对于针对使用或期望使用的产品、系统或者服务的认知印象和回应"。在互联网时代,用户体验发生了新变化,由于互联网产品不受实体材料的影响,没有实物结构的束缚,所以与传统的用户体验相比,互联网用户体验中通常是人们的感性认识占据主导地位,对于产品的感知和使用也更倾向于一种情感体验过程。

(二)政务公众号中的互联网用户体验

在微信公众号分类中,政务公众号属于微信订阅号,是指党政部门或高校为做好党建宣传工作,利用微信公众平台向民众传播党的思想理论动态、解读政府最新政策信息而打造的新型舆论宣传阵地,与政务类服务号有一定差别。作为党政机关向民众传播先进文化、开展思想教育的平台,政务公众号是互联网时代下的一种全新的思想政治教育载体,它极大地扩展了传统思想政治教育的深度和广度,为网络思想政治教育工作带来了新机遇。政务公众号虽然有别于商业公众号,不以营利为目的,但作为一个具有交互性的信息载体,政务公众号的宣传教育效果同样受用户体验因素的影响。党政机关要想在多元价值思潮交融的网络空间牢牢掌控主流话语权,就必须高度重视政务公众号的用户体验感,让用户真心实意地接受、消化"思想政治教育产品",建立用户信任感,与用户达成价值共识,进而提高通过政务公众号开展思想政治工作的实效性。

(三)基于互联网用户体验建设政务公众号的重要性

谷歌的 HEART 指标将用户愉悦感、用户接受度和用户参与度作为评估用户体验的重要指标,这同样可以作为衡量政务公众号宣传教育效果的重要尺度。用户满意度影响人们订阅政务公众号的自愿程度和评价态度,用户接受度影响人们对"思想教育产品"的内化程度,用户参与度影响用户与政务公众号之间的互信程度。

1.用户满意度是影响政务公众号用户黏性的重要因素

传统意义上的用户黏性等同于顾客忠诚度,意指用户对某一产品的重复使用度、依赖度、忠诚度。在互联网世界,用户黏性被作为考量互联网产品、应用或服务能否让用户持续访问、使用的重要指标之一。[①] 用户黏性是产品价值的重要体现,用户黏性越高,越有利于产品的品牌塑造和长期发展。如果用户在长期使用政务公众号的过程中,能够满足自己的信息和服务需求,并且在阅读文章、彼此互动过程中获得一定愉悦感,用户便会逐渐形成使用惯性和心理依赖,定期阅读公众号文章,时刻关注公众号动态,通过转发加评论扩大信息的传播范围,从而提升政务公众号的用户黏性。

2.用户接受度是判断政务公众号教育成效的重要尺度

与微博相比,微信是一个封闭性、隐私性较强的圈群组织,信息的传播和扩散主要依靠用户之间的分享和朋友圈转发方式来完成。据腾讯官方数据显示,20%的用户选择从订阅号里挑选内容阅读,而80%的用户选择从朋友圈里寻找阅读内容,由此可见,订阅号文章被分享的次数越多,被阅读的次数也就越多。同时,腾讯科技旗下研究机构企鹅智酷发布的《2016年微信影响力报告》显示,在朋友圈的"磁场"中,决定文章是否被分享的最关键因素是其价值和趣味,近半数用户会因为文章有价值而转发到微信朋友圈。[②] 因此,对于政务公众号而言,提高思想政治工作成效不仅仅是定期推送信息那样简单,更重要的是依靠优质的内容和友好的用户体验,使用户真正接受公众号提供的"思想产品",并愿意将自己感兴趣的内容与他人分享,依靠朋友圈的"强关系"来提高政务公众号的教育成效。

3.用户参与度是搭建党群沟通互动机制的重要桥梁

科恩在《论民主》中曾说:"民主的广度是由社会成员是否普遍参与来确定的,而民主的深度则是由参与者参与时是否充分,是由参与的性质来确定的。"[③] 传达党和政府的各项政策与对人民的关怀,充分尊重民众参政议政和表达心声的权利,是政务公众号的一项重要职能和建设目标之一。在传统的党群沟通中,政府和公民分别置于信息的两端,党群间的信息沟通不得不突破层层束缚,民众向政府的舆论表达和舆情反映要通过较长时间才能完成,而政府的再反馈则更难以实现。政务公众号为党群沟通搭建了一个全新的平台,用户与党政机关之

① 齐虎,赵艺玲.传播学视域下的新闻APP用户黏性探析——以"并读新闻"为例[J].现代视听,2016(6).

② 企鹅智酷.2016"微信"影响力报告[R].腾讯科技,2016-03-21.

③ 科恩.论民主[M].聂崇信,朱秀贤,译.北京:商务印书馆,1988:21.

间的交流互动逐步体现出沟通的平等性和治理中心的多重性。当用户在与政务公众号的微信互动过程中体验到被尊重被需要的感觉,反馈的信息能够及时得到回复时,公民和政府之间互信将持续增长,彼此间的互信基础得以扩大,良好的党群沟通互动机制由此建立。

二、政务公众号的用户需求分析

用户需求是用户体验的核心,是公众号提高信息服务质量和服务能力的依据和驱动力,关注用户心理,满足用户多层次、多方面的需求,才能为提升公众号的用户体验奠定基础。

(一)偏好生活化的叙述方式,排斥抽象化的概念描述

互联网的多媒体特征和娱乐化倾向,使人类对视觉体验的重视程度无限放大,浏览过的信息是否能让用户留下深刻的印象,成为信息传递成败的关键。政务公众号的受众群体是"公众",即知识水平、思想层有所差异的各种群体,为了使公众号提供的"思想产品"能为绝大多数人理解、接受,政务公众号就要用"接地气"的语言表达"高大上"的思想,在把受众的阅读兴趣提高上来的同时也将深刻的思想传递到了人们的头脑中。现代社会生活节奏很快,人们有时只能利用碎片时间来看微信公众号上的文章或是新闻,而过于抽象的内容表述显然不是用碎片化时间就能完全理解的。虽然当前有很多人对碎片化阅读有所批判,但是不得不承认这是短期内不可逆的一种阅读方式,而且这种阅读方式自身的缺陷可以用深刻却明了的内容供给来克服。这对政务公众号后台工作人员的思想理论水平和编辑写作能力提出了较高的要求,公众号在保证发布内容准确权威、有深度、有内涵的同时,要力求在推送消息的语言和与用户互动的措辞上做到平易近人和风趣幽默,不使用生硬晦涩的术语,不做政策文件的"搬运工",要保持平等姿态和亲和力,提供亲切的人性化服务。

(二)重视情感化运营方式,渴望使用中的参与互动

"感人心者,莫先于情。微信从诞生的那一天起,就与情感结下了不解之缘。作为情感沟通的平台,公众号在为用户提供信息服务的同时,应注重对用户情感需求的把握,营造微信公众号的情感基因特色。"[①]政务公众号主打的是精神文

---

① 徐延章.用户体验设计下科技期刊微信公众号设计策略[J].编辑学报,2017(8).

化产品而非传统的物质产品,精神产品作为一种"虚拟产品",使用的过程更倾向于一种情感体验的过程。正如社会化媒体观察者"叶落孤舟"评论所言,对于公众号运营者来说,"心"最重要。一颗真诚的、愿意为客户服务的心,对品牌、"粉丝"的价值胜过搞活动千百倍,如果公众号想传达给用户的内容能够触发用户的情感,就能进一步引发用户的情感共鸣进行分享传播。除了"思想产品"要具有含金量,用户同样希望在政务公众号中获得被尊重、被重视的情感体验,希望能够与其他用户、与公众号平台间进行交流互动。因此,在政务公众号中,互动是用户的一项重要需求,是用户体验不可分割的部分。参与互动既能够给用户提供发表自己见解的机会,也可以使用户因获得他人的反馈而产生积极的情感体验。生活中很多行为都是有原因有目标的,用户在得到反馈后才知道是否达成了目标,所以政务公众号是否提供反馈以及反馈是否及时会直接影响到用户的使用感受。

(三)将平台有用性视为根本,在易用性层面有所期待

可用性是指产品所具有的基本功能,是产品的"硬性指标",易用性是指产品使用过程中给人的舒适度和便捷度,属于产品的"软性指标"。在影响公众号平台使用的因素之中,"有用性"承担着筛选器的责任。政务公众号信息内容的阅读价值和传播价值、传播时效性、形式多样化,是用户接收、反馈和传播"信息产品"的前提条件,只有当信息具有传播价值,且足够吸引人眼球时,用户才会自愿成为信息的接收者和传播者,并且对传播效果作出反馈。在产品的可用性得到满足的基础上,政务公众号用户对于使用过程中的舒适感和愉悦感提出了更高的要求。实际上,政务公众号本身的特性和功能并不具有用户黏性,而是只具备使用惯性,黏性机制的形成依托于用户在长期使用过程中对产品的使用习惯和心理依赖。在面对众多选择时,人们总是会习惯性地选择他认为最好用、并且最常用的那个,这要求政务公众号在保证"思想教育产品"有价值的基础上,要根据用户的阅读习惯来确定信息的推送时间和篇幅大小,优化排版布局,方便用户对信息的接收,最大限度降低自身公众号的可替代性。

三、当前政务公众号的用户体验存在的问题及原因

据艾媒咨询对 2016 年中国网民取消关注微信公众号原因的调查结果显示:65.2%的用户因公众号推送的内容信息量少而取消对该公众号的关注,在众多取消关注理由中位居榜首;紧随其后的原因是内容更新频率过低取消关注以及推送的内容同质化严重,分别占 57.9%和 50.1%的比重;还有 43.8%的用户因

公众号推送内容与公众号定位不符而取消关注。① 总体而言,对各类微信公众号用户满意度不高的大数据分析,在一定程度上也反映了当前政务公众号存在的一些问题,党政工作者需要对这些问题进行深入剖析,寻找问题背后的原因,有针对性地逐个击破。

(一)"僵尸"公众号,形同虚设,用户零体验感

企鹅智酷发布了新版的 2016 年《微信影响力报告》显示:微信公众号保守估计超过 1300 万,但是超过三分之一的公众号一个月都没有更新一次,陷入停更或者低频更新,基本可以视为"僵尸号"。② 其中,政府或企业的官方公众号不占少数。当前微信公众号已经成为很多单位的一种标准配置,但是由于监督考评制度的不完善以及对政务公众号运营的重视程度不足,许多政务公众号仅仅流于形式,缺乏实际价值。《石狮日报》刊登的《过半微信公众号成为"僵尸号",如何让公众号发挥效力?》一文中指出,当前单位公众号存在的"僵尸号"困境主要原因在于,许多机关、单位受限于人力、物力水平,往往只是安排人员兼职负责维护单位公众号,由于兼职人员缺乏专业素养,所推送的文章往往不合群众"口味",且缺乏必要的互动,所以即使投入不少的精力和时间,公众号的订阅人数和文章阅读量依旧与日俱减,这也导致负责人对公众号运营方面的热情逐渐冷却。③ 这反映出目前部分党政机关虽然在硬件上舍得花钱,但是对公众号内容的重视程度和长期发展的战略眼光远远不足。开通政务公众号的目的在于宣传先进思想文化,拉近党和政府与群众之间的距离,而非仅仅做样子给公众和领导看,使思想宣传工作流于形式。

(二)内容同质,缺乏原创,用户易产生疲惫感

随着传统媒体向新媒体转型和电子政务的发展,时事政治新闻供给平台不断增加,政务公众号也呈现"井喷"式增长态势,中央、地方、高校都纷纷建立相关党政类微信公众号,将其作为组织的党建宣传方式。然而,"在具体的传播实践中,众多微信公众号运营者在自身运营能力不足的情况下,为了满足大众化的信息需求,争夺受众市场,竞相'生产'主流产品,同质化现象就变得十分严重"④。

① 艾媒咨询数据[DB/OL]. http://www.iimedia.cn/46539.html,2016.
② 企鹅智酷.2016"微信"影响力报告[R].腾讯科技,2016-03-21.
③ 石狮日报.过半微信公众号成"僵尸号" 如何让公众号发挥效力?[DB/OL]. http://www.mnw.cn/shishi/news/803388.html,2014.
④ 唐丹.微信公众号的传播特征及运营研究[D].郑州:郑州大学,2016.

很多政务公众号推送的内容都以直接转载或以对其他公众平台文章的二次加工为主,相同的内容可以在不同的公众号上看到五六遍甚至更多,严重的内容同质化造成了用户的阅读疲劳甚至对部分公众号的厌倦。政务公众号内容缺乏原创的根源在于宣传动力不足,很多党政部门仅仅将政务公众号作为党建工作的一种工具,而非将其作为提高民众政治素养和思想道德修养的新时代思想政治教育载体。因此,很多政务公众号没有站在用户的立场和角度考虑用户真正需要的"思想产品"是什么、以什么样的方式进行宣传更容易帮助用户接受、如何为用户提供优质的内容与服务等问题,导致原创内容不足的情况出现。

(三)沟通被动,忽视反馈,用户易产生距离感

微信作为一款社交软件,具有及时交流和互动性较强的特点,这是政务公众号巩固用户基础、提高教育效果的先天优势。然而,对于微信这一天然的优点,有很多政务党政宣传工作者却直接忽视,只是一味地向用户推送信息,造成当前部分政务公众号在与用户沟通互动方面存在以下几方面不足:一是文章评论区下留言没有收到回复。微信公众号推送的文章下方会有"写留言"一栏,用户可以针对文章内容发表自己的见解。实际上,用户发表评论的动机除了表达个人看法外,还希望他人对自己的观点提供反馈。然而,很多政务公众号的后台工作人员却疏于回复这些留言,造成用户发言的积极性慢慢减退,拉大了公众号与用户之间的距离。二是一些政务公众号没有充分利用微信自动回复及关键字回复功能。自动回复是用户首次关注微信公众平台时系统自动发送内容,关键字回复就是根据用户发送内容进行关键字的匹配回复,虽然这样机械性反馈的效果不及交流互动的真实体验,但是也可以在一定程度上提升用户体验感。三是政务公众号策划的用户参与性强的活动较少。目前大部分公众号都存在策划活动较少的问题,且有部分活动还是过期或用户无法直接参与的,缺少与用户"面对面""心连心"的互动交流。

(四)重点错位,远离生活,用户缺乏获得感

在国家推行"互联网＋政务"打造智慧型政府的背景下,很多政府相关部门和单位都陆续建立了党政微信公众平台,开通信息推送服务功能。然而,有些政务公众号为了增加信息推送量,不经筛选地将各类信息都发布在公众平台上,把政务信息淡化处理,而偏向于轻松娱乐的信息推送。这样做虽然能够保证公众号的更新率,具有一定的亲民性,但是五花八门的信息供给实则弱化了政务公众号的本职功能,造成政务公众号的定位不准确。还有的政务公众号重点错位,没有聚焦人们在实际生活中关心的问题、遇到的困难,提供的信息指导性和实用性

不强。马克思曾说,"思想一旦离开利益,就一定会使自己出丑"。任何思想要想传达贯彻到实处,就必须直击痛点,关乎受众的切身利益,政务公众号推出的"思想文化产品"同样如此,要想吸引用户的持续关注、议题要想形成聚合效应,政务公众号就必须紧密联系群众生活实际,提供"有用性+可读性"的信息,让微信用户在阅读中体验到收获感。

四、优化政务公众号用户体验的思路探讨

在信息同质化严重并且市场份额争夺激烈的当下,想要抓住用户,提高政务公众号的宣传教育效果,就要紧扣用户体验,以人性化用户体验为向导,在优化政务公众号自身功能和运营模式的基础上,学习其他类型公众号的成功经验,为政务公众号的健康运营提供有益借鉴。

(一)优化公众号的基本属性,完善产品功能价值

"用户价值"是基于对于用户需求的产品功能上的满足,"用户体验"是基于对于用户感受的关注和满足。用户价值的实现是用户体验发挥作用的前提,2016年《微信数据报告》显示,促成用户微信分享新闻的三要素分别为价值、趣味和感动。因此,政务公众号要想在"百花竞放"的各类公众号中取胜,就要首先充分地实现用户价值,确保提供的"思想文化产品"质量过硬,再依靠美观的设计和贴心的服务为自己的"产品"锦上添花。

政务公众号基本属性的优化要以明确的公众号定位为前提。政务公众号的建设目标有别于商业公众号,虽然二者都是以文字、图片为载体,以信息传播为手段,但是商业公众号以经济利益优先,而政务公众号则要以社会效益为本。很多商业公众号为了把文章阅读量"炒"高,会使用各种各样"语不惊人死不休"的标题博取用户眼球,抬高自己作为第三方广告平台的"市价"。商业公众号在资本利润面前无暇考虑长期平台建设、增强用户接受度和存留率的问题,但是政务公众号则必须要明确平台定位,打造官微品牌,尤其要避免使用"标题党"这种拙劣的手段。如果用户深入阅读文章后发现内容与标题完全无关,很容易产生一种被欺骗感,对公众号的印象会大打折扣,不利于提高用户黏性和平台的长期建设。同时,政务公众号要优化内容供给。当前政务公众号的主体用户群是中青年人,他们对于提升自己的思想层次有一定要求,并且通常利用碎片化时间进行微信阅读,因此,政务公众号在保证"思想产品"有一定内涵深度的同时,要注意文章篇幅适中,直击用户痛点,通过"善选小切口,融入大视野",让用户能够在较短的阅读时间内有所收获,打造受众真正喜欢

的思想文化产品。

(二)加强政务公众号后台工作人员的队伍建设

在互联网大潮下,思想政治工作者尤其是政务公众号的后台工作人员要告别传统的工作理念和工作模式,要根据教育对象的实际需求和心理体验,实现其身份定位、思维模式、行为方式的转变。不同于传统的思想政治教育,政务公众号用户对于"教育产品"的需求和选择是建立在自主自愿的基础之上的,任何外在的强制力量和强硬态度都会引起用户不良的心理体验。政务公众号的后台人员虽然是思想政治工作者队伍中的一员,但是相较于传统意义上的"思想政治教育者",他们更适合以"思想政治服务者"来自我定位,这样的身份定位更契合用户自主选择而不是被动接受的心理特征。工作的方法也要实现从理论灌输到提供给用户真正需要的个性化信息的转变,争取在"润物细无声"中实现"以情感人""以理服人",达到理想的教育宣传效果。

良好的互动水平和及时有效的回复是获取用户持续关注的关键,同时也是培养用户习惯的重要手段。政务公众号的工作人员面对用户的反馈或疑问时要迅速反应及时回馈。例如,党政机关可以设立专门的政务公众号管理员,采取专人值守制度,及时准确回复用户留言;定期进行反馈,了解用户意见和建议。在及时回应用户的基础上,公众号后台工作人员要巧妙地运用思想政治教育艺术,在与用户沟通或征求意见时要注意使用亲切通俗的语言,做到"善讲百姓语,精心讲故事",争取消解公权力带给受众的距离感和排斥感。

(三)充分利用后台数据,预测用户的未来需求

在当今信息"超载"时代中,人们不得不在海量的信息中作出抉择,因此,基于受众需求的信息供给变得越来越重要。心理学研究显示,当传播内容能够满足人们的动机和需要,并能够带来愉悦的心理和生理体验时,人们的注意力就会指向和集中到这些内容上来。然而个体的动机和需要不尽相同,所以政务公众号要做到对象细化、分类指导,有针对性地"分众传播"。

微信用户的意见发表是对政务公众号的直接回应,是公众号后台数据的主要来源。政务公众号工作人员可以通过微信公众号后台显示的文章被转发数、点赞数、阅读量以及留言评论,直接获得用户的反馈,再根据用户信息具体分析受众群体的年龄、性别、学历等因素对文章的喜好程度有何影响,进而从用户结构以及不同层次用户的思想特点入手策划个性化的专栏主题,满足各个层次用户的实际需求。除了采用大数据分析为用户推荐相关服务外,政务公众号还可以根据用户在搜索栏中的搜索记录,考察用户集中关注的问题有哪些,关注焦点

从过去到现在的演变过程,从而把握用户对于信息的需求发展脉络,在加大此类信息供给以满足用户需要的基础上,预测用户未来的思想趋势和行为选择,牢牢把握舆论引导的主动权,提供用户真正想要的"思想文化产品",提高网络思想政治教育的效果。

(四)学习借鉴其他类型微信订阅号的成功经验

在不考虑平台定位和运营目标的情况下,我们会发现营销类公众号的运营模式和用户思维在一定程度上要优于政务公众号。有人将"视觉体验""情感体验""信任体验"视为公众号用户体验的三大关键因子,视觉体验是指用户的基本感官体验,一般以视觉印象为主;情感体验是用户基于信息内容或与其他用户互动时产生的情绪波动,主要源于用户之间以及用户与公众号平台的交互需求;信任体验是指受众在内容有用性、易用性、价值导向等方面的体验,以及由此对相关产品或服务产生认同感的体验。"成功的微信公众号一定是在浏览体验、情感体验及信任体验上做到了超出用户基本的期望,甚至达到了令人兴奋及惊喜的期望,才会让其喜欢、爱上,甚至完全信任的境界。"[①]因此,政务公众号要经常向其他类型的成功公众平台"取经"(表1),不断优化自身的用户体验。

表1　受欢迎的公众号的运营经验归纳

公众号名称	内容特色	推送方式	互动方式
罗辑思维	背后庞大的知识资源;中国最好的知识服务提供商;突显个人魅力;以"死磕自己,愉悦大家"为宗旨	每天固定早上6点的60秒语言推送,用户搜索关键字后发送一篇推文	线上线下互动相结合,推出"馈赠图书""相亲会友"等线下会员活动,连续三年举办跨年演讲
十点读书	抢占睡前阅读场景;文字与声音相融合,提高用户体验;善于利用明星效应	每天推送时间固定为晚间10点,故称为"十点读书"	因文章内容易与用户情感共鸣,二次传播力量强大

---

① 站长之家.公众号用户体验的三大因子:浏览体验、情感体验、信任体验[DB/OL]. http://www.chinaz.com/web/2017/0313/672005.shtml,2017.

续表

公众号名称	内容特色	推送方式	互动方式
剽悍一只猫	亲切的问候语;观点犀利,直戳痛点,正能量满满;小故事大道理,引人深思	每天推送时间为23:59,用户多为"夜猫子",在开启崭新一天的时候,收到猫老师的鼓励入睡	留言较多,与用户互动频繁,被称为"猫叔"

由此可见,政务公众号可以借鉴其他受欢迎的公众号运营经验,在内容特色上可以大力打造品牌符号,提供用户短时间内可以消化的"干货",用信息价值、情感共鸣提高用户黏性;推送方式上,政务公众号可以选择于固定时间推送,培养用户阅读习惯,创新推送方法,保持用户持续关注的新鲜感;互动方式上,政务公众号在保证线上与用户交流互动的同时,也可以尝试活动的线下延伸,增强用户的归属感和信任程度。

党政类微信公众号有其独特的思想教育功能,具有广阔的发展前景和潜力价值,但是这要以恰当处理好现存问题为前提。传达党和政府的各项政策与对人民的关怀,尊重民众表达心声的权利,回应民众关心的问题和遇到的难题,是政务公众号的真正职能所在。如何通过优化用户体验促进政务公众号的发展和完善,将政务公众号的职能落到实处,是新时代思想政治工作者需要关注的重点和应当承担起的责任。

【作者简介】 何宛怿 浙江大学马克思主义学院 2017 级硕士生 浙江 杭州 310028

参考文献

[1] 科恩.论民主[M].聂崇信,朱秀贤,译.北京:商务印书馆,1988

[2] 齐虎,赵艺玲.传播学视域下的新闻 APP 用户黏性探析——以"并读新闻"为例[J].现代视听,2016(6).

[3] 徐延章.用户体验设计下科技期刊微信公众号设计策略[J].编辑学报,2017(8).

[4] 唐丹.微信公众号的传播特征及运营研究[D].郑州:郑州大学,2016.

[5] 企鹅智酷.2016"微信"影响力报告[R].腾讯科技,2016-03-21.

[6] 石狮日报.过半微信公众号成"僵尸号" 如何让公众号发挥效力?[DB/OL].http://www.mnw.cn/shishi/news/803388.html,2014.

[7] 站长之家.公众号用户体验的三大因子:浏览体验、情感体验、信任体验[DB/OL].http://www.chinaz.com/web/2017/0313/672005.shtml,2017.

[8] 艾媒咨询数据[DB/OL].http://www.iimedia.cn/46539.html,2016.

大学生精神缺"钙"的表现、特点及其成因分析

奚佳梦

【摘　要】　当代大学生存在精神缺"钙"问题,其主要表现在四个方面:(1)对共产主义理想存在困惑;(2)社会共同理想失重;(3)对职业理想存在误解;(4)个人生活理想失衡。当代大学生精神缺"钙"具有普遍性、特殊性、功利性、利己性等特点,其成因主要包括市场经济、社会矛盾等社会环境因素、高校旧有德育体系的缺失、家庭教育的缺失以及网络的副作用和个人原因等。

【关键词】　大学生　精神缺钙　成因

习近平同志说,理想信念是共产党人及人民群众精神上的"钙",没有理想信念,理想信念不坚定,精神上就会"缺钙",就会得"软骨病"。① 对当代大学生来说尤其如此,理想信念不坚定,精神缺钙,则容易迷失自我,走错方向。本文具体来谈谈大学生精神缺"钙"的表现、特点及其形成原因。

一、大学生精神缺"钙"的表现

(一)部分当代大学生对共产主义理想存在困惑与迷茫

1. 对共产主义和社会主义的困惑

对马克思主义的信仰,对共产主义和社会主义的信念,是共产党人的政治灵

---

① http://theory.people.com.cn/n/2013/1205/c40537-23757123.html.

魂,也是共产党人能经受住任何挫折和考验的精神之"钙"。同样的,共产主义理想也是当代大学生的精神之"钙"。在中国共产党的领导下,建设中国特色社会主义、实现"两个一百年"的中华民族伟大复兴的中国梦是当前全党全国人民的共同理想和坚定信念。经预调研结果显示,大多数当代大学生对共产主义和社会主义的实现是充满信心的,但有少部分大学生对共产主义理想存在困惑并感到迷茫。经过访谈得出,在对共产主义理想感到困惑和迷茫的大学生群体中,也有具体区别,其中一部分大学生是接受了马克思的历史唯物主义,赞同社会形态区分为原始社会、奴隶社会、资本主义社会、社会主义社会、共产主义社会,也相信社会主义社会是优于资本主义社会的,而仅仅是对共产主义社会及人的自由全面发展能否最终实现抱有怀疑;另一部分比较极端的大学生是没有充分接受马克思的历史唯物主义及其社会形态区分方式的,不相信社会主义制度的优越性,甚至不赞同社会主义制度和资本主义制度具有真正意义上的区分。在所有对共产主义理想和社会主义理想存在困惑的大学生群体中,前者的情况占多数,后者只占极少数。这说明绝大多数学生对于马克思主义是基本赞同的,只是部分对于共产主义的具体到达途径和最终实现有困惑。

2.入党动机有待纯化

截至 2006 年 6 月 30 日,全国高校全日制在校生总数 1623 万余人,本专科生党员占本专科生总数的百分比已达 8.16%,研究生党员占研究生总数百分比的 41.83%。2002 年至 2007 年 6 月,全国发展的学生党员人数为 343.6 万名,占 26.61%。[①] 以十年前的数据推论,大学生入党的人数庞大,且想要入党的积极性也非常高,但在分析当代大学生的入党动机时,也能发现其对于社会主义理想和共产主义理想的困惑与迷茫。预调研过程中发现,很大一部分大学生选择入党更多的是出于个人原因,比如说:校内评奖需要、未来就业需要、个体更好发展等,很多带有明显的功利主义色彩,并非有强烈的集体主义精神和共产主义理想,这种趋势情况"老生"比"新生"更突出更明显。经访谈,在这些主要出于个人目的而加入共产党的大学生中,绝大部分人都很熟悉共产党的性质和宗旨、历史、理想、目标等,但即使是在这种"熟悉"的前提下,他们仍对共产主义理想存在困惑,或者根本不去想党的"远大发展",仅专注于自己入党后"可见的利益"。还有极少数对党的性质宗旨"不太熟悉"或"不熟悉"的入党大学生更是对共产主义理想感到迷茫。笔者认为,入党大学生作为经过入党考核和审查的那部分群体,仍存在对共产主义和社会主义共同理想的困惑,未入党、未经考核和审查的那部

---

① 　边社辉.大学生入党动机及其教育引导对策[J].思想教育研究,2009(8).

分大学生群体在理想信念上出现迷茫的情况更是不一而足。

3.掺杂宗教信仰

大学生信教、加入宗教组织的现象并不少见(除去出于"好奇""调研"心理的那部分大学生),除了这部分比较明确自身宗教信仰或者参与宗教活动、加入宗教组织的大学生群体外,还有一部分大学生群体是对宗教及其神灵观念持"半信半疑""敬鬼神而远之"的态度。经访谈,正是这一部分大学生群体,在无神论与有神论之间、唯物主义世界观与唯心主义世界观之间犹豫和摇摆,这部分大学生对共产主义及社会主义理想存在怀疑和困惑。那些本身自觉有宗教信仰的学生,更是不可能把共产主义和社会主义作为理想,甚至明显有将个人理想与宗教信仰结合的倾向。可以这样总结,有宗教信仰的大学生的"宗教文化追随"明显大于"共产主义信仰",一部分没有宗教信仰的大学生也在"宗教文化追随"与"共产主义信仰"之间产生犹疑与摇摆。这也表现出了当代大学生对共产主义理想的困惑与迷茫。

(二)部分当代大学生社会共同理想缺失

1.对"真善美"的品德缺乏认同

"真善美"既包括中国传统社会中的有关天人关系、人我关系及个人气节方面的美德,也包括现代人类的共同价值与理念,内容意义是比较广泛的;社会公共秩序是指动态有序平衡的社会状态,对良好社会秩序的维持,不仅需要各个机构的有效管理,也需要社会群体的共同维护,这就很需要群体能够发挥"真善美"的道德品质。与"真善美"相悖的虚假、丑恶现象在社会现实中层出不穷,同样的,在当代大学生的理想信念中,也需要不断强调"真善美",反对"假恶丑"。当代大学生不仅要有进行"大善大恶"的道德区分能力,也要有"勿以善小而不为,勿以恶小而为之"的道德习惯。预调研显示,把"真诚、善良、诚信、正直"等品质认做是最重要的人格特质的大学生占大部分,还有一些高频词是类似于"上进、进取、勤奋"等有关个人奋斗的词。经访谈,很多大学生并非把"真善美"的良好道德品质放在人生追求的首位,而是更重视有利于个人发展的条件和因素,甚至有因此忽视道德品质重要性的倾向。比如说,"为了好成绩作弊不太对,但也很正常","插队行为不太好,但不利影响也没那么大"等。这些忽视正提醒我们要在当代大学生中强调树立对"真善美"及社会秩序的追求,这也是社会共同理想的一部分。

2.家国观上认知错误

家国观是反映一个人社会理想的关键。从传统儒家的"天下为公""天下为家"到抗战时期的"国之不存,家又焉附",再到新时期国家腾飞大背景下的个人发展机会,这些都说明了国家发展与小家及个人成长间的密切联系,只有在国家和平、社会稳定的前提下,普通民众才能有家庭亲情的温暖,才能有个体顺遂全面的发展。预调研显示,绝大部分当代大学生认为自己的教育经历、发展机会与国家大环境的稳定和繁荣是分不开的,继而相信国家的继续繁荣、社会的持续稳定能够给自己"小家"带来持续的发展和坚强的后盾。有被访谈者提到,"精准扶贫""兜底扶贫"是国家带给小家的一种"安全感"和"依靠"。但也有极少数当代大学生认为,自己的教育机会和工作发展是父母支持和个人努力的结果,与国家大环境的关系不大,甚至有大学生认为国家的某些政策反而是"牺牲了普通民众的利益"。这种"自己发展最重要""不用想国家,想也没用"的家国观,是当代大学生社会共同理想失重的表现,是缺乏精神之"钙"的体现。

3. 个人理想与社会理想的失衡

正确认识和处理个人理想与社会理想之间的关系,也是当代大学生坚定社会共同理想信念的重要表现。社会理想,是指人们对未来社会环境即社会生产方式的构想;个人理想,是指人们在职业、生活、成就等各方面以个人为中心的奋斗目标。[①] 大部分大学生将自己的个人理想建立在社会理想的基础之上,并且表示在个人理想与社会理想发生矛盾之时,更倾向于社会理想;小部分当代大学生表示,会在社会理想与个人理想发生冲突之时尽可能追求个人理想而忽视社会理想。经访谈,部分大学生表示在可申请和利用公共资源的时候,会放大个体的需求而不考虑集体的、社会的目的。个人理想与社会理想的关系,也可理解为个体与集体的关系,当代大学生中个人主义的泛滥与集体主义的式微也是其社会共同理想失重的重要表现。

(三)部分当代大学生对职业理想存在误解

1. 奉献与索取的关系失当

在已就业大学生对所属单位的归属感相对一致的前提下,大部分大学生群体表示不愿意为公司做"分外的贡献",只有小部分表示愿意"多干活多付出",也有一部分表示"不知道自己愿不愿意多作贡献"。但在"索取"环节中,绝大部分当代大学生认为自己会积极争取各项福利和机会。除此之外,很大一部分大学生表示,如果有"搭便车"或"偷懒"的机会,也会毫不犹豫地这么做。经访谈,想要极力争取公司福利和机会的同时却不愿意对公司作任何贡献的现象是存在的,只想索取而不想付出,这其实是反映了部分当代大学生不具备正确的职业理

---

① 林宝赐.社会理想与个人理想究竟是什么关系[J].学习月刊,1985(10)

想,是精神缺"钙"的表现。

2.择业动机不纯

马克思在《青年在选择职业时的考虑》中展现了其所确立的为人类幸福而献身的价值理想,并指出这一价值理想的实现是选择"最能为人类幸福工作的职业"[①],从青年马克思的择业观来看,青年人既要有明确的价值目标,又要有正确的价值导向。但现实并非如此,调查显示,当代青年既缺乏明确的价值目标,即不知道自己想要什么、该做什么,又缺乏正确的价值导向,即在择业中往往产生功利、肤浅的动机。"薪酬福利、假期、晋升空间"等个人发展因素成为当代大学生最为关注的择业前提,"能否胜任,是否适合自己"等个人能力因素也是当代大学生择业的重要前提,但是只有小部分大学生将"社会需要、人类发展"等因素作为重要的择业动机。总的来说,当代大学生的择业动机趋于功利主义和个人主义。

3.从业操守有所缺乏

从业操守可以从本职职业技能和职业道德规范两方面来理解。大部分当代大学生是兼具本职职业技能和职业道德规范的,但仍有一部分大学生只有本职职业技能而缺乏职业道德,一部分有道德缺技能,极小部分大学生两者都不具备。职业技能的要求各个岗位不尽相同,职业道德规范的要求却有其共通性。在被问及身边是否有缺乏职业操守的同龄人群体时,大部分大学生表示遇见过"虚构求职简历""盲目追求物质待遇""做事挑肥拣瘦""组织观念淡漠"的人事情况。这些具体情况都是当代大学生缺乏良好的从业操守和职业理想,精神缺"钙"的表现。

(四)部分当代大学生的生活理想有所偏差

1.奋斗与享受关系颠倒

在针对当代大学生生活理想的预调查中,有关大学生生活奋斗与生活享乐的关系,笔者总结为以下几点:(1)当代大学生的休闲娱乐时间较多,除双休日和法定节假日外,无课程安排的时间也较多;(2)当代大学生的休闲娱乐方式丰富多彩,室内和室外、个人与集体的休闲方式兼具;(3)消费型的休闲娱乐方式占主导地位,例如旅游、看电影、逛商场、"下馆子"等;(4)享乐主义倾向较为普遍。访谈中,大部分大学生表示最想要的是"物质充裕"的生活,"畅想"在物质充裕基础上的"生活享受",并且认为"奋斗"的最终目的也是为了生活享受。有相当一部

---

① 马克思恩格斯全集(第40卷)[M].北京:人民出版社,1975:5.

分大学生将"有车有房""奢侈品"等关键词作为生活的主要目标,这是当代大学生生活理想功利化的表现。在被问及有一定经济基础乃至有丰富物质基础后最想做什么的时候,六成以上的大学生考虑的只是自身不同层级的物质需求,小部分考虑到父母亲人,极少数提及回报社会,这是当代大学生生活理想受个人主义影响的结果。

2. 纪律与自由的关系中有些任性

在当代大学生的生活理想中,更加注重对自由的追求,排斥对个体的限制。有一部分大学生认为纪律纯粹是对个体自由的牺牲,从而更赞成西方个人主义。这种对"自由"的追求和对"纪律"的漠视反而会造成工作生活中的不合群或懈怠散漫。无独有偶,上文所说当代大学生在职业理想上的误解与其在生活理想中的困惑一样,都存在不能正确认识纪律和自由的关系,存在片面追求自由的个人主义倾向。

3. 理想与务实的关系中功利主义有所抬头

在当代大学生的生活信念中,关于对理想与务实的价值选择也表现出一部分大学生精神缺"钙"。在各种社会宏观因素影响下,当代大学生在生活中的各项价值取向变得更务实、更理想、更加世俗化,这似乎无可厚非,但这绝不意味着大学生应该放弃理想化的追求。但在调研过程中,笔者发现,"务实""功利"成为当代大学生普遍的追求,而"远大理想"反而成为天真、幼稚的表现。大学生理应是朝气蓬勃、充满理想的群体,而现实中大学生目光短浅、斤斤计较、失去理想的情况其实是大学生精神缺"钙"的具体表现。

二、当代大学生精神缺"钙"的特点

(一)蔓延性

当代大学生精神缺"钙"现象具有某种蔓延性。绝大部分当代大学生都或多或少有精神缺"钙"的表现,包括在共产主义理想、社会共同理想、个人职业理想、个人生活理想等各方面产生困惑和误解,因此具有蔓延性的特点。从刚刚进入大学校园的新生,到刚刚步入职场的毕业生,有的大学生把自己的个人职业理想、生活理想都安排得井井有条,却对社会共同理想和共产主义理想存在误解;有的人坚信共产主义和社会主义的优越性,却忽略当下,不具备与个人素质相符合的职业理想,这都体现了大学生精神缺"钙"的蔓延性。

（二）特殊性

当代大学生精神缺"钙"的特殊性是指大学生个体之间精神缺"钙"的具体表现是不同的。即使是都在社会共同理想上缺"钙"的当代大学生，其具体表现也是不同的，有的表现出对公共事务和公共秩序的冷漠，有的不具备正确的家国观，有的肆意侵占社会公共资源……也正因为大学生精神缺"钙"的特殊性，所以才需要具体问题具体分析地进行精神补"钙"。

（三）功利性

功利性是当代大学生精神缺"钙"的各项具体内涵中所具有的突出特点，在大学生个人职业理想追求和生活理想信念中，"功利""拜金""享乐"的倾向都在一部分大学生群体中确确实实存在。个人择业时盲目追求物质待遇；在岗在业时也仅考虑个人发展；生活理念以物质利益为首……这些大学生精神缺"钙"的具体表现都带有明显的享乐主义和功利主义色彩。

（四）利己性

利己性主要是指当代大学生精神缺"钙"中的个人主义色彩。俞秀松在青年时立下志向："做一个利国利民的东南西北人。"但在当代青年大学生的现实情况中，本应体现共产主义理想的大学生入党动机中却处处可见出于个人目的才想入党的情况；家国观的呈现上，很大一部分大学生系"小家"而舍"大家"，光有"个体梦"而无"中国梦"；在岗在业者只思索取、不思奉献；生活信念上也有一部分人尽可能地发扬个人主义和利己主义。这些都体现了当代大学生精神缺"钙"的利己性特点。

三、当代大学生精神缺"钙"的成因分析

（一）社会大环境、市场经济、社会矛盾

在市场经济的大背景下，市场经济意识在经济活动领域和物质生产领域所具有的功利性、竞争性和交换性逾越了市场经济活动领域，部分大学生在社会生活和经济生活中片面理解市场经济所注重的物质利益，把个人利益和金钱的作用推向极端化，把"义"和"利"割裂开来，片面追求物质享受。而随着人民日益增长的美好生活需要和不平衡不充分的发展之间的矛盾成为社会主要矛盾，普通大学生并未将视角放在如何解决或应对这一社会主要矛盾，只是在追求"美好生

活需求"的前提下面对不公平的社会财富时,力求到达"不公平链"的"上游"或"顶端",而无感于解决"不公平链"本身。除此之外,现代物质文明的巨大成功使西方人陶醉于他们创造的"文明"体制中,把自己的价值观念、生活方式、政治制度输出给其他国家。在这种情况下,许多大学生单纯提倡张扬个性而失去清晰的辨别力和正确的选择力。这些都是当代大学生精神缺"钙"的外部因素。

(二)旧有的高校理想道德教育体系的缺失

长期以来,学校的教学主要任务是如何使学生掌握知识,发展技能,甚至出现了因为迎合市场经济需要而导致的大学生在价值取向上的扭曲,比如物欲心极强的功利化倾向、唯我独尊的自私自利现象、不唯学的理想信念淡化、重个人利益轻国家集体等。对个体的行为选择和道德决断起着重要作用的理想信念教育反而成了传授知识过程中次要的副产品。旧有的高校理想道德教育体系中,不够强调对学生理想信念的培养和塑造,没有真正解决大学生在共产主义理想信念上的困惑,也没有指正大学生在个体职业理想和个人生活理想上的误解。

(三)家庭教育的缺失

(1)父母不良的教育方式难以塑造大学生正确的理想信念。家庭教育中,父母的教育模式也存在如上文所提及的,如重视智力教育而忽视人格教育、重视理论说教而缺乏榜样示范、一味纵容而缺乏道德限制等不良教育方式。(2)父母的文化水平及受教育程度在一定程度上影响大学生的人格发展。在当今社会中,父母辈的受教育水平低于子女是较为普遍的现象,而父母辈受到时代因素的影响、经济发展的限制等各种因素,本身的知识水平乃至家庭教育水平也在一定程度上限制了大学生正确的理想信念的培养。

(四)个人的某些消极因素

对当代大学生的人格来说,各方面的教育和塑造手段是外部条件,其自身的道德修养是内在根据。没有高度的道德修养自觉性,再好的外部条件都不起作用。当代大学生在道德修养上的欠缺也是其精神缺"钙"的重要原因。当代大学生需要培养伟大的共产主义理想和社会共同理想,需要有正确的个体职业理想和个人生活理想。而这些正是许多大学生所缺失的。

(五)网络的负面作用

在当代,社会已步入网络信息时代,信息对人们的生活产生越来越重要的影响。一方面,信息网络化使信息唾手可得,便捷了人们的生活;另一方面,每天处理海量的信息成为人们面临的巨大挑战。而当今大学生正处于理想信念发展的重要阶段,网络信息化对大学生理想信念的塑造产生了深刻的影响,其负面影响也是造成当代大学生精神缺"钙"的重要原因。(1)网络空间的开放性特征对大学生功利化的精神缺"钙"现象产生影响,开放的网络环境凸显放大了物质利益的美好;(2)网络空间的虚拟性特征容易造成大学生利己化的精神缺"钙"现象,虚拟环境可以让大学生网民在少有约束的情况下施行利己行为。

四、结 论

综上所述,部分当代大学生存在精神缺"钙"问题,其具体主要表现在四个方面:(1)对共产主义理想存在困惑与迷茫;(2)社会共同理想失重;(3)对职业理想存在误解;(4)生活理想趋于功利主义和个人主义。当代大学生精神缺"钙"具有蔓延性、特殊性、功利性、利己性等特点,其成因主要包括市场经济、社会矛盾等社会环境因素、高校旧有德育体系的缺失、家庭教育的缺失以及网络的副作用和个人原因等。

如何解决部分当代大学生这一精神缺"钙"问题?作者呼吁和期待学界、政界和每一个关心当代大学生成长的有识之士共同携手来解决这一问题。

【作者简介】 奚佳梦 浙江大学马克思主义学院思想政治教育专业 2017 级硕士研究生 浙江 杭州 310028

参考文献

[1] 马克思恩格斯全集(第四十卷)[M].北京:人民出版社,1975.

[2] 吴潜涛.正确理解理想信念的科学含义[J].教学与研究,2011(4).

[3] 梅萍,罗佳."90后"大学生理想信念的特点、困惑与引导——兼论学习习近平关于理想信念教育的重要论述[J].学校党建与思想教育,2016(3).

[4] 王易,宋友文.新形势下大学生理想信念教育的问题与对策[J].思想理论教育导刊,2011(4).

[5] 边社辉.大学生入党动机及其教育引导对策[J].思想教育研究,2009(8).

[6] 林宝赐.社会理想与个人理想究竟是什么关系[J].学习月刊,1985(10).

[7] 余玉话.大学生宗教信仰问题的调研报告[J].思想教育研究,2011(17).

顺潮而动，乘势而为

——关于高校思想政治教育工作如何借力于手机新媒体的几点思考

张诚磊

【摘　要】 习总书记曾经引用《周易》中的经典来谈与时俱进，他说："'穷则变，变则通。'无论是一个国家，还是世界，都需要与时俱进，这样才能保持活力。"①面对新媒体对大学生行为习惯和思想意识影响愈发深刻的时代背景，高校思想政治教育工作不仅需要考虑学生的成长规律，还要把握时代特点，与时俱进，巧妙运用新媒体提升思想政治教育的亲和力和针对性，引导大学生对网络中的思想、现象、问题等给予正确的看待，进而形成积极的人生观、价值观、世界观。其中，与学生生活关联紧密度最高的手机新媒体，尤其应当引起思政工作者的高度重视。

【关键词】 思想政治教育工作　新媒体　手机新媒体　大学生

　　正如有人断言的那样，互联网会像阳光、空气和水渗透到各个行业。② 2017年，习近平总书记在党的十九大报告中也多次提及互联网。在以习近平同志为核心的党中央坚强领导下，我国网络强国战略稳步推行，互联网基础设施加快建设，自主创新能力不断增强，信息经济蓬勃发展，网络空间日渐清朗，互联网成为

---

　　① 人民日报评论部.习近平用典.北京：人民日报出版社，2015：263.
　　② 摘自苏宁云商集团董事长张近东2015年8月10日在首届"互联网＋零售"紫金峰会上的演讲，后被收录在戴鑫的《新媒体营销》（机械工业出版社2017年版）一书中。

国家发展的重要驱动力。根据中国互联网络信息中心（CNNIC）第 41 次全国互联网发展统计报告，截至 2017 年 12 月，我国网民规模达 7.72 亿，从上网设备来看，手机网民规模达 7.53 亿，网民中使用手机上网人群的占比为 97.5%；从职业结构上看，网民中学生群体的占比最高，达 25.4%；从年龄结构来看，20～29 岁年龄段网民占比最高，达 30.0%。手机上网、学生、20～29 岁，最能同时满足这三个标签的群体，无疑是高校学生。

事实上，抛开纷繁的数据，仅需在茶余饭后漫步校园，便能以最直接的观察感受到这样一个现象：手机上网已经成为当代大学生不可或缺的生活组成部分：以微信、微博、知乎、贴吧等 APP 为代表的手机新媒体形式正越来越有效地"抢占"学生的碎片化时间和注意力。究其原因，在这数字化时代，新媒体，尤其是手机搭建的多元化、去中心化和平面化的信息交互情景以及便携式、碎片化的信息获取方式很好地契合了学生群体的特征与需求。如此，学生以使用时间作为"选票"迎合新媒体，尤其是手机新媒体的趋势犹如潮流，一发不可收拾。对于高校思想政治教育工作者而言，抢占这个宣传阵地的制高点，显得尤为重要。

一、何为手机新媒体

什么是新媒体？目前学界尚未对其概念达成共识。国内外对新媒体的定义大致可以分为以下两类。

一是从技术层面对新媒体进行界定。例如，作家丹·吉尔摩认为新媒体应该是数字技术在传播中广泛应用后产生的新概念；中国传媒大学宫承波教授认为，广义上的新媒体是利用数字、网络和移动通信技术，通过各种传输渠道和输出终端向用户提供集成信息和娱乐服务的传播手段或形式。[①] 二是从新媒体与传统媒体的比较出发。如浙江大学的韦路教授认为，"新媒体"是一个历史的、相对的、流动的概念，在不同的历史文化语境中有不同的所指。每当一个新的传播技术诞生，"新媒体"和"旧媒体"的定义就会迎来一次更新，这一定义在一定历史时期内得以稳固，直到下一次的传播技术更新。[②] 综上可以得出，新媒体是一个处于动态发展中不断变化的概念，当前的"新媒体"就是未来的"传统媒体"，因此很难对其下一个严格的定义。

---

① 宫承波.新媒体概论[M].3 版.北京：中国广播电视出版社,2011:3.

② 韦路.论新媒体时代的传播研究转型[J].浙江大学学报(人文社会科学版),2013,43(4).

笔者认同联合国教科文组织对新媒体下的定义：“以数字技术为基础，以网络为载体进行信息传播的媒介。”新媒体包括互联网新媒体、手机新媒体和数字电视新媒体三大类型，不同类型新媒体具有不同的传播特点。基于中国互联网络信息中心(CNNIC)第41次全国互联网发展统计报告中的数据，手机新媒体在信息传播环节中对高校学生有着举足轻重的影响作用。本文对新媒体诸多形式中的一种——手机新媒体如何助力高校思想政治工作进行探讨。

手机新媒体是以手机为移动终端、以网络为服务平台向公众传播个性化的信息，并且对使用者进行定向传播，允许双向互动的媒介形式。它拥有新媒体的大部分特性，如多向性、多媒体性、即时性、互动性等，但与互联网新媒体、数字电视新媒体相比，手机新媒体凭借其更佳的便携性、私密性和更快的即时性、互动性等特征得以高速发展。据第34次CNNIC报告显示，在2014年6月，手机首次超越传统PC成为第一大上网终端，并且随着4G技术的发展，传统媒体不断借助手机媒体实现媒介融合。手握手机媒体发声器的人们拥有了随时随地发声的权利，4G网络降低了即时互动的等待时间成本，而智能手机入手的低门槛特性，则让“私人订制”式的媒介服务从少数人的专享变成大众产品。

二、手机新媒体的特征

每一种新的媒体都附带新的属性，因而会对旧的信息传播方式变革产生影响。手机新媒体除了拥有新媒体普遍的多媒体性、多向性、虚拟性外，还具备了终端便携性、传播即时性、定制个性化等特征。这些特征令其在传播空间、时间方面占据了独特的优势，对受众，尤其是对于频繁使用手机的大学生的使用习惯和喜好能够较好地迎合。

第一，终端便携性。得益于技术发展，智能手机屏幕越来越大，性能越来越强，让其在越来越多的场景下可以取代PC乃至平板；机身越来越轻薄，轻巧的外形不仅便于携带，还显著提升了操作体验感；价格普遍持续走低，从经济方面讲，入手门槛低；学习与使用简单，从操作方面讲，入门门槛低；再加上移动支付的普及，手机已俨然成为手掌的延伸，时刻带着我们的体温，手机新媒体成为了带体温的媒体。在21世纪的第一个10年，伴随互联网的兴起，观众视线的中心从客厅、卧室另一端的电视荧幕转移到身前半米的PC屏幕；在第二个10年，伴随智能手机普及的浪潮，受众眼球的焦点从电脑桌上的20寸液晶显示屏悄然推进到咫尺之遥的手掌心。来自央视索福瑞的调查显示，消费者对手机的依赖程度不断加深，人均每天刷屏100次以上，平均每小时6次以上，每天会无意识摸手机 250 多次。① 在生活节奏普遍加快的今天,终端便携化带来的是使用频繁化,而时刻被使用、被关注的媒体正是最有影响力的媒体。

第二,传播即时性。传播即时性不仅体现在受众随时接收发布者的信息,还表现在受众可以作为传播者将所见所闻所感第一时间发布出去与其他用户共享,同时结合庞大的手机用户基数,这种信息扩散的"链式反应"几乎在很短时间内便能完成。"手机传播是一种数字化传播。手机传播速度快、时效性强、范围广、限制因素少,由于手机用户数量庞大,使得手机传播的受众群十分巨大。"②4G 网络理论上能够提供 100Mbps 以上的下载速度,其传输速率是 3G 网络的30 倍以上,因而在硬件方面,借助于快速发展的网络服务,手机用户可以及时获取当下最新的实时资讯;同时,在软件方面,有赖于以微信、微博、QQ 等功能强大的 APP 为代表的即时通信手段,用户之间进行互动的周期缩短到用秒来计量。某些特殊场景中,传播即时性是媒体影响力中最重要的因子。"在突发事件现场与外部交流不便、传统大众传媒普遍缺位的情况下,手机媒体充分发挥了现场信息采集与交流作用,其即时优势体现和发挥得淋漓尽致。"③即时通信是手机新媒体的先天性优势,而技术的发展扩大了这一优势。置身校园之内,低头观掌心方寸之地,片刻可知天下之事,传播即时性带给大学生良好的使用体验,进一步加深了他们对手机新媒体的依赖程度。

第三,定制个性化。传统媒体属于大众传播,即实现信息的大众化覆盖。尽管当前的传统媒体开辟了分众市场,但仍旧是在分众市场中进行大众传播:报纸的发行始终不可能做到一人一版,广播新闻也从来不会为了一个用户而播报。新媒体则不同,它可以实现真正意义上的分众传播,提供点对点的信息传播服务,并且模糊了信息生产者和接收者的界限。通过这种个性化信息服务,受众不但对信息有选择权,还拥有控制权,定制真正想要获取的信息,发送想要展示的内容。手机新媒体不但全盘继承了这种个性化信息服务,还从私密性的角度对这种服务进行了优化。相较电脑等媒介终端,手握轻巧的手机,用户更容易在不干扰他人、不受他人干扰的私密环境中接收与发布信息,在法律法规允许的范围内匿名操作,隐私需求得到满足,个性化得以充分体现:以微信、微博为代表的手机新媒体应用,秉承"媒体拥抱社交"理念,为用户提供了尽情展现个性的平台。对于处于自我意识发展最强烈阶段的大学生,手机新媒体的这些特征恰到好处地迎合了他们的喜好。

---

① 戴鑫.新媒体营销[M].北京:机械工业出版社,2017:154.

② 匡文波.手机媒体概论[M].北京:中国人民大学出版社,2006:113.

③ 何小明,刘可文.手机媒体环境下的大学生思想政治教育[J].教育与职业,2012(8).

三、手机新媒体对高校思想政治教育工作的影响

手机新媒体的普及和蓬勃发展给高校思想政治教育工作带来了不可忽视的影响,其中既有正向的促进,也有反向的挑战。大学生正处于价值观渐渐形成阶段,容易受到新鲜事物的吸引,敢于探索未知事物。手机新媒体搭建的多元化、去中心化、平面化和高度个性化媒介传播空间,在丰富大学生获取信息渠道的同时,也改变了其注意力的分配方式。这些改变大力冲击了高校思想政治教育既有的工作理念、工作模式和工作队伍,使得社会环境、文化环境和育人环境等均变得更加多样化。

其一,手机新媒体传播的海量信息中,种类纷繁复杂,质量参差不齐,社会阅历储备尚且不甚足够的大学生难以甄别,易受到其中不良信息的影响。尽管在影响过程中,首当其冲的是大学生的学习、生活习惯,以及心理状态和价值观念等,但随之受到冲击的是高校思想政治教育的方法、路径,这些变化促使高校思想政治教育工作必须做出相应的改变。

其二,高校思想政治教育由于其内容的丰富性,教育方式的多样性、教育对象的特殊性等原因,其教育活动必须要选择青年大学生最为喜闻乐见的方式和途径去开展。手机新媒体在信息传播、收集反馈、获取大学生注意力等方面具有显而易见的优势,因此高校思想政治教育工作者应当在手机新媒体上投入足够的注意力,将其作为开展思想政治教育活动的主要阵地之一。

总而言之,充分利用手机新媒体促进高校思想政治教育,对当前和未来一段时间内做好高校思想政治教育工作,具有重要的理论意义与实际价值。

四、借力手机新媒体加强高校思想
政治教育工作的建议

手机新媒体创新了高校思想政治教育新的载体,显著地提高了思想政治教育的效果和效率。在如今高校课堂之内,思想政治教育工作者们利用手机新媒体进行相关教育教学活动的频率越来越高。他们开始将传统的师生间的面对面交流和教育方式转变为通过手机新媒体和学生开展"键对键"的沟通;教师们化身"网红",通过微博、微信公众号等与学生进行深入交流,将课堂延伸到网络,潜移默化中改变了以往传统意义上的师生相处模式。随着高校教学改革的逐步推进,这些网络化教学手段已经相当成熟。

在课堂之外,高校思想政治教育工作者亦大有可为:手机新媒体独特的"带

体温的媒体""媒体拥抱社交"属性，有助于我们抓住学生注意力，构建融入日常生活与学习的宣贯平台，在潜移默化中对学生进行隐性思想政治教育。高校思想政治教育工作者可根据当代大学生的实际需要和学习生活习惯，设计出新颖时尚、符合青年大学生性格喜好的思想政治教育内容和模式，让大学生在轻松的气氛下"悦读"手机新媒体信息，激发大学生学习思想政治教育理论的兴趣，提高大学生思想政治教育的实际效果。结合工作经验，笔者归纳出以下三点建议，希望能够为手机新媒体环境下思想政治教育平台的构建提供借鉴。

第一，宣贯平台选择有侧重。

手机新媒体的平台多种多样，目前各高校官方使用较多的有微信公众号、QQ与微博等。数据显示，尽管全方位、多平台的信息传播覆盖具有相当的必要性，但不同平台的属性和用户特征有较大的差异，宣贯效果也有所不同。据中山大学张志安教授在2016年的调查结果显示，网络用户对微信朋友圈、QQ空间、微博的使用率分别为85.8％、67.8％和37.1％。就平台属性和用户特征而言，微信朋友圈是相对封闭的个人社区，分享的信息偏向朋友间的交互，用户渗透率高，除低龄（6～9岁）、低学历人群（小学及以下学历）外，各群体网民对微信朋友圈的使用率无显著差异；QQ空间是介于个人社区与开放空间之间的平台，五线城市网民、10～19岁网民使用率明显较高，产品用户下沉效果明显，更受年轻用户青睐；微博是基于社交关系来进行信息传播的公开平台，用户关注内容倾向于基于兴趣的垂直细分领域，用户特征更为明显，一线城市网民、女性网民、20～29岁网民、本科及以上学历网民、城镇网民对微博的使用率明显高于其他群体。[①]可见，针对大学生群体，进行思想政治教育工作的宣贯平台建设应侧重于微信公众号与微博。

第二，挖掘平民典范引共鸣。

从需求动机上讲，大学生对手机的使用需求大致可分为浅层休闲需求与深层教育需求，手机新媒体在大多数时候满足的是浅层休闲需求。针对于此，平台可以贴近生活细节，聚焦普通学生，挖掘平凡故事，塑造平民典范，讲故事，树品牌。首先，借助大数据应用，平台运营者能够对学生时下的需求动向进行深入分析，挖掘普遍的情感特征，从而根据目标的特征选择好的故事主题与合适的平民化主角。好的故事主题有利于帮助大学生确立正确的价值信念，合适的平民化主角更容易让观众引发共鸣并接受。其次，拟定故事内容，通过手机新媒体平台向大学生群体展示。故事内容应穿插学生群体曾经有的共同经验或现有的共同

---

① 张志安.互联网与国家治理年度报告（2016）［M］.北京：商务印书馆，2016：4.

愿望,是他们普遍接受的共识;故事结尾应包含让学生读者和观众获得改变的承诺,让他们感觉通过践行主题可以实现自身的成长。再次,进行适度的线下宣传,并通过"特供"的方式,让积极参与的学生感受到专有归属感,增加品牌热度和可持续性。"特供"的内容可以是实物,也可以是荣誉,平台当采用限量或者限时的方式制造其稀缺性。最后,收集学生反馈,为下一个故事的编辑和推广做准备。对于普通学生,故事可以激发他们的情感反应,触动其内心情结,令其于感同身受中接受思想政治教育的熏陶,实现"润物细无声"的教育效果;对于故事中的主角,这样难得的经历将加深其对思想政治教育的认知,并以点带面影响身边人,从而在学生群体中埋下正向传播的种子。

第三,借力意见领袖影响力。

意见领袖是指活跃在人际传播网络中,经常为他人提供信息、观点或建议,并对他人施加个人影响力的人物。高校中的意见领袖常以知名教授、校友和杰出学生代表身份出现,在与社交网络高度融合的手机新媒体平台上,他们比普通师生拥有更多的信息资源和更优越的文化资本,在网络舆论中无疑拥有更大的权力,在信息传播时先天地占据了制高点。高校思想政治教育工作平台可以通过与意见领袖的双向资源交互,逐步形成适应双方合作、应对校园与社会舆论环境变化的协同能力和机制。在技术资源上,平台可以向意见领袖开放更多权限,支持他们自主创建"粉丝"活动,并通过后台数据统计互动热度,协助意见领袖改进活动,积累人气,表达意见。在影响力资源上,意见领袖能够为平台带来可观流量,进而吸引师生的注意力,提升思想政治教育内容的打开率。同时,平台也可根据时事热点,与意见领袖合作推出相应的主题活动,如"知名教授解读'两会'"等,有组织地引导大学生接受正面信息,并及时过滤负面信息,弘扬社会正文化,传递正能量。

【作者简介】 张诚磊 中国计量大学体育军事部研究实习员 浙江 杭州 310018

参考文献

[1] 戴鑫.新媒体营销[M].北京:机械工业出版社,2017.

[2] 宫承波.新媒体概论[M].3版.北京:中国广播电视出版社,2011.

[3] 韦路.论新媒体时代的传播研究转型[J].浙江大学学报(人文社会科学版),2013,(43)4.

[4] 匡文波.手机媒体概论[M].北京:中国人民大学出版社,2006.

[5] 何小明,刘文文.手机媒体环境下的大学生思想政治教育[J].教育与职业,2012(8).

[6] 张志安.互联网与国家治理年度报告(2016)[M].北京:商务印书馆,2016.

从"国外月亮更圆"到"月是故乡明"

——一名研究生党员入党后再教育辅导案例①

刘文成

【摘　要】　研究生"入党后教育"一直是高校思想政治工作重点问题,本文通过对一例研究生因理想信念不坚定而产生的成长困惑进行剖析和辅导,进一步找出案例问题产生的原因和解决的方式,以期为大学生入党后再教育提供经验启示。

【关键词】　理想　信念　研究生党员　成长辅导　个案

一、辅导背景

(一)辅导对象基本情况

小林(化名),男,苗族,23岁,湖南益阳人,化学与生物工程学院在读研究生一年级,担任研究生助管,本科就读学校为湖南工程学院,曾任学生会副主席,交流沟通能力较好,学习成绩为专业第一,平均绩点3.84,班级第一批入党(即大二第一学期入党)。父亲是公务员,母亲是银行职员,家庭经济情况良好。父母关系良好,对其要求严格且有明晰的规划。小林成绩优异,但高考发挥不好,只上了普通二本。大学期间勤奋学习,考研时总分第一,因单科少一分而与北京理

①　本文系湖南省学生资助研究会2017年学生资助研究项目(XXY201716)的阶段性成果。

工大学失之交臂,调剂到我校继续攻读硕士研究生。据同学反映,其性格开朗,兴趣广泛,平时关注时政,喜欢探讨国家制度合理性问题,但对于研究生阶段学习较迷茫。

(二)辅导原因

党的十九大召开后,学院组织师生党员开展了系列学习活动,其中活动之一是撰写学习心得。小林在心得中以自己本科毕业参加为期一个月的美国学习交流经验为例,论证了国外的政治制度更民主、国外的人民比中国人民更幸福等"国外月亮更圆"的观点。小林的观点引起了我的高度重视,于是约其谈心谈话。

二、辅导方法和过程

(一)第一次辅导——倾听与尊敬

目标:采用摄入性谈话收集学生的有关资料,了解辅导学生的基本情况、精神状态、行为特点,初步确定辅导问题,通过共情、理解、无条件积极关注等技术,让其感到被尊重、被接纳,与辅导学生初步建立良好的辅导关系。

1.辅导对象自述,建立关系

了解研究生入学基本情况,与小林进行了较深入的谈话,较为全面地掌握了小林的家庭基本情况。刚走进成长辅导室的小林有点拘谨,但他并不阻抗,干净大方的面孔上透露出坚毅,似乎准备和我唇枪舌战一番。我开门见山地和他说明谈话的主题是谈谈他在国外交流的所见所闻。小林说他有点诧异,原以为定是一番说教,免不了一场"辩论"。明显小林没有那么拘谨了,接着他开始讲述自己在国外的所见所感。他说美国社会经济发展水平高于国内这不需要过多展开,美国十分民主,在国家政治层面上有全民直接选举,在国内全民选举是不可能的;美国高校的学生会有高度自主权,学生会与校长、董事会三权鼎立,相互制约。学生会参与学校的管理,小到给校车改道,大到换校长,而国内高校学生会的实际功能是在校团委领导下组织学生开展各类活动,学生会的权益部门也形同虚设,并没有发挥维护学生权益作用。在美国家庭中,父母十分尊重孩子的想法,从不替孩子做决定和规划。我耐心地倾听小林的诉说。

2.界定问题

本次谈话以倾听为主,采取共情、无条件积极关注的原理,耐心地听他讲述,并适时地点头、微笑以表示尊重,鼓励其袒露内心最真实的想法,建立良好的辅导关系。通过谈话和谈话前收集到的资料,我排除了小林入党动机不纯的可能性,其存在的问题是理想信念不够坚定,主要表现为三观不稳定。我对小林的观点并没有进行否定和评价,表明自己的看法是对于国家制度见仁见智。

3.拟定目标

通过谈话,将辅导目标定在以下几方面:1.加强社会主义核心价值观教育。教育引导学生正确认识世界和中国发展大势,正确认识中国特色和国际形势,全面客观认识当代中国、看待外部世界。2.正确认识党员责任和义务。3.开展文化自信教育,用社会主义先进文化、革命文化和优秀传统文化教育引导学生树立文化自信。

4.布置任务

推荐小林观看《将改革进行到底》专题教育片,且查阅近三届美国总统和中国国家主席的人生履历,让其看完后再和我谈感想。

(二)第二次辅导——修正与雄辩

目标:引导小林认识到自身认知的片面性,走出误区。

1.辅导方法

本次辅导采用对话和认知转变技术,主要目标是帮助小林扭转认识误区,了解问题产生的原因。

小林按照约定的时间来到成长辅导室,他反馈看完节目后有一点改观。于是我继续引导其深入思考,以下是辅导对话的一部分。

我:刚刚你反馈有点改观了,可以具体举例吗?

小林:通过观看《将改革进行到底》,我深深感受到了国家近5年在各方面取得的巨大成就。我国与欧美国家的差距越来越小,甚至在很多方面赶超了发达国家。

我:是的,从远一点思考,改革开放以来,可以说我们国家发生了翻天覆地的变化,从清朝的积贫积弱到新中国成立初期的一穷二白到改革开放以来的中国路、中国桥、中国港,经历了从站起来到富起来的伟大飞跃,这些都充分表明了社会主义制度的优越性。你思考下资本主义制度是什么时候建立的? 社会主义制度又是什么时候建立的?

小林:听爸爸讲过,资本主义制度建立约有500多年了,社会主义制度还不到100年。

我:你看,资本主义制度与社会主义制度发展历程相比较,就像是壮年和婴幼儿相比,上次谈话你提到的美国的经济、社会发展水平和国内的经济社会发展水平相比较,相当于拿成年人的能力和婴幼儿的能力相比,这是不对称的。再者,我国在现阶段取得的成就已经十分巨大了,经济增长速度在2000—2012年保持近8％,即使十八大以来经济增长速度变慢,还是保持在6％左右,纵向比高于欧美国家历史增长速度,横向比高于当今发展中国家增长速度。

　　小林:听老师这么分析能理解国内发展的一些不尽如人意的地方了。

　　我:你悟性很高。再来谈谈你查阅的近三届中美首脑资料收获。

　　小林:通过查阅资料,我发现美国总统都有强大的财力支持才可以做全国竞选演讲获得选民支持,而中国国家主席也有丰富的基层工作经历,经过层层推荐和考核当选。

　　我:是的,你分析得很对。我们再来看看建立在经济基础上的美国"民主"必然要代表当选派的意志来制定和执行国家政策,而中国的民主则是建立在人民当家做主的基础上的,代表的是最广大人民的根本利益。从这个意义上来看,我国民主更为真实和广泛。当然我国的社会主义制度存在一些问题和不足,但是我们不能因为存在问题而否定正确性。

　　小林:嗯嗯,听老师这么分析,我能理解我国目前发展的一些不足,不是因为制度不正确,而是发展过程中必然会遇到的问题。

　　通过辅导对话,小林能理解社会发展阶段造成的社会发展程度的不同,并且不能以此来否定社会主义制度。

　　2.制订辅导方案

　　通过讨论,和小林达成一致,本次辅导目标定位在两个方面:1)正确认识美国和中国发展阶段。2)学会辩证看待国家发展成就和不足。

　　3.布置任务

　　要求小林观看我校蓝茵茵博士参与录制的《社会主义有点潮》专题节目并写下自己的思考。

(三)第三次辅导——协同与追踪

　　本次辅导目标是加强社会主义核心价值观教育,全面客观认识当代中国、看待外部世界;加强入党后的思想再教育,坚定理想信念;开展文化自信教育,用社会主义先进文化、革命文化和优秀传统文化教育激励学生树立奋斗精神。

　　1.加强与导师沟通,共同助力学生成长

　　向小林导师说明了小林的成长困惑,请导师进行引导教育。导师利用组会、科研辅导等时机全面指导解决小林在思想、学业、生活等方面的困惑。

　　2.发挥朋辈的作用,拓展辅导途径

　　学院开设微信公众号十九大专栏进行线上理论知识宣传,并开展线下学生党员学习论坛交流活动。通过与朋辈同学的学习和交流,小林潜移默化地增强了党员意识,进一步坚定了马克思主义信仰与共产主义信念。

3.开展实践育人团体辅导

以学校组织的赴铜鼓县参观秋收起义铜鼓纪念馆活动为契机,推荐小林参加实践育人团体活动。通过活动,小林回顾了秋收起义的光辉历史,深刻体会到革命历程的曲折艰难和革命胜利的来之不易,更加坚定了献身党和国家事业的信念。

（四）辅导效果及反馈

小林主动报名学院寒假"十九大之我看家乡变化"活动,他以三组照片对比来讲述家乡经济社会等各方面变化,并写了三行诗来赞美十九大取得的成就。小林还表示会争取群众支持担任党支部书记,以自身感受与其他同学交流自己思想如何从"国外月亮更圆"到坚信"月是故乡明"的转变过程。

三、辅导反思与启示

（一）重视发挥导师育人合力,打通协同育人"最后一公里"

"导师本人的政治倾向、敬业精神、治学态度、人格魅力等方面都会在潜移默化中对研究生产生深刻的乃至终身的影响。"[1]可见导师是研究生思想政治教育的首要责任人,在研究生进行成长辅导主体中,导师是一个不可或缺的部分。让导师和辅导员共同参与研究生德育工作,形成协同育人合力。

（二）加强学生党员的思想再教育,补足精神之"钙"

大学生处于三观塑造的关键时期,容易受外界因素的影响。小林的成长困惑,主要是受西方文化渗透影响,导致理想信念有所动摇。启示教育工作者应重视学生党员的"入党后教育",加强学生党员的思想再教育,使学生党员树立正确的世界观、人生观和价值观,坚定理想信念。

（三）挖掘实践育人和以文育人资源,催生奋斗精神

学生理想信念教育是一个系统工程,需要建立教育的联动机制。本次成长辅导过程中通过红色革命基地和文化育人的教育资源的挖掘,厚植了其民族精神和革命精神,涵养爱国情感,催生了刻苦学习、奋发向上的奋斗精神。

---

① 简福平.加强研究生思想政治教育四支队伍建设的思考[J].思想理论教育导刊,2013(5):5.

【作者简介】　刘文成　长沙理工大学化学与生物工程学院辅导员　湖南 长
沙 410014

参考文献

［1］吴远.价值观引导:大学生心理危机干预的新视角[J].中国高等教育,2001(21);29-30.

［2］张延林,C. K. John Wang Stuart,J. H. Biddle.青少年体育活动中的目标定向和自我决定
理论:年龄和性别的差异[J].天津体育学院学报.2001,16(3);10-14.

［3］暴占光,赵瑞君.不同年级大学生心理特点及发展辅导[J].思想教育研究,2007(10);
57-59.

［4］陈小梅.大学生心理危机与宿舍人际关系[J].福建商业高等专科学校学报,2011(2);
65-68.

热点理论与现实问题研究

列斐伏尔对符号消费的产生、类型及其后果的批判

吕夏颖

【摘　要】　列斐伏尔基于日常生活语境的消费异化批判落脚于现实生活场域并开辟了对消费的符号批判视角。面对由符号把控消费的社会现实,他敏锐地洞察到现代资本主义社会在消费繁荣背后的阶级力量,认识到消费之所以成为当代资本主义社会的显著特征正在于资产阶级通过广告等大众传媒工具的引导与控制。列斐伏尔对符号消费的批判可以归纳为对"实物商品"的符号消费、"时空商品"的符号消费和"文化商品"的符号消费三种类型的批判。符号消费成为秉持资产阶级价值观的消费和社会新型阶层划分的标准。

【关键词】　列斐伏尔　符号消费　批判

列斐伏尔(Henri Lefebvre,1901—1991),著名的"现代法国辩证法之父""日常生活批判理论之父",也是最早将马克思主义引入法国的哲学家。在对第二次世界大战后资本主义社会性质的把握上,列斐伏尔认为工业社会、科技社会、休闲社会乃至消费社会都不能准确界定现代社会的基本特征,而只有"消费受控制的官僚社会"(The bureaucratic society of controlled consumption)这一界定才最为科学和精确。[①] 所谓"消费受控制的官僚社会",是指资产阶级通过日常生活平台,以控制人们的日常生活消费并将消费符号化为手段而对人们进行奴役和控制的资本主义官僚社会。在"消费受控制的官僚社会",

---

① Henri Lefebvre. Everyday Life in the Modern World[M]. London:The Penguin Press,1971:60.

人们无法自主决策自己的消费行为,而由资本主义官僚社会中的资产阶级通过大众传媒手段将消费符号化来规约人们的消费。也就是说,消费社会之所以不能完全概括当代社会的主要特征,是因为消费成为当代社会的主要特征与国家垄断资本主义的出现有着密不可分的关系,正是在国家组织的推行下才使得消费得以大行其道。"消费受控制的官僚社会"这一定义与其解释为在资本主义官僚社会中消费受到了控制,倒不如说是资本主义的官僚社会是靠消费来维系的。

一、资产阶级通过操纵广告助推了符号消费的产生

列斐伏尔认为消费异化表现在消费不是为了获得具体的实物商品,而是为了消费商品的符号文化意义。符号消费意指人们为了获得特定消费品的社会文化象征意义而致力于消费的现象。在符号消费体系中,商品之间的功能性差别不再重要,商品所表征的符号意义成为商品间区别的首要因素。在符号化的商品消费中,广大消费者已在不知不觉中由消费的主体沦为消费的客体。原因在于消费者在选择商品时不再是基于自身对商品使用价值的需要,而基于对商品符号意涵的需要,这就在看似随心所欲的选择中落入符号意涵的操纵,也就是落入符号意涵背后的大众传媒及其资产阶级统治者的操纵,是一种实质被动而形式主动的消费行为。社会现实成为由符号所替代的假装的现实,真实被符号所掩盖,人们生活在符号文化的幻想之中。资本主义生产方式和生活方式的节奏控制了日常生活中的人们,使每个人的生活跟随资本的支配千篇一律、趋于同质化。这种单调无趣的节奏化生活就是异化的生活。造成这一节奏化的异化生活的根源在于资产阶级和大众媒体的共谋。

(一)广告在符号消费产生过程中的作用

符号消费不再是单纯的物质商品,而在更大程度上表现为消费一种由广告等大众传媒所营造出的意向,消费越来越脱离具体的物质实物而走向对抽象的符号意涵的消费。而商品的符号意涵是可以任意定义的,也就是说不存在唯一的商品符号意涵,每个人都可以给特定的商品赋予其符号意涵,然而只有被大众所普遍接受的符号意涵才会产生广泛的社会作用,这就要借助于大众传媒的社会宣传。广告等大众传媒的作用究竟如何呢?它单单是起到诱导人们需求的作用呢,还是起到通过了解大众需求而如是客观地通过对新产品的广播来满足大

众的需求呢? 真相无疑是介乎两者之间的。① 不容否认的是,广告确实超越了其他宣传途径而成为生产者和消费者之间最重要的中介,并且广告通过销售各种商品塑造与霸占了我们的日常生活。"消费是生产的替代品,并随着强势的广告推销,消费的成比例增长就顺理成章了。"②电视、媒体、网络等大众传媒就在每个人的日常生活中时刻伴随着人们,具有很大的亲近感与影响力。基本上形成了家庭生活以电视为中心、工作生活以电脑为中心、休闲生活以商场为中心的日常生活模式,受到意向与符号的高密度与高强度轰炸。

广告试图通过一遍遍喊口号的方式来吸引消费者的时代已经过去了,如今广告是靠精妙的传播商品背后所代表的生活态度来吸引消费者的,例如:选择某一品牌就是选择幸福、选择某一商品就是选择自由或某一品牌才是你的专属配置等等。总之,不论何时何地总有广告会告知你怎样选择商品你才能生活得更好、以及你应该如何存在。你的生活已经被铺天盖地的广告设定好了,你所能做的就是在众多广告给予你的选择中进行选择。③"广告在文化工业时代的成功就在于就算消费者看穿了广告的目的但还是会被迫去购买和使用广告所宣传的商品。"④

(二)资产阶级在符号消费产生过程中的作用

"'消费社会'正是由拥有和掌控生产资料的阶级所掌控的"⑤,并且在符号消费盛行的社会,掌控生产资料的统治阶级可以通过大众传媒手段大量生产文化符号商品。文化符号商品生产比起实物商品生产具有很大程度的赢利优势,因为一旦文化符号商品得到大众的认可,人们就会为这一商品符号反复付费。以商品的品牌为例,商品的品牌就是一种符号,而商品的品牌价值是一种无形的文化资产。"这种图像与符号以最小的成本无休无止地自我复制,其重要性与具体有形的物质生产过程难分高低"⑥,甚至有凌驾于具体物质生产过程之上的趋势。

---

① Henri Lefebvre. Everyday Life in the Modern World[M]. London:The Penguin Press,1971:55.

② Henri Lefebvre. Everyday Life in the Modern World[M]. London:The Penguin Press,1971:91.

③ Henri Lefebvre. Everyday Life in the Modern World[M]. London:The Penguin Press,1971:107.

④ Kanishka Goonewardena, Stefan Kipfer, Richard Milgrom and Christian Schmid. Space, Difference,Everyday Life—Reading Henri Lefebvre[M]. New York and London:Routledge,Taylor and Francis Group,2008:120.

⑤ Henri Lefebvre. Introduction to Modernity—Twelve Preludes, September 1959-May 1961[M]. Translated by John Moore,Verso,London and New York:Routledge Press,1995:197.

⑥ 刘怀玉. 现代性的平庸与神奇——列斐伏尔日常生活批判哲学的文本学解读[M]. 北京:中央编译出版社,2006:263.

显而易见,能够有实力动用大众传媒的主体必然是统治阶级,因而对商品符号意涵的赋予权就自然落在了统治阶级的手中,进而统治阶级也就掌握了摆布大众进行商品消费的控制权。大众传媒与消费的结合致使传媒消费主义的盛行,"'传媒拜物教'已融合了'商品拜物教'的内在意义,并发展成为消费时代的新的异化现象"①。"媒体娱乐通常极令人愉快,而且声光与宏大的场面作用,诱使受众认同某些观念、态度、感受和立场等。消费文化提供一系列令人眼花缭乱的货物和服务,引导个人参与某种商品的满足体系。媒体和消费文化携手合作,制造出与现存的价值观、体制、信仰和实践相一致的思维和行为。"②大众传媒为了资本利益最大化,在诱导人们的虚假需求、追求物质消费上,发挥着宣传队的作用。"资本主义'挖空'了产品的真实意义,与此同时,广告就把自己的意义灌注进去,填满那些空壳。"③

二、列斐伏尔对三类符号消费的批判

列斐伏尔对符号消费的分析可以归纳为三种类型,分别是"实物商品"的符号消费、"时空商品"的符号消费和"文化商品"的符号消费。"实物商品"的符号消费,就是将实物商品看作符号来消费;"时空商品"的符号消费就是将时空变为商品化的符号进行消费;"文化商品"的符号消费就是将文化通过大众文化的商品化为符号进行消费。"实物商品"的符号化消费容易理解,因而以下只重点介绍"时空商品"的符号消费和"文化商品"的符号消费。

(一)"时空商品"的符号消费批判

在"消费受控制的官僚社会",商品比一切事物都来得盛行。"(社会)空间和(社会)时间都被交易所主导,成为市场的时间和空间;尽管时空是具有节奏的而非单纯的物质,但它们还是沦为商品。"④以列斐伏尔晚年提出的节奏分析来分析消费异化现象,我们可以看出消费异化在资本主义社会也是具有节奏的。在不同的时空条件下,消费异化的表现程度也是不尽相同的。时空不但是消费发生的时空,也成为消费的对象,也就是越要享受高品质的时空就越需要进行高消

①　蒋建国.消费时代的大众传媒与物欲症传播[J].马克思主义研究,2010(11):103.
②　道格拉斯·凯尔纳.媒体文化[M].丁宁译.北京:商务印书馆,2004:12.
③　苏塔·杰哈里.广告符码[M].马姗姗译.北京:中国人民大学出版社,2004:219.
④　Henri Lefebvre. Rhythmanalysis:Space,Time and Everyday Life[M].Translated by Stuart Elden and Gerald Moore. London and New York:Continuum,2004:6.

费。时间是有节奏的,有自然的白天黑夜、春夏秋冬的交替周期运转,也有人类社会工作、休闲、节日等的交替的线性重复,消费也利用了这一时间的节奏性来牟取暴利。例如每年的情人节,一系列的情人节商品、情人节烛光晚餐服务等消费都会比其他时间高出几倍到几十倍不等,其本质上就是资本家利用这一特定的时间而灌输人们对具有象征意义的时间进行高消费,人们消费的不再是商品物质或服务本身,而是难得的浪漫时间的符号文化意义。消费广告的投放也是根据时间节奏而具有节律的,"根据经验,商品资讯的生产者知道如何利用时间节奏。他们将时间分隔开来,他们将时间分隔成以小时计算的碎片"①。根据不同的时间段会有不同类型的商品广告投放,以达到吸引消费者消费的不同目的。掌握好时间节奏,资产阶级就能利用时间促进更多的消费,甚至通过制造节日时间将时间作为消费品直接出售。

人的生理需求是有节奏的,相应人的消费也是有节奏的。但在资本主义社会消费异化盛行的情况下,人自然的消费节奏却被由社会引导的消费节奏所替代。资产阶级可以利用甚至改变人们的消费节奏,通过广告、打折促销、消费狂欢等手段引导人们在特定的时间段集中消费。人们的消费行为被重新节奏化,这也是消费异化的一大表现。在消费被符号和节奏化所掌控的日常生活中,人们的消费行为处于盲目被牵着鼻子走的木偶状态。一般看来,在高档商业区与重大节日的时间段,人们的消费行为相较其他时空呈现明显的"井喷"现象。就时间来看,节假日相比工作日,傍晚相比清晨,不同的时间段人们的消费异化程度也存在区别。就空间来看,城市相比乡村、市中心相比市郊、大型商场相比住宅区,消费异化的程度是显然不同的。资产阶级还通过利用不同时间段与地域的打折促销活动控制着消费异化的节奏,消费节奏成为日常生活中资产阶级进行消费控制的手段。

空间也不能再被看作被动的空间,空间也同商品一样可以被交换和消费。② 人的一切活动都要在一定的空间中进行。在"消费受控制的官僚社会",甚至空间也被转化为一种商品。资本主义通过将空间纳入资本逻辑而商品化来化解内部矛盾,延缓资本主义社会的寿命。③ 空间的商品化开发使得资产阶级不但可以利用空间雇佣第三产业工人而实现剩余价值,还可以通过空间的商品化开拓

---

① Henri Lefebvre. Rhythmanalysis:Space,Time and Everyday Life[M]. Translated by Stuart Elden and Gerald Moore. London and New York:Continuum,2004:48.

② Henri Lefebvre. Key Writings [M]. Edited by Stuart Elden, Elizabeth Lebas and Eleonore Kofman. New York and London:Continuum Collection,2006:208.

③ Henri Lefebvre. La Revolution Urbaine[M]. Paris:Gallimard Press,1970:262.

销售市场从而实现利润。资本主义社会中的空间不仅是物质建筑环境,还是资本主义社会关系的产物,表现着资本主义社会关系的组织架构。空间的自然历史元素背后体现着政治的、意识形态的因素。在"消费被控制的官僚社会",日常生活空间也必然成为消费充溢的场所,空间成为可以被消费、被生产的商品符号。城市空间尤其成为资本主义消费的对象,依据资本增值逻辑需要而建造空间。空间的被生产就如同商品的被生产一样。城市空间成为消费的中心,消费空间占据了城市空间的中心地带,成为城市空间中的核心区域。

人不可能生活于真空之中,因而对空间的把持与商品化就成为消费异化的新型表现形式。空间总是有限的,具有紧缺性的特质,因而当空间环境变为可计量的商品后,通过科层化地控制和占据空间就对大众实行了有效的控制。同时,由于不同的消费环境和空间给人的消费体验是不尽相同的,因而消费环境与空间也成为现代人消费的内容。消费的环境与空间也是符号消费的一种形式,人们甚至对环境与空间符号的消费远远高出对商品实物的消费。"不同的消费场所从一开始就具有社会区隔与空间分化的功能,所谓消费场所的出入自由、平等只是消费社会的神话之一。"①

(二)"文化商品"的符号消费批判

"文化"(culture)也成为符号消费的对象,且不完全同于对其他商品的消费,它带有虚构的社会现实性。② 符号消费不仅仅体现在对具体物质的消费上,还体现在将文化包装成消费的对象,将文化贬低为大众文化这一商品进行买卖、进行消费。大众传媒与大众文化的合谋催生出文化的消费主义,将文化视为娱乐消费的幌子,通过文化的名义迎合与娱乐大众来拉动消费。消费社会中的大众传媒要生存与发展,必然推行消费主义的生存法则,满足消费社会中的利益导向,从而扩大传媒影响力而赢取更大的商业利润。娱乐和大众文化成为大众传媒推行消费主义的两大抓手,目的就是为了通过娱乐取悦受众、通过大众文化吸引受众,从而让受众在大众传媒的平台得到满足,自觉与不自觉地沉浸于消费的狂欢之中。

文化娱乐消费也是符号消费异化的一大表征。娱乐和消费本是两个独立的系统,娱乐并非一定要通过消费来实现,娱乐本是个人的事,可以表现为多种形式和内容,然而娱乐消费表现为娱乐就一定要消费,没有消费就没有娱乐,其实质上是利用娱乐之名来行消费之实。消费社会对文化娱乐消费的需求甚至盖过

① 吴宁.日常生活批判——列斐伏尔哲学思想研究[M].北京:人民出版社,2007:386.
② Henri Lefebvre. Everyday Life in the Modern World[M]. London:The Penguin Press,1971:108.

对商品消费的需求，为此，大众传媒不断推出可以被消费的文化符号，通过一个个文化符号的粉墨登场完成经济效益和社会效益的双赢。通过不同文化娱乐符号的排列组合就可以生产出不同含义的新型文化商品。美国学者杰姆逊在其《文化转向》中提出形象取代语言的文化转型趋势，认为"形象就是商品"，这印证了文化形象作为符号表征的商品化。文化工业化、娱乐化，在大众传媒不遗余力的推动下充当符号消费的开路先锋。在消费中，人不是根据自己的物质需要来挑选商品，而是根据社会的文化象征意义挑选符号。人的欲望是无限的，而人对具体的物的使用价值的需求是有限的，但物的文化符号价值却是无限的，可以满足人的欲望的无限性。

三、符号消费的后果批判

人们在资产阶级各种传播手段的咨询和符号文化的轮番轰炸中沦陷，被动接受了资产阶级意识形态符号并加以内化，成为丧失自我意识的资产阶级意识形态跟班。日常生活中的一切都被消费主义的意识形态所掌控，衣食住行、休闲娱乐等都被高度商业化了。在消费受控制的社会，消费者本身是被消费的，这一消费不是消费其作为自由劳动者的身体，不是消费其本身，而是消费其有限的生命时长。[①] 同时，符号消费还具有社会等级象征功能。通过符号消费，抽象化的社会阶层就可以通过符号的标识作用加以具象化，直观地展示人的社会地位与身份。

（一）符号消费是秉持资产阶级价值观的消费

人们日常生活中的消费行为不再是为了单纯获得商品的使用价值，而是为了获得商品的符号意义。"每种物体和产品都获得了双重性的存在，即可见的和假装的存在；凡能够被消费的都变成了消费的符号，消费者靠符号，靠灵巧和财富的符号、幸福和爱的符号为生；符号和意谓取代了现实，这就有了大量的替代物，大批的变形物，除了被旋转的令人发晕的漩涡所创造的幻觉外，什么也没有。"[②]"消费什么也创造不出来，甚至连消费者之间的联系也创造不出来，它只是消费；尽管在这所谓的消费社会中意义重大的消费行为只不过是孤立的行动而已，只是被镜像效应（mirror effect）所传导的行为，一种与其他消费者的镜像

---

① Henri Lefebvre. Everyday Life in the Modern World[M]. London: The Penguin Press, 1971:94.
② 吴宁. 日常生活批判——列斐伏尔哲学思想研究[M]. 北京：人民出版社，2007:108.

游戏"①,如同伊索寓言中那只模仿人丢帽子的猴子,在学样中成为被操控的对象。镜像效应中的人只知道同其他人一样不断消费,但他却不知道自己为什么要和别人一样不停地消费,他是被动的消费者,丧失了自主意识,成为只知模仿的"猴子",在模仿中确证自身。符号消费具有隐性统治功能。资产阶级通过符号消费可以在人们日常生活自然而然的消费中灌输资产阶级的价值观念与生活态度。

符号消费是抽象的消费,它把人们的注意力全部集中在消费抽象的文化意涵之中,而把对消费对象本身的具体经验感知遗弃了。人们真实的消费体验变得毫无社会意义,具有社会意义的只是符号。按照资本主义消费社会的价值标准,在消费的符号体系中处于低端的符号消费体验一定是低劣的,而处于符号消费体系高端的消费体验一定是美好的。个人事实上的具体感觉并不重要,重要的只是通过符号来抽象判定的结果。在符号消费盛行的消费社会,是一个具体经验退位、抽象象征当道的虚假的社会。人们可以通过追求高端的符号消费假装幸福、假装自由、假装身份,却丧失了具体真实的消费体验与快乐,忘掉了消费的真正价值与意义。消费的实质不是抽象的,而是具体的、主体的点滴的体验,不是在消费符号序列中消费高等级的符号就一定有高于消费符号序列中低等级的符号的更高体验,消费的具体体验是个体的,不是由社会的符号消费体系所提前排序和命定的。

(二)符号消费是社会新型阶层划分的标准

阶层是根据特定标准而划分的社会群体,根据不同的划分标准,阶层展现为不同的群体组成,例如马克思根据生产资料归谁所有,用阶级来划分社会群体;韦伯划分社会群体以经济、权力和声誉为标准;布劳和邓肯根据职业来划分社会群体。在人的依赖性社会,出身就直接决定了人与人之间的关系,而在当代社会,由于职业是个人安身立命的基础,因而学界主要是以职业为标准来划分社会阶层。社会阶层具有相对稳定性,要突破阶层边界进入另外的阶层是不容易的。当然人们试图冲破阶层,尤其是向上的阶层流动往往机会渺茫。就职业为标准的社会阶层划分来看,要进入其他阶层,就要改变自身的职业、提升自身的能力与素质,除了要付出艰辛的努力,还要配合机遇等不确定因素才会成功。以生产资料占有、经济、权力、声誉、职业为标准的阶层往往是很难突破其阶层边界的,因而表现出阶层固化的现象。但阶层固化是影响社会的稳定与正常运转的,长期处于底层的群体必然不满自身所处的地位而寻求上升通道,最终通过消费来

---

① Henri Lefebvre. Everyday Life in the Modern World[M]. London:The Penguin Press,1971:115.

建立新的身份认同与阶层认同成为消费社会到来的新突破。

　　一个人能消费得起哪个符号段位的商品，就自然位列哪一社会阶层。在消费中人们建立身份认同，找到自身的阶层归属。当消费成为划分阶层的标准后，进入某个阶层的标准就相对降低了，因为只要能消费自己所向往阶层的商品就会产生属于那个阶层的虚幻感。相比其他通过出生、工作等标准而划分阶层的条件，通过消费而进入相应阶层无疑是容易得多了。因此，人们为了试图融入更高的阶层，让自己更像那个阶层的人，就会追求更多更奢侈的消费以满足自身的虚荣与想象。通过消费来体现身份阶层的时代到来了。"每一物体和产品都获得了双重的存在，即可感知的和虚假的存在；所有可被消费的（物品）都变成消费的一种象征，消费者也靠这种象征，靠灵巧和富有的象征，靠幸福和爱的象征过活；符号和意义取代了现实，这种替代和转移不过是种眩晕扭曲的幻觉，除此之外毫无他意。"①消费物所暗含的符号价值将人们划分为不同的身份、地位与等级。通过观察个人所购买的商品所代表的符号价值，我们就可轻易将该个人定位到某一阶层，了解他的身份地位。符号消费的这一功能营造出一个虚假的世界，使人与人之间经由符号来彼此认识与交往。人与人之间的真实理性与情感交流被符号所掩盖，有的只是基于符号消费所表征的虚假交往。

【作者简介】　吕夏颖　浙江大学马克思主义学院国外马克思主义研究专业 2015 级博士研究生　浙江 杭州 310028

参考文献

[1] 刘怀玉.现代性的平庸与神奇——列斐伏尔日常生活批判哲学的文本学解读[M].北京：中央编译出版社，2006.

[2] 吴宁.日常生活批判——列斐伏尔哲学思想研究[M].北京：人民出版社，2007.

[3] 蒋建国.消费时代的大众传媒与物欲症传播[J].马克思主义研究，2010(11).

[4] [美]道格拉斯·凯尔纳.媒体文化[M].丁宁，译.北京：商务印书馆，2004.

[5] [美]苏塔·杰哈里.广告符码[M].马姗姗，译.北京：中国人民大学出版社，2004.

[6] Henri Lefebvre. La revolution Urbaine[M]. Paris：Gallimard Press，1970.

[7] Henri Lefebvre. Everyday Life in the Modern World [M]. London：The Penguin Press，1971

[8] Kanishka Goonewardena, Stefan Kipfer, Richard Milgrom and Christian Schmid. Space, Difference, Everyday Life—Reading Henri Lefebvre [M]. New York and London：Routledge，Taylor and Francis Group，2008.

---

① Henri Lefebvre. Everyday Life in the Modern World[]. London：The Penguin Press，1971：108.

浅议两法衔接机制的完善路径

——以涉税两法衔接机制为例

柳李星

【摘　要】　加强行政执法与刑事司法衔接——"两法衔接",是新时代中国特色社会主义法治建设中必须高度重视的重要课题和现实命题。本文在分析现实"两法衔接"存在的主要问题基础上从深化部门联动,清晰移送标准,规范工作程序,借力"互联网＋"促进信息共享等完善路径,以提升"两法衔接"机制的畅通性。

【关键词】　两法衔接　机制　完善路径

　　行政执法与刑事司法衔接——"两法衔接"是指行政机关将执法过程中发现的涉嫌犯罪案件依法移交给司法机关,司法机关将司法过程中发现的应予行政处罚的案件移交给行政机关的办案协作机制。加强"两法衔接"是新时代中国特色社会主义法治建设中必须高度重视的重要课题和现实命题。2001年以来,国务院、最高检、最高法等国家行政机关、司法机关相继出台了一系列促进两法衔接的相关法律法规规章,为两法衔接机制的建立和完善奠定了一定的法律基础。但是从实际情况来看,有案不移或难移、"以罚代刑"、推诿脱责等现象仍然存在,贬损了法治权威与政府的公信力。本文拟从涉税两法衔接机制的角度作出分析,并提出建议。

一、两法衔接机制建立过程中存在的问题

（一）规定模糊

《行政执法机关移送涉嫌犯罪案件的规定》第三条规定："行政执法机关在依法查处违法行为过程中，发现违法事实涉及的金额、违法事实的情节、违法事实造成的后果等，根据刑法关于破坏社会主义市场经济秩序罪、妨害社会管理秩序罪等规定和最高人民法院、最高人民检察院关于破坏社会主义市场经济秩序罪，妨害社会管理秩序罪等罪的司法解释以及最高人民检察院、公安部关于经济犯罪案件追诉标准等规定，涉嫌构成犯罪，依法需要追究刑事责任的，必须依照本规定向公安机关移送。"这一规定明确构成犯罪的应当移送，但是对构成犯罪的量化标准不具体，因此易导致移案方即行政机关与受案方即公安、司法机关认同不一。有些案件税务机关认为已达到了移送标准，却被公安机关退回。有些案件虽然性质严重，但税务机关认为未达移送标准而未办理移送。甚至出现税法规定了"构成犯罪的，依法追究刑事责任"的条款，而刑法却没有规定这个罪名的情形。比如《税收征管法》第七十一条规定："违反本法第二十二条规定，非法印制发票的……构成犯罪的，依法追究刑事责任。"而找遍《刑法》却没有"非法印制发票"的罪名。《刑法》第二百〇九条的规定是："伪造、擅自制造或者出售伪造、擅自制造的可以用于骗取出口退税、抵扣税款的其他发票的……伪造、擅自制造或者出售伪造、擅自制造的前款规定以外的其他发票的……"其罪名是"伪造、擅自制造发票或者出售伪造、擅自制造发票罪"。此类情形导致税务机关与公安机关各持己见，在实践中难以做到有效衔接。

（二）有案不移

行政机关有案不移这个现象仍然时有发生，比如税务机关有案不移主要表现为几种情形：一是不知移。少数税务执法人员只知税法不懂《刑法》，不明晰具体移送标准或没有认识到标本兼治的重要性。二是无力移。一些基层税务机关从事税收执法的人员少又承担着繁重的征管任务，导致在行政处罚之后即行结案。三是不想移。个别税务执法人员法治意识、执法风险意识薄弱，甚至办人情案，担心移送公安机关会被企业指责和怀恨。四是不敢移。税务行政执法法律允许的手段不多、刚性不强，在被查对象不配合的情况下，取证难、定性难，因此怕办案质量不过关而被退回。五是不让移。上级机关下达的一些考核指标盲目追求处罚率，导致基层为避免降低处罚率而宁可选择暂时不移或干脆就不移。

（三）有案难移

行政机关主观上想移但由于种种因素难以移送的现象也同样存在。就拿涉税案件为例，有这几种情况：一是某些地方领导或政府部门为招商引资或者追求GDP增长，以保护企业家为名明令暗指税务机关以罚代刑不让移，因权力干预导致公安、司法机关不立案、缓立案、慢查处、不起诉、不审理，或者重罪判轻罪、有罪判无罪等情形时有所闻；二是基层公检法机关人员少，懂税法的人员更少，或忙于群体案件或突发案件处置，或担心无法查结案件而无力无心接收涉税案件；三是税务机关对公安机关内部的管辖范围缺乏了解，涉税犯罪案件在公安机关分属经侦、刑侦等多个内部科室管辖，加之公安机关内部在审查环节就管辖范围还存在争议，造成了一定延误，致使移送反复甚至推诿，增加了案件移送的难度。有案难移的结果是迟迟不予立案；勉强立案而未及时安排侦查、起诉、审理。导致时过境迁，因证据得不到及时固定等原因而无法追究刑事责任，最终以公安作出不予立案或者撤案、检察作出不起诉决定、法院作出无罪判决或者免予刑罚决定等方式结案，又陷入恶性循环的泥潭。衔接不畅导致效率低下，挫伤了行政机关主动移送的积极性。

二、进一步完善两法衔接机制的对策

（一）加强教育培训，深化部门联动，提升两法衔接机制的主动性

行政机关工作人员对行政法律法规耳熟能详，但对刑法、刑诉法等知之甚少。公安机关等司法人员则恰恰相反。因此，要开展刑事法律知识培训，加强行政执法人员队伍建设，让行政执法人员了解什么案件应当移，如何移，移什么，全面掌握两法衔接的业务。要充分发挥公职律师及单位所聘任法律顾问的作用，建立犯罪案件移送前提交公职律师或单位法律顾问法制审核制度，避免发生因不了解涉罪必移的规定而"不知移"，因担心证据不规范、不充分而"不敢移"，因人员配备不足而"无力移"进而"以罚代刑"的渎职风险。要加强对公安、检察、法院等司法人员的行政业务知识培训，深化行政机关与公安、检察等司法机关的联动，每年定期共同举办两法衔接知识学习研讨班，建立税务机关与公安机关干部的定期挂职交流机制，扬长避短、相互促进，共同提高对两法衔接必要性重要性的思想认识，进一步清晰各自应当严格履行的法定职责，提高衔接两法的业务能力与水平。

(二)清晰移送标准，消除模糊地带，提升两法衔接机制的准确性

明确构成犯罪的标准，即移送标准。违法行为轻的是一般行政违法行为，重则构成刑事违法行为即犯罪。行政违法行为量变突破了一定的度就发生质变，转化为刑事违法行为，比如偷税金额的大小、偷税行为被处罚的次数、发票违法的份数多少及所开具的金额大小等都决定了是一般违法还是犯罪。根据我国现有法律，对一些行政违法和刑事犯罪的区分仍然不十分明晰。因此建议进一步加快立法、强化立法，细化行政法与刑法的对接标准，从而彻底解决具体案件的移送问题。在税收实体法与程序法的法律法规中应避免出现"构成犯罪的，依法追究刑事责任"这类大而无当的条文，对构成犯罪的行为明确援引刑法至条款项，从而消除歧义。修改行政法与刑法两者间指代同一而表述各异的法条，如《税收征管法》中的"非法印制发票"与《刑法》中的"擅自制造发票"，以便一线执法、司法人员更加正确理解法律法规的本义，在工作实践中能准确移送、受理涉税犯罪案件。

(三)规范工作程序，跟进配套制度，提升两法衔接机制的科学性

一是规范案件移送程序。程序明晰，移送才能高效。建立完善包括移送的条件、方式、期限、受案机关(公安、检察机关的内设部门)等方面内容的制度，以制度促规范、以规范提效率。二是合理设定制裁种类及行政处罚与刑事刑罚幅度，比如罚款与罚金、没收财产罚与没收财产刑、人身自由罚与自由刑的量罚、量刑差距。三是提高行政机关的取证水平，提升行政证据的地位。《刑事诉讼法》第五十二条第二款规定："行政机关在行政执法和查办案件过程中收集的物证、书证、视听资料、电子数据等证据材料，在刑事诉讼中可作为证据使用"，使得两法衔接之证据转化制度在法律层面得到正式认可。建议通过立法的方式明确在行政执法过程中收集的物证、书证、视听资料等实物证据，只要通过合法性审查，在司法中即予认可；对于证人证言、被害人陈述、被告人供述与辩解等言词证据，则应由司法机关重新取证。建立司法机关个案协助机制。行政机关邀请公安、司法机关指导协助取证时，公安、司法机关应予以积极支持。四是建立健全责任追究制度和激励引导制度。建立领导干部及权力机关干预个案移送备案制度，取消不合理的考核指标，剔除外在的、人为的干扰因素，建立起正向激励与反向负评有机结合的考核机制，消除"不敢移、不能移、不让移"的现象。

（四）借力"互联网＋"促进信息共享，提升两法衔接机制的畅通性

两法衔接的前提是要知案、知移。行政机关和公、检、法机关应通过建立联络室、信息共享平台等途径，共享案件线索与处理信息。通过信息互通共享，清楚对方的工作进程，全面掌握税务行政处罚与涉税犯罪案件司法查、诉、判的轨迹，杜绝以罚代刑的行政执法偏差与地方和部门保护主义对公平公正执法的干扰，提高行政执法的透明度和公信力，加大对涉税案的司法惩戒力度。同时，共享的信息要应用于工作实践。税警、税检双方或税警检三方联席会议应每半年召开一次，会议应以案件信息分析为主题，以信息应用为目的。联席会议在必要时可邀请监察机关参加，以便其发现税务机关及公安机关存在的衔接不协调问题，以专案调查，提出个案监督检察意见等方式促进两法衔接更加协调有效。

【作者简介】 柳李星 浙江警察学院 杭州 滨江 310053

参考文献

[1] 中华人民共和国行政诉讼法[M].北京：中国政法大学出版社，2017.

[2] 中共中央关于全面推进依法治国若干重大问题的决定[M].北京：人民出版社，2018.

[3] 丁勇.关于"两法衔接"工作的几点思考[J].新观察，2017(11).

[4] 上海市嘉定区人民检察院"两法衔接"课题组.社会管理创新语境下"两法衔接"工作机制研究[J].民主与法制，2018(2).

[5] 鲍永亚.浅析"两法衔接"工作机制的建立及完善[N].法制日报，2017-02-21(5).

[6] 莫子潇."两法衔接"法理思考与工作完善[N].东莞日报，2017-03-02(3).

美丽中国是美丽城市、美丽小镇和美丽乡村的统一

王卓卓

【摘　要】　作为未来生态文明建设的前进方向和根本目标,美丽中国的提出无疑提升了我国城市、小镇、乡村科学发展的理想目标,为城市、小镇和乡村指明了发展方向。本文通过分析美丽城市、美丽小镇和美丽乡村在建设美丽中国中的重要性及发展现状,指出在美丽中国的建设过程中,不仅要重视美丽城市的发展,更要充分发挥小镇、乡村的作用,使三者并驾齐驱,共建美丽中国,促进中华民族的永续发展。

【关键词】　美丽中国　美丽城市　美丽小镇　美丽乡村

自"美丽中国"概念提出,美丽城市、美丽小镇、美丽乡村的建设也进一步展开,越来越多的城市、小镇、乡村主动向"美丽"看齐。学术界也从不同的角度进行理论和实证研究,内容涉及美丽城市、美丽小镇、美丽乡村各自的内涵、重要性、道路探索等,但对三者在"美丽中国"中共同发挥作用的相关研究尚未涉及。探索美丽城市、美丽小镇、美丽乡村在美丽中国建设中的地位和协调发展,既有利于丰富美丽中国的内涵,又对推进绿色城镇化、建设美丽中国等具有实际意义,是建设美丽中国的必然途径。本文将美丽中国分为美丽城市、美丽小镇、美丽乡村三个组成部分,不只是依据行政级别,更是对三者各自在建设美丽中国中突出地位的重视。

一、美丽中国与美丽城市、美丽小镇、美丽乡村的关系

随着"美丽中国"的提出,"美丽"一词已不局限于美学的含义,而是蕴含了经济、政治、文化、生态、社会的复合内容。美丽中国的基本含义是:努力建设生态文明基础上的中国特色社会主义中国,即人与自然和谐的美好的中国,也是人与人关系达到和谐完美状态的中国。[①] 美丽中国为美丽城市、美丽小镇、美丽乡村的建设指引了前进的正确方向,而结合城市、小镇、乡村各自的功能、特征来看,三者也必须齐心协力,共同向着"美丽"的方向前进,才能推动美丽中国的进步。

1. 没有美丽城市就没有美丽中国

美丽城市是城市发展的正确方向。城市指直辖市、较大城市、地级市和县级市。[②] 中央城市工作会议中指出,城市是"火车头",要抓好这个"火车头",[③]城市的重要性不言而喻。然而,没有持续的动力,火车将无法稳步前行;没有正确的方向,火车将会偏离轨道。可见,要使"火车头"充分发挥它的功能,最重要的是源源不断的动力和对方向的正确掌控。对于城市发展来说,美丽城市是其正确的发展方向,美丽城市指可持续、高效率、充满活力和人性化的美好城市[④],只有向着这个方向发展,才能够解决城市发展面临的六大瓶颈。[⑤] 此外,作为美丽中国的重要组成部分,没有美丽城市就没有美丽中国,笔者将从城市的根本功能和地位来证明这一论断。

美丽城市将会使美丽中国绝大多数人口受益。尽管城市的功能越来越多样化,但其最根本的功能仍是居住和生活。[⑥] 近年来,多种城市发展模式如火山爆发般喷涌而出,除美丽城市外,还有低碳城市、绿色城市、生态城市等,美丽城市是比上述三种城市模式要求更高的理想城市模式,体现在美丽城市坚持以人为本为核心,强调使人能够在城市中过上美好生活。我国县级及以上城市总共有653 个,城市常住人口数量为 77116 万人,占总人口的 56.1%。[⑦] 如果我国 653

---

① 许瑛."美丽中国"的内涵、制约因素及实现途径[J].生态文明建设,2013(1):62-64.

② 刘冠生.城市、城镇、农村、乡村概念的理解与使用问题[J].山东理工大学学报,2005,21(1):56-57.

③ 白宇.中央城市工作会议在北京举行 习近平李克强作重要讲话 张德江俞正声刘云山王岐山张高丽出席会议 [N].人民日报,2015-12-23(01).

④ 方和荣.关于建设美丽城市的几点思考[J].厦门特区党校学报,2014(5):7-8.

⑤ 周子勋.我国城市发展转型亟待突破六大瓶颈[N].上海证券报,2016-02-23(02).

⑥ 林广.城市的基本功能是什么?——论刘易斯芒福德城市研究的遗产[J].都市文化研究,2014(2):30-38.

⑦ 来源于 2015 年国家统计局的统计数据.http://data.gov.cn/easyquery.htm? cn=col.

个城市均走上"美丽"之路,那么,我国56.1%的人口将会受益。

美丽城市是美丽中国发展的主要体现和晴雨表。城市,在一个地区乃至国家经济中居于支配地位,拥有更加优质的资源,它是经济社会发展的集中体现,最能体现国家的发展水平。美丽城市正如美丽中国的窗口,窥一斑而知全豹。作为美丽城市的先行区,杭州把打造"美丽杭州"作为发展战略部署,坚持"环境立市"①,目前在美丽杭州建设方面取得显著成效,成为2015年中国最美丽城市排名第一名、最具幸福感城市第二名,同时,还成为我国第二座"拥抱"G20的城市。美丽杭州的成功将会向世人展现美丽中国的成就。

2.没有美丽小镇就没有美丽中国

美丽小镇是小镇发展的理想目标。小镇,又称小城镇,泛指规模不及城市大,但具有城市的特征和功能,具有一定的地域面积和人口,为大部分从事非农业生产或服务的人群所集居的介于乡村与城市之间的社区,包括建制镇和其他相对发达的非建制镇。② 近年来,"小镇"一词的使用频率高于"小城镇",是因为要推动城镇化发展由外延扩张式向内涵提升式转变,③而美丽小镇正好顺应这一发展要求,它是当代中国新型城镇化道路的探索,美丽小镇既不走一味发展经济的老路,也不会盲目扩权、升格为城市④,能更加有效地提高小镇的发展质量。

美丽小镇的功能在建设美丽中国过程中更加凸显。从欧美发达国家来看,生活条件最好的、风景最优美的、多次被列为全球最佳居住环境的地方,一般都是小镇。⑤ 在我国,尽管小镇是一个使用频率较高的词汇,但是无论是理论工作者,还是实际工作者,往往模糊了它的界定或者对其缺乏重视,提及更多的是"城乡",而忽略了小镇。但这并不代表小镇的存在是没有意义的,相反,国务院《关于进一步推进户籍制度改革的意见》提出,到2020年努力实现1亿左右农业转移人口在城镇落户,而伴随城市人口膨胀的愈演愈烈,小镇原有的承载人口等一般功能就逐渐凸显出来,并被摆在重要位置,习近平总书记、李克强总理就曾在中央城镇化工作会议上指出,"衡量小城镇建设水平,最重要的是看宜居宜业宜游程度"。小镇自身的特点是分布广,⑥美丽小镇加快美丽中国的城乡一体化进程。美丽小镇是广大乡村通往城市的桥头堡,也是支撑城市发展的大厦基石,没

① "美丽杭州"建设实施纲要(2013—2020年)[N].杭州日报,2013-08-29(9).

② 刘冠生.城市、城镇、农村、乡村概念的理解与使用问题[J].山东理工大学学报,2005,21(1):56-57.

③ 中共中央国务院关于加快生态文明建设的意见[R].人民日报,2015-9-12(1).

④⑤ 王泠一."美丽小镇"建设的经验和思考——以上海枫泾镇为例[N].东方早报,2014-9-23(9).

⑥ 丁德章.在建设"美丽中国"背景下大力发展农村小城镇[J].行政管理改革,2013(1):18-22.

有美丽小镇,美丽中国只能是两极分化的美丽中国。通过建设遍布大中城市周边及广大农村地区的美丽小镇,可以在我国最广袤国土上进一步带动经济社会和生态文明的发展,直至实现建设"美丽中国"的目标。

3. 没有美丽乡村就没有美丽中国

美丽乡村是乡村发展的共同出路。乡村包括行政村和自然村,是指"以农业经济为主的"人口聚居地区。[①] 同美丽城市和美丽小镇一样,美丽乡村高度概括了未来乡村发展的方向。由国家标准起草组起草的《美丽乡村建设指南》中指出,美丽乡村是规划布局科学、村容整洁、生产发展、乡风文明、管理民主,且宜居、宜业的可持续发展的乡村。[②] 习近平总书记在舟山考察时谈道:美丽中国要靠美丽乡村打基础。作为农业部"美丽乡村"创建活动的形象大使,袁隆平也为其题词"没有美丽乡村,就没有美丽中国"。美丽乡村作为乡村未来的发展方向是毋庸置疑的。

美丽乡村是美丽中国的基本组成部分。乡村不仅是我国生产资料的重要来源,还拥有全国绝大部分的土地和人口。2009 年,我国乡村面积占全国领土总面积的 94.7%。2014 年,我国乡村约有 61866 万人,占国家总人口的 45.23%。同时,建设美丽中国的重点、难点在乡村。尽管我国城市化率超出了 50%,但较普遍的分析认为,由于流动人口数量的上升,我国的城市化率实际上只有 36%,即我国的名义城市化率与实际城市化率约存在 15% 的差距,乡村地域和乡村人口占了中国的绝大部分,因此,要实现十八大提出的美丽中国的奋斗目标,就必须加快美丽乡村建设的步伐。

在美丽中国的建设过程中,美丽乡村将会发挥无可比拟的作用。尽管就目前的发展阶段来看,乡村是我国发展的短板,但从美丽中国梦来看,国家富强离不开乡村富裕,民族振兴离不开农业发展,人民幸福离不开农民幸福。毛泽东也曾经讲到过:"农村是一片广阔的天地,在那里是大有作为的。"无论这句话的时代背景如何,但是确实是事实,不仅在革命时期如此,在和平年代亦是如此;不仅在国内如此,在国外亦是如此。"绿水青山,就是金山银山。"全国绝大多数的"绿水青山"存在于美丽乡村,美丽乡村的发展对美丽中国的发展至关重要。

---

① 刘冠生. 城市、城镇、农村、乡村概念的理解与使用问题[J]. 山东理工大学学报,2005,21(1):56-57.

② 转引自:中共中央宣传部. 科学发展观学习纲要[M]. 北京:学习出版社、人民出版社,2013:107.

二、美丽城市、美丽小镇、美丽乡村的发展现状

随着"美丽"从理论走向实践,美丽城市、美丽小镇、美丽乡村在数量和质量上各自都取得了一定成就,但三者之间却很少能实现共荣。就问题来看,美丽城市、美丽小镇、美丽乡村自身面临的问题尚自顾不暇,更不必说协调好三者之间的关系,在筑梦美丽中国的道路上并驾齐驱了。

1. 美丽城市的发展现状

2013 年 1 月,杭州率先提出建设美丽杭州,并制定《"美丽杭州"建设实施纲要(2013—2020 年)》,成为建设美丽城市的先行者,随后,成都、天津、深圳也陆续确立"美丽"方向。目前,我国 19 个正、副省级城市中,提出"美丽城市"建设目标的有 11 个:天津、上海、哈尔滨、沈阳、大连、青岛、南京、杭州、广州、深圳、西安,所占比重为 57.9%。中国城市竞争力研究会依照《GN 中国美丽城市评价指标体系》[①],对包括内地及港澳台在内的 296 个城市进行评估,2012—2015 年,有 52 个城市曾进入前 10 名,其中,青岛、大连三次入围前 10,杭州、深圳二次入围前 10。(见表 1)美丽杭州是美丽城市中当之无愧的典范,其建设的总体目标定位是:以实现山清水秀、天蓝地净、绿色低碳、宜居舒适、道法自然、幸福和谐为主要标志,建设生态美、生产美、生活美的"美丽杭州"。[②] 为了实现生态美,杭州始终保持保护与修复并重、规划与项目并举,用六条生态带串起杭州生态城,避免了城市连片发展而影响生态、景观和城市整体环境水平,目前,六条生态带已全部划入生态红线范围;为了实现生产美,实施"东优西进""腾笼换鸟"等战略,充分发挥资源优势,推进全市产业转型升级,2014 年,杭州市淘汰落后产能企业 698 家;为实现生活美,深化城市有机更新,完善绿色基础设施,传承优秀传统文化,杭州市专门制定了以"谁产生,谁付费"为原则的《杭州市城市生活垃圾管理办法》,截至 2014 年 7 月底,市区有 1447 个生活小区开展了垃圾分类,参与垃圾分类的家庭有 80 多万户,基本实现生活区垃圾分类全覆盖。

---

① 《GN 中国美丽城市评价指标体系》中美丽中国的评价指标为:规划设计美、基础设施美、建筑美、文明美、自然环境美和公众口碑美,自 2007 年沿用至今,该研究会已用这一指标对"中国最美丽城市"展开 9 次评价和排名。

② "美丽杭州"建设实施纲要(2013—2020 年)[N].杭州日报,2013-08-29(09).

表1　2012—2015年中国最美丽城市排行榜（前10名）

名次	2012年	2013年	2014年	2015年
1	大连	香港	深圳	杭州
2	南京	惠州	杭州	拉萨
3	银川	青岛	青岛	深圳
4	聊城	珠海	拉萨	青岛
5	咸阳	信阳	惠州	大连
6	泸州	牡丹江	烟台	银川
7	包头	徐州	珠海	惠州
8	普洱	聊城	昆明	哈尔滨
9	敦煌	肇庆	哈尔滨	信阳
10	常德	钦州	大连	烟台

资料来源：中国城市竞争力研究会

　　尽管美丽城市建设已经取得了非常可喜的成就，但美丽城市建设仍处于起步探索阶段，我国尚未形成一个真正意义上的美丽城市，因此，其建设过程中存在的问题也不容忽视。

　　未给予足够重视并制定长期规划。结合表1来看，我国每年最美丽城市的排名波动较大，2013年的前10名仍然保留在2015年前10名榜单上的美丽城市只有三个：惠州、青岛、信阳，而且这三者的排名也有一定变化。城市自身发展对此有一定影响，但最根本的是未能充分认识建设美丽城市的重要性，并制定长期建设规划。杭州在制定其规划的第二年就进入"中国最美丽城市"前10名，并在2015年获评第一。

　　未能协调好生态和经济的发展。一般而言，美丽城市的发展水平与经济的发展程度有直接关系，但将2014年"中国最美丽城市排行榜"与2014年"中国主要城市GDP排行榜"进行对比，发现"中国最美丽城市排行榜"前10名中仅有2个城市在"中国主要城市GDP排行榜"中出现，分别是深圳和杭州。由此可见，很多生态环境良好的城市未能充分利用这一优势资源来促进经济的发展。

　　未充分调动中小城市的积极性。我国288个地级市中，163个城市属于中小城市，占比为57.0%。361个县级市中，除个别发达城市的市区人口接近或略超过百万之外,多数市区人口在数万至数十万之间,属于中小城市规模。① 然而,2013—2015 年"中国最美丽城市排行榜"前十名城市中,中小城市所占比重仅为 6%,中小城市建设美丽城市的积极性未能被充分调动。(见图1)

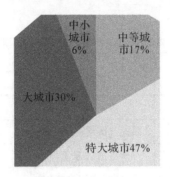

图 1　2012—2015 年"中国最美丽城市排行榜"前 10 名城市规模分布图
数据来源:中国城市竞争力研究会

2. 美丽小镇的发展现状

2013 年,上海市枫泾镇较早地提出建设美丽小镇,并在规划中制订了五大类指标:社会经济发展、环境质量、污染控制、生态建设、环境管理,对其他小镇的规划具有一定借鉴意义。目前还未统计出我国以建设美丽小镇为目标的城镇的具体数量和比重,但是美丽小镇的影响力逐年扩大。以"寻找'中国最美小镇'"活动为例,网上投票的人数由第一届的 1000 多万,到第二届的 2000 多万,再到第三届的 4000 多万,足以证明参与"中国最美小镇"评选的城镇在逐年增多。"寻找'中国最美小镇'"是由人民日报社、人民网主办的针对城镇的活动,目前已举办三届,该活动由活动小组通过实地采访、挖掘、网上投票和专家评审相结合的方式,最终评选出"十佳中国最美小镇"(见表2)。湖北省宜昌市邓村乡是首批 11 个"中国最美小镇"之一,也是首批命名的"中国名茶之乡"。据《三峡晚报》报道,2014 年,邓村乡茶叶总产值 4.8 亿元,预计 2015 年将达到 5.4 亿元,全乡群众 70% 的收入来自茶产业。② 一是离不开对生态环境的保护,早在 2005 年,邓村乡就进行了茶叶加工能源改造,避免因烧柴制茶而导致的森林破坏。同时,也离不开邓村乡对一切有利因素的充分调动:调动政府职能,对小镇进行规划和定位,打造景观茶园和休闲度假旅游区;调动企业积极性,发展茶产业,重视科技

① 中国中小城市科学发展评价指标体系研究课题组.2015 年中国中小城市科学发展评价指标体系研究成果发布[N].人民日报,2015-11-23.
② 邓村乡全力捍卫"中国名茶之乡"[N].荆楚网—三峡晚报,2015-03-20(T22).

投入,开发新产品;调动乡村的土地资源,按照新农村的标准对乡村进行整治;调动历史文化的影响力,深入挖掘和发扬茶文化;调动科技因素,采用生物防治和农业防治相结合的方法防治病虫害,"邓村绿茶"被国家绿色食品办公室批准为AA级绿色食品和有机茶。

表 2　2012—2014 年"中国最美小镇"排行榜

名次	2012 年 (排名不分先后)	2013 年	2014 年
1	广东省清溪镇	四川省万春镇	重庆市中山镇
2	江苏省同里镇	黑龙江省韩家园林业局	广东南口镇
3	山东省岱崮镇	浙江省龙泉上垟镇	浙江省分水镇
4	浙江省东沙镇	新疆大河沿子镇	河南省小浪底镇
5	重庆市龚滩古镇	广东省石排镇	安徽省鸦滩镇
6	山东省新城街道	山东省高唐县清平镇	浙江省百江镇
7	山东省大王镇	陕西省汉滨区流水镇	河南省息县濮公山管理区
8	江苏省锦溪镇	江苏省昆山周庄镇	浙江省郭吴镇
9	江苏省千灯镇	内蒙古多伦淖尔镇	福建省松溪镇
10	云南省倚象镇	贵州省西江千户苗寨	四川省三宝镇
11	湖北省邓村乡		

资料来源:人民网.http://ddkz.people.cn/nl/2015/0916/c433289-31868530.html

　　同美丽城市一样,我国美丽小镇的建设也还处于起步探索时期,发现并解决问题是促进美丽小镇快速发展的重要方式,我国美丽小镇的发展面临如下问题:

　　管理服务水平不高,接待能力较弱。目前,大多数美丽小镇在教育医疗、垃圾收运、污水处理等方面的市政设施已经建成或者已经纳入规划,但是美丽小镇的居住、生活水平与美丽城市相比,仍然存在较大差距,如:很少有大型综合超市,购物环境不佳,产品质量不高;社会治安状况不理想,安全感不强;市政设施不配套,管理粗放,容量不够;居民素质参差和自律意识不强等问题仍然突出。国务院《关于进一步推进户籍制度改革的意见》提出,到 2020 年努力实现 1 亿左右农业转移人口在城镇落户,加之人们需求的质化和多样,目前美丽小镇的管理服务水平还远远不够。

　　产业特色未能发掘,经济发展盲目跟风。一方面,很多小镇对自身的特色资源没有充分认识和开发,甚至是缺乏文化和历史遗产的保护理念;另一方面,即使地方认识到自身发展特色,但往往"心浮气躁",热衷于热门产业,"一哄而起、盲目跟风,几乎成为中国近几年各地发展中的普遍现象。"①随着航空产业园的成功,在规划主导者对产业发展阶段和规律认识不到位的情况下,至 2015 年,全国已有 150 个城镇申请建设,很多航空园规划跑偏。

地区发展不平衡,南北差异较大。就全国来看,南方美丽小镇建设的数量多于北方;就北方来看,美丽小镇的建设多集中于山东、河南。综合三届"中国最美小镇"的评选,"上榜者"中南北比例为 21∶10,且北方以山东、河南为主。究其原因,一是北方小镇对美丽小镇的建设还缺乏足够认识,很多小镇仍然依靠高排放的企业增加收入;二是北方多数小镇地理位置、生态环境等没有南方优越。

3. 美丽乡村的发展现状

2013 年中央 1 号文件首次提出,要推进农村生态文明建设,努力建设美丽乡村,同年 11 月,农业部公布了"全国美丽乡村创建试点乡村名单"②,数量达1100 之多,这些美丽乡村分别来自浙江、贵州、安徽、福建、广西、重庆、海南七个重点推进省市。自 2013 年起,CCTV7 农业节目主办、《美丽中国乡村行》栏目承办的"寻找中国最美乡村推介活动",从"自然生态美、生活幸福美、文化和谐美、创新引领美"四个方面,大力推介美丽乡村的建设典型,至 2015 年共推选出 30个中国最美乡村(见表 3)。2014 年 4 月 6 日,我国首个美丽乡村省级地方标准——《美丽乡村建设规范》正式实施,规范共有 11 个章节,主要框架分成基本要求、村庄建设、生态环境、经济发展、社会事业发展、社会精神文化建设、组织建设与常态化管理 7 个部分,涉及 36 个指标,确保美丽乡村建有方向、评有标准、管有办法。作为全国首批美丽宜居示范村庄、省级全面小康建设示范村、省级文明村等,高家堂村是安吉县第一个被评选为"中国最美乡村"的乡村。高家堂村的常住居民只有 400 多人,却迎来 20 多万人次/年的游客,营业收入 606 万元,单是全国各地的考察团就来了 246 批。2013 年高家堂村村民人均纯收入达21194 元,比国家统计局浙江调查总队公布的 2013 年浙江农村居民人均纯收入高出 5000 多元。高家庄村的收入主要来自生态旅游和笋竹产业,全村已形成竹产业生态、生态型观光型高效竹林基地、竹林鸡养殖规模。

---

① 乔润令.秦栏镇的产业歧途[J].中国投资,2014(8):74-75.

② 关于发挥一事一议财政奖补作用推动美丽乡村建设试点的通知[EB/OL],2013.7. http://marx. cssn. cn/mkszy/zgrxxh/201408/+20140806_1282031. shtml.

表3 2013—2015年"中国十大最美乡村"名单(排名不分先后)

序号	2013 年	2014 年	2015 年
1	江苏省张家港市永联村	山东省沂南县竹泉村	新疆阿勒泰禾木村
2	浙江省东阳市花园村	西藏自治区工布江达县错高村	内蒙古自治区西乌旗诺干宝力格嘎查
3	贵州省兴义市纳灰村	安徽省岳西县水畈村	云南省德宏州喊沙村
4	河南省洛阳市平乐村	辽宁省宽甸满族自治县河口村	陕西省兴平市李家坡村
5	山东省滕州市大宗村	新疆维吾尔自治区博湖县乌图阿热勒村	山东省沂南县常山庄村
6	甘肃省白银市龙湾村	四川省武胜县高洞村	重庆武隆县豹岩村
7	云南省腾冲县水碓村	福建省厦门市海沧区洪塘村	河北馆陶县寿东村
8	北京市房山区韩村河村	广东省珠海市斗门区南门村	四川省郫县青杠树村
9	安徽省黄山市黟县西递村	陕西省咸阳市袁家村	广东省江门市茶坑村
10	黑龙江省牡丹江市雪乡村	浙江省江山市大陈村	浙江省安吉县高家堂村

数据来源:《美丽中国乡村行》栏目专区—央视网

2015年,习近平在舟山考察时提到:美丽中国要靠美丽乡村打基础。[①] 然而,美丽乡村的建设不是一蹴而就的,目前的美丽乡村建设面临着一些困难和问题,需要引起各级政府重视并在实践中积极探索解决这些问题的方法。

污染源头不再单一,生产生活污染加重。与过去相比,农村人居生态环境发生了很大变化,不再源于单一的不当行为,而是逐渐演化为生活、生产不当行为的叠加。[②] 在生产行为方面表现为任意堆放及焚烧农作物的秸秆;任意排放规模化养殖的粪便、污水等等;在生活行为方面表现为农民任意堆放及排放生活垃圾、生活污水,生活垃圾、生活污水对生态环境造成的污染呈加重态势,成为农村生态环境问题不容忽视的一部分。

农业现代化面临困境,农业生产组织建设不规范。农业现代化面临的困境主要是农业基础设施不能适应其发展要求,农业机械越来越多,然而,由于缺乏

---

① http://politics.people.com.cn/n/2015/0527/c1024-27061142.html.
② 于法稳,李萍.美丽乡村建设中存在的问题及建议[J].江西社会科学,2014(9):224-225.

日常管护,田间道路、桥涵损毁日益严重。2014 年中央一号文件明确提出:"扶持发展新型农业经营主体。"但实际操作中存在两种现象:一是部分合作社的成立是为了套取国家政策资金,在农业生产中并没有发挥相应的作用;二是国家鼓励成立的千万元农机合作社,效果没有达到预期。①

文化建设缺乏吸引力,难以融入农民生活。尽管我国的乡村文化建设取得了很大成绩,但对照新农村建设的要求,仍存在不少的问题。一是文化落后使得农民失去自信;二是乡村的很多文化配套设施多形同虚设,没有发挥真正的作用;三是乡村文化活动缺乏吸引力;四是陈规陋习影响新农村建设的步伐。②

4.美丽中国的发展现状

尽管我国提出"美丽中国"的时间还不是很长,但这一概念很好地切合了我国当前发展阶段的需求,并取得了一定成就。首部《全球美丽国家发展报告》中,中国在全球 185 个国家中位列第 10 名。③(见表 4)在美丽中国的建设中,也涌现出一些集美丽城市、美丽小镇、美丽乡村共同发展的区域。作为全国统筹城乡综合配套改革试验区和中国生态文明价值城市,成都让人联想到城景相融、田园相连、山水相依的美丽意境。为实现 1.24 万平方公里版图内的发展共振与共荣,以中心城区为圆心,构建三个圈层,协调发展。成都统筹城乡产业结构调整,一圈以中心城区为主,"退二优三",发展现代服务业、商贸和都市性工业;二圈"优二进三",发展现代制造业和服务业;三圈以发展现代农业和旅游业为主。④在统筹基础设施建设方面,紧抓小镇和乡村基础设施的建设,目前,垃圾收运做到了"户集村收,镇运县除"。

表 4　2015 年度全球美丽国家排名

名次	1	2	3	4	5	6	7	8	9	10
国家名称	美国	德国	法国	俄罗斯	英国	加拿大	西班牙	意大利	澳大利亚	中国

数据来源:《全球美丽国家发展报告 2015》

重视美丽城市,轻视美丽小镇和美丽乡村。习近平曾提到全面建成小康社会,关键在于补齐"短板",建设美丽中国不仅需要补齐美丽乡村这个"短板",同

---

① 于法稳,李萍.美丽乡村建设中存在的问题及建议[J].江西社会科学,2014,(9):223-224.

② 2015 年农村文化建设调查报告[EB/OL].(2015-6-15)http://bg.yjbys.com/diaochabaogao/13053.html.

③ 2015 年 12 月 20 日,"全球美丽国家发展报告 2015——美丽国家理论探索、评价指数与发展战略"正式发布,中国学者首次在全球范围内提出美丽国家理论体系。

④ 王眉灵,王伶雅.政事:成都市"三个圈层"划分[N].成都日报,2011-02-09(3).

时还要发挥好美丽小镇的作用。中国农业大学中国农民问题研究所所长朱启臻指出:"在一些人看来,乡村是落后的,保护乡村就是保护落后。之所以有这样的认识,主要源于两个原因:一是长期以来二元社会结构,重视城市投入而轻视农村建设;二是一些人受工业思维和城市思维的影响,骨子里认为乡村必然被城市所取代。"①据统计,2000 年,中国还有 370 万个乡村,到 2010 年,中国乡村数量削减到约 260 万个,乡村的数量正在不断减少。而夹在城市和乡村之间的小镇更是像"中等生"一样没有受到足够重视。

我国经济下行,风险增加。从当前经济发展来看,我国经济发展面临"四座大山":一是内需不振,表现为产能过剩和结构失衡;二是金融风险,存在于股市、楼市、汇市、债市等;三是外需萎缩,体现在生产、新出口订单、进口量、采购量明显回落;四是外资撤离,由于我国劳动力成本、环境保护成本、资源能源成本提高及外资的超国民待遇消失,中国将面临第二轮失业潮。当然我们在看到中国困难的同时,更应该看到中国的希望,那就是新兴产业的增长,以"互联网+"为代表的电子商务、新能源、智能制造的增长正在崛起。

生态问题突出,环境污染加剧。尽管我国在"2015 年度全球美丽国家排名"中位居第 10,但是中国的美丽生态单项指数只有 37.51 分,单项排名第 85 位,与世界最高水平相差较大。全国平均 PM10(粒径小于等于 10 微米的颗粒物)为每立方米 82.436 微克,排名第 166 位。进入新世纪以来,我国面临着资源约束趋紧、环境污染严重、生态系统退化的严峻形势,人口大国、资源小国、环境贫国、生态弱国成为我国的基本国情。②

三、美丽中国是美丽城市、美丽小镇、
美丽乡村的协调发展

如果把美丽中国比作一株植物,那么,美丽城市是它的花朵,植物的花朵是最能展现植物美丽的部分,也是最吸引人的部分,美丽城市就像花朵一样,是美丽中国的重要体现;美丽乡村是它的绿叶,绿叶为植物汲取泥土中的养分,延续生命,美丽乡村就像绿叶一样,是美丽中国的基础部分;美丽小镇则是连接着花朵和绿叶的茎,茎将养分传送到植物的各个部分,美丽小镇就像茎一样,是美丽中国不可或缺的部分。可见,美丽中国的发展,不仅离不开美丽城市,更离不开

①　张海莺.重新审视乡村价值 留住美丽乡愁记忆——对话中国农业大学中国农民问题研究所所长朱启臻[EB/OL].http://www.crd.net.cn/2015-04/27/content_15493749.htm.2015.4-2016.4.

②　黄娟.生态文明与中国特色社会主义现代化[M].武汉:中国地质大学出版社,2014:13-14.

美丽乡村和美丽小镇,只有三者协调发展,才能共筑美丽中国梦。但从整体来看,美丽中国发展仍面临挑战。

美丽城市、美丽小镇、美丽乡村在规划中缺乏统筹,各自为战。尽管统筹城乡发展的体制机制在不断健全,但从整体来看,过去长期的"城乡分治"思想仍在部分决策者的脑海中根深蒂固;尽管《城乡规划法》得到了不断的完善,但仍然是城规划、镇规划、乡规划分开制定,缺乏共同准则。导致的结果是没有做到兼顾城市、小镇与乡村同步稳定的和谐发展,城镇乡发展呈现分离局面,尤其是城市和乡村存在极大差异,小镇和乡村成为城市经济发展的跳板,其间不但有收入差异,还表现在城市发展速度过快,在一体化的规划中明显与小镇、乡村的发展不和谐。

重视美丽城市、轻视美丽小镇和美丽乡村的现象较为普遍。习近平总书记在集体学习中指出,"规划不能再重城市轻农村"①,国家的确在给予乡村高度重视,然而重视仍然主要体现在部分高层领导人的思想和政策领域,在大多数实际的操作中,对小镇和乡村的重视还非常有限。截至 2015 年,中国城镇人口占总人口 55.88%,城镇人口和乡村人口数量相差较少,但城市、小镇、乡村的发展却相差甚远,以垃圾治理为例,城市的垃圾基本得到集中处理,而绝大多数乡村仍然是"垃圾靠风刮,污水靠蒸发"。此外,医疗保险、社会保障、金融信贷等方面的政策都有偏向城市的特点。

美丽城市、美丽小镇、美丽乡村在各自的建设中仍面临巨大挑战。上文中提到美丽城市、美丽小镇、美丽乡村各自发展仍然面临的问题,笔者认为,当前,美丽城市最重要的问题是让城市发展紧跟时代潮流;美丽小镇最重要的问题是寻找自身特色;美丽乡村发展的最重要问题是基础设施建设。当然,美丽城市、美丽小镇和美丽乡村还面临着一些共同问题,例如:地区发展不平衡、地区服务水平还有待提高等。

首先,各美其美,美美与共,变各自为战为协同作战。虽然一体化发展,但要各有特色。产业方面,城市发展服务业,小镇发展现代工业,乡村发展现代农业。要把工业和农业、城市和乡村作为一个整体统筹谋划,促进城乡在规划布局、要素配置、产业发展、公共服务、生态保护等方面相互融合和共同发展。这一问题主要贯穿于规划的制定、实施和督查环节,生产要素,土地资源,协调互补的产业体系,基础设施和公共服务设施在城乡间的统一合理配置和有效衔接。要统筹规划美丽城市、美丽小镇、美丽乡村。构建城镇乡覆盖的规划体系,既要避免城镇乡"一律化",又要避免"规划折腾",这就要求政府以前瞻性为原则,着力点是

---

① 中共中央政治局就健全城乡发展一体化体制机制进行第二十二次集体学习,习近平总书记主持并发表重要讲话[N].人民日报,2015-05-02(1).

通过建立城乡融合的体制机制,形成以工促农、以城带乡、工农互惠、城乡一体的新型工农城乡关系,目标是逐步实现城乡居民基本权益平等化、城乡公共服务均等化、城乡居民收入均衡化、城乡要素配置合理化,以及城乡产业发展融合化。①

其次,相互支持,相互促进,将理论转化为实践。对于美丽乡村,习近平同志在吉林调研时特别强调:"任何时候都不能忽视农业、不能忘记农民、不能淡漠农村。"并指出,"中国已经到了工业反哺农业的阶段"。② 反哺不仅要通过政府的政策来引导,还要将政策落到实处,可借鉴美日经验,用法制化手段落实工业反哺农业的各项政策措施。对于美丽小镇,一定程度上就像班级的中等学生,发展水平居中,较少被人们注意到它的重要性,它自己也易淡化自身的作用和功能,因此,可以扩大"美丽小镇"评选活动的影响力和国家支持力度,来激发小镇发展进步的积极性。

最后,相互渗透,共同为美丽中国的建设增光添彩。笔者认为,未来城市发展应当走在时代前列,通过信息技术手段,把美丽城市建设与信息技术相结合,将数字化城市作为城市建设的重要方面来促进美丽城市的建设,同时带动小镇和乡村的发展。依据《国家新型城镇化规划(2014—2020年)》中对小城镇的要求,美丽小镇也应当按照控制数量、提高质量、节约用地、体现特色的要求,推动美丽小镇发展与疏解大城市中心城区功能相结合,与特色产业发展相结合,与服务"三农"相结合。要更加重视美丽乡村,提升美丽乡村规划的管理水平,加强乡村基础设施和服务网络建设,加强乡村社会事业发展,未来乡村发展应考虑以城市和小镇为依托,建设服务型新乡村。

总之,美丽城市、美丽小镇、美丽乡村分别是城市、小镇、乡村发展的理想目标和正确方向;没有美丽城市、美丽小镇、美丽乡村中的任何一个,美丽中国都是不完整的;美丽城市、美丽小镇、美丽乡村应当统一规划、协调发展。同时,美丽中国建设战略要求高、系统性强,在各地轰轰烈烈启动美丽城市、美丽小镇、美丽乡村建设的潮流中,有两个重点问题需要集中研究:一是需要研究建立强有力的内在调控约束机制,避免流于戴帽子、贴标签的形式主义;二是因地制宜,全国各城市、小镇、乡村的自然环境、历史文化、发展状况等差异悬殊,需要具体分析。

(本文得到黄娟老师的悉心指导,特此鸣谢)

---

① 黄博阳.习近平:规划不能再重城市轻农村 [EB/OL]. http://news. xinhuanet. com/fortune/2015-05/02/c_127756628. htm.

② 人民日报社评.坚持农业农村优先发展总方针——贯彻落实好中央一号文件精神[N]. 人民日报,2019-03-02.

【作者简介】 王卓卓 浙江大学马克思主义学院硕士生 浙江 杭州 310028

参考文献

[1] 许瑛.“美丽中国”的内涵、制约因素及实现途径[J].生态文明建设,2013(1):62-64.

[2] 刘冠生.城市、城镇、农村、乡村概念的理解与使用问题[J].山东理工大学学报,2005,21(1):56-57.

[3] 白宇.中央城市工作会议在北京举行 习近平李克强作重要讲话 张德江俞正声刘云山王岐山张高丽出席会议[N].人民日报,2015-12-23(01).

[4] 方和荣.关于建设美丽城市的几点思考[J].厦门特区党校学报,2014(5):7-8.

[5] 周子勋.我国城市发展转型亟待突破六大瓶颈[N].上海证券报,2016-02-23.

[6] 林广.城市的基本功能是什么?——论刘易斯芒福德城市研究的遗产[J].都市文化研究,2014(2):30-38.

[7] “美丽杭州”建设实施纲要(2013—2020年)[N].杭州日报,2013-08-29(09).

[8] 中共中央国务院关于加快生态文明建设的意见[R].2015.

[9] 王泠一.“美丽小镇”建设的经验和思考——以上海枫泾镇为例[N].东方早报,2014-09-23(009).

[10] 丁德章.在建设“美丽中国”背景下大力发展农村小城镇[J].行政管理改革,2013(1):18-22.

[11] 中共中央宣传部.科学发展观学习纲要[M].北京:学习出版社、人民出版社,2013.

[12] 中国中小城市科学发展评价指标体系研究课题组.2015年中国中小城市科学发展评价指标体系研究成果发布[N].人民日报,2015-11-23.

[13] 邓村乡全力捍卫“中国名茶之乡”[N].荆楚网—三峡晚报,2015-03-20(T22).

[14] 乔润令.秦栏镇的产业歧途[J].中国投资,2014(8):74-75.

[15] 关于发挥一事一议财政奖补作用推动美丽乡村建设试点的通知.2013-07.

[16] 于法稳,李萍.美丽乡村建设中存在的问题及建议[J].江西社会科学,2014(9):224-225.

[17] 2015年农村文化建设调查报告[EB/OL].(2015-6-15)http://bg.yjbys.com/diaochabaogao/13053.html.

[18] 王眉灵,王伶雅.政事:成都市“三个圈层”划分[N].成都日报,2011-02-09.

[19] 张海莺.重新审视乡村价值 留住美丽乡愁记忆——对话中国农业大学中国农民问题研究所所长朱启臻[EB/OL].http://www.crd.net.cn/2015-04/27/content_15493749.Htm.2015.4-2016.4.

[20] 黄娟.生态文明与中国特色社会主义现代化[M].武汉:中国地质大学出版社,2014:13-14.

[21] 黄博阳.习近平:规划不能再重城市轻农村[EB/OL].http:news.xinhuanet.com/fortune/2015-05/02/c 127756628.

[22] 国家新型城镇化规划(2014—2020年).2014.

环境群体性事件中基层政府决策行为博弈分析

——基于杭州市中泰垃圾焚烧场事件

林 威

【摘　要】 基层政府是与环境群体性事件中的冲突民众直接接触的政府部门,其决策行为对解决群体性事件有重要意义。本文以基层政府决策行为为研究对象,运用福柯的权力关系理论剖析了杭州中泰垃圾焚烧场事件中多方博弈过程,并重点对博弈中基层政府决策失灵原因进行分析。结果表明,在环境群体性事件中,基层政府应"完善上下级监督、尊重汲取民意、协调多方利益",达到基层政府决策合理化的目的。

【关键词】 环境群体性事件　基层政府　政府决策　博弈论

近年来,由于发展方式的粗放型,我国经济增长与生态环境的矛盾不断凸显,环境群体性事件已从偶发变为频发状态,成为影响构建社会主义和谐社会的突出问题。基层政府作为党和国家在基层各项工作的落脚点,在环境群体性事件的应对中,其行政决策行为直接影响到人民群众,决策合理性与否直接关系到群众对整个政府系统的信赖程度。由于群体性事件涉及多方利益主体,基层政府在决策时往往处于一个多难抉择的境地:既要贯彻好上级的政策命令,又要迎合民众的利益要求,还需考虑与相关企业利益纠纷。如何协调处理好三者的关系,是基层政府决策伦理与决策行为的难点。本文将从博弈论的角度来分析环境群体性事件中各方利益主体诉求,分析此类事件中政府决策的行为导向,对当前我国环境群体性事件中基层政府决策行为问题与解决提出探索性建议,提高基层政府应对能力和行政效率,才能符合全面构建小康社会的宏伟目标。

一、我国环境群体性事件背景与现状

环境群体性事件是群体性突发事件的一个分支,是指因环境矛盾而引发的由部分民众参与并以集体上访、阻塞交通、围堵党政机关等方式,对企业和政府造成影响,达到维护自己因环境问题而受到侵害的合法权益,具有一定的地域性、规模性、可预见性、反复性和危害性的群体行为。

自 1996 年以来,这类事件以 29% 的年增速困扰我国。从深层次原因上讲,这些环境群体性事件的出现,很大程度上在于政府在公共政策制定中没有有效地考虑到利益主体之间的博弈,即政府为了地方经济发展,一味地保护企业群体的利益,而忽视了社会大众和其他社会组织的利益诉求,使得许多矛盾逐渐升级,出现了不少的问题,最终酿成暴力群体性事件。因此在应对化解环境群体性事件上,政府决策行为,尤其是基层政府的决策行为是否基于利益主体利益博弈结果显得尤为重要。

二、杭州余杭中泰垃圾焚烧场事件
基层政府决策博弈分析

(一)事件介绍

2014 年 4 月 23 日,浙江省环境保护厅称,浙江省环境保护科学设计研究院没有对杭州市环境集团有限公司、杭州热电集团有限公司和杭州市路桥有限公司共同投资建设的"杭州九峰垃圾焚烧发电工程"项目做过环境评估,引发群众不满。2014 年 5 月 10 日,杭州城西发生了小部分聚集人员封堵杭徽高速公路及 02 省道,并出现打砸车辆、围攻殴打执法管理人员等违法情况,有多名民警、辅警、群众不同程度受伤,现场数辆警车被掀翻。公安干警在处置过程中始终保持克制,以劝说和疏通为主。直至 2014 年 5 月 11 日凌晨零时许,现场秩序基本恢复正常。

(二)"中泰垃圾焚烧群体性事件"基层政府决策行为梳理

目前,学术界普遍认可将群体性事件的发展过程划分为四个阶段:萌芽阶段、显露阶段、发展阶段和激化阶段。① 本文将根据四阶段特征,对余杭垃圾焚烧事件中政府决策行为进行梳理,如表 1 所示。②

表 1　"中泰垃圾焚烧事件"各阶段政府决策行为汇总表

群体性事件阶段	阶段表现	政府决策行为
事件萌芽期(4 月 20 日—4 月 24 日)	4 月 20 日,当地居民得知建垃圾焚烧厂的消息。4 月 24 日,群众代表向杭州市规划局提交了一份 2 万多人反对九峰垃圾焚烧发电厂的联合签名。	在该阶段,政府主要以回应解释为主,尚无重大决策行为,余杭基层政府行为较消极。浙江省环保厅、杭州市环保局以及九峰公司对媒体与群众质疑均未作出正面回应。
事件显露期(4 月 25 日—5 月 6 日)	由于迟迟得不到官方的正面回应,从 4 月下旬开始,每天都有一些群众聚集到中泰街道办事处的院子中表达抗议,涉及群体利益的社会矛盾开始发作。	该阶段余杭区基层政府仍未进行实质性决策,仅于 4 月 28 日在其政府门户网站发文《杭州为何要新建垃圾焚烧厂 请市民提出建议参与监督》,表示欢迎市民进行监督。
事件发展期(5 月 7 日—5 月 9 日)	5 月 7 日,群众发现有人向规划场所运送勘探设备,激起群众更大不满,导致近千村民聚集。5 月 8 日上午,村民们堵在高速公路桥下不让机器进入。5 月 9 日下午,村民们涌到了高架桥上,导致高速公路被堵。	5 月 9 日,余杭区委、区政府发布《关于九峰环境能源项目的通告》③,明确了"在没有履行完法定程序和征得大家理解支持的情况下一定不开工,九峰矿区停止一切与项目有关的作业活动"。
事件激化期(5 月 10 日—5 月 12 日)	5 月 10 日,特警来到中泰地区,晚上 7 点 23 分左右,现场村民与特警发生大规模冲突。事件于 11 日凌晨得到平息。	5 月 11 日下午,杭州市召开新闻发布会,通报"5·10 事件"情况;余杭区政府方面称,该项目在没有履行完法定程序和征得大家理解支持的情况下,一定不开工。④

---

① 刘德海.群体性突发事件中政府机会主义行为的演化博弈分析[J].中国管理科学,2010(18),175-183.

② 陈辉.公共环境事件中的信息公开与诉求回应——杭州"中泰九峰垃圾焚烧厂事件"再解读[J].环境保护,2014(23):5-55.

③ 余杭政府网.杭州为何要新建垃圾焚烧厂,请市民提出建议参与监督[EB/OL].[2014-04-28].http://www.yuhang.gov.cnggfwshenghuo/tishi/201404/t20140428_928261.html.

④ 搜狐网.杭州召开垃圾处置专家媒体沟通会[EB/OL].[2014-05-10].http://news.sohu.com/20140510/n399395645.shtml.

(三)事件参与主体利益博弈分析

1. 项目落位中各方利益得失分析

村民群众、上级政府(杭州市政府)、基层政府(余杭区政府)、企业这四方在中泰垃圾焚烧项目的落位中可能获得或者失去的利益各异,而各自不同的利益又决定了其不同的态度和行为表现。

(1)村民群众的利益得失分析

在中泰垃圾焚烧项目落位中,村民可能获得的利益是:一方面是生活垃圾处置较便利,垃圾焚烧厂建立可以减少垃圾填埋,一定程度有利于垃圾合理处置与水资源土地资源保护;此外,随着垃圾焚烧厂引入建立,带动锦江能源周边建筑设施发展,可能会带来居民搬迁与物质补偿。

村民可能面临的威胁是:第一点是村民健康可能遭受损失。该项目毗邻众多水源地,垃圾焚烧将带来一定水源污染,威胁居民生活用水安全。第二点是影响生态农业与经济发展。苗圃产业作为村民的主要产业,近年来很多企业都看重这里的生态环境,欲进行投资。但如今,受垃圾焚烧厂项目影响,环境受到一定污染,将打击相关企业投资积极性,减少村民收益。

(2)上级政府利益得失分析

在垃圾焚烧厂项目落位中,上级政府可能获得的利益是:一方面,有利于缓解市内垃圾处置问题。近年来,杭州市区垃圾年增长率在10%上下,2013年杭州市区生活垃圾处理量达308万吨,日均8456吨。建立新的垃圾焚烧厂可以带来垃圾分流,缓解垃圾处置压力。另一方面,可改善杭州垃圾处置区位不均衡状态,促进城市合理规划,杭州市垃圾处置分成"东西南北中"五区块,目前,西部片区只有一家垃圾焚烧厂,但由于建设时间较早,城西人口数量与日俱增,现在已处于超负荷状态,急需新建一个新的垃圾厂。

上级政府可能面临的威胁是:一是政府形象受损。由于政府在水源地建立垃圾焚烧项目,将在网络环境中承受巨大舆论压力,政府形象可能受到负面影响;二是社会稳定程度降低,政府执意执行垃圾焚烧厂项目,会导致周边民众不满,政府的公信力将会缺失,增加社会不稳定因素。

(3)基层政府利益得失分析

基层政府利益与上级政府基本相似,主要体现在环保层面上。在垃圾焚烧厂项目落位中,基层政府可能获得的利益是:减少当地垃圾填埋现象,推动当地环保项目建设;上级政府与企业会予以一定补贴资助。

基层政府可能面临的威胁是:首先,当地经济受到一定影响。项目引入将打击当地生态农业发展,不利于当地经济发展。其次,基层维稳压力增大。垃圾焚烧厂的建立,势必会引起当地村民的强烈反响,基层政府在面对群众反对时需要在社会维稳上加大投入,压力较大。最后,在执行上级政府命令时,处理不当将不利于上下级关系和谐。

(4)企业利益得失分析

在垃圾焚烧厂项目落位中,相关企业可能获得的利益是:一方面,项目投资获得利益,项目投资将会为企业增加利润,同时提高竞争力;另一方面,可提升企业地位。垃圾处置相关系统建设迫在眉睫,九峰垃圾焚烧厂如能真的建立,有助于提升企业本身的地位。

同时,相关企业可能面临的威胁是:首先,可能导致企业社会舆论口碑变差,不利于其后续发展;其次,企业的发展环境恶劣,继续垃圾焚烧项目的实施,将会引起附近村落的抗议或者游行,社会负面威胁巨大。

2.博弈过程分析——从权力博弈角度

在各方利益得失分析的基础上,本文依照福柯的权力关系理论,从权力博弈的视角对中泰垃圾焚烧厂群体性事件发生的原因作进一步分析,对基层政府决策与治理给出一定依据与参考。[①]

此次事件中,权力关系涉及主体以及主体之间的权力关系主要有六种,如图1所示。接下来,本文将对与基层政府相关的三种关系进行分析。

(1)政府和企业的关系是利益互惠的。根据前文探讨的项目落位中可能带来的利益得失,在垃圾焚烧项目的落位实施中,二者皆可得到相应的利益。

(2)基层政府很大程度上只传达上级政府命令,因此上级政府与基层政府的关系也是一种上下级关系,在面对村民的抗议时,基层政府夹在政府与村民之间,态度为难,其既是代表基层民众的组织,又在政府统治地位的笼罩下,才造成了基层政府的无作为。在此次事件中,余杭基层政府决策很大程度受上级政府限制,无法及时决策缓解群众矛盾,终究引发群体性事件。

(3)基层政府是表达村民民意的机构,是全体村民意志的体现,承担着有效管理、教育、服务村民的义务。在很多事务上,基层政府有预先行动的权力。纵观此事件,基层政府没有提供任何实质性的服务,基层政府是村民最直接表达民意的对象,但村民的表达始终没有得到回应,才无奈选择在垃圾焚烧项目将建之际进行示威抗议,事情爆发前夕,基层政府方才给出《关于九峰环境能源项目的通告》,说明项目未来走向,可为时已晚。

---

① 普胤杰,龙水秀.环境群体性事件博弈中的地方政府策略研究——从纳什均衡到帕累托最优[J].广西师范学院学报(哲学社会科学版),2015(36):99.

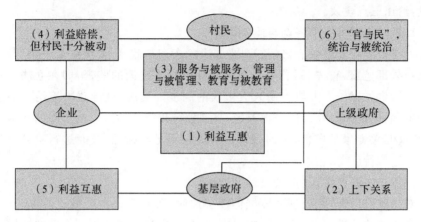

图 1　权力关系主体分析

3.博弈分析结论

环境群体性事件的发生,意味着政府与居民之间出现零和博弈。根据以上分析,在此次垃圾焚烧事件中,从基层政府和村民权力关系的角度来看,没有在博弈中实现合作的理由在于权力关系失衡:一方面,基层政府作为权力关系中的支配者,需要维护自己道德的正当性。但是在此次事件中,基层政府受企业与上级政府影响,未及时进行项目环境评测便进行开工,失去了其道德正当性。另一方面,政府在实现从博弈到合作过程中没有运用好决策沟通,使政府和民众之间无法达成良好的合作关系。

三、环境群体性事件中基层政府合理决策建议

(一)基层政府决策行为失范与原因

杭州垃圾焚烧厂事件是一起典型的环境群体性事件,反映了上下级政府、企业、民众四方围绕垃圾焚烧厂项目的建设展开的博弈。根据权力博弈分析发现,因为基层政府作为权力关系中占支配地位的一方未能维护自身的道德正当性以及未能有效运用决策沟通和策略,政府与民众间的良性互动没有形成,两者间的博弈没有朝合作的方向发展。

(二)基层政府决策行为合理化建议与对策

针对群体性事件中基层政府决策失范的问题,本文分别从上级政府与基层政府之间、公民与基层政府之间、企业与基层政府之间三方面利益权力关系角度

出发,给出三点建议。

1.进一步完善决策咨询与监督体系

上级政府与基层政府之间需要加强决策咨询与监督,防止决策失灵与延误。要加强外部监督,首先,强化权力机关对行政机关决策的监督,即在立法上确定重大决策事先报告人大或者由人大审议的制度。其次,将行政决策纳入司法审查的范围,即扩大行政诉讼受案范围,将抽象行政行为纳入司法审查的轨道。最后,重视相关专家的监督,及时发现原有决策不足与疏漏,及时进行决策更正制定与下达执行。

2.促进协商民主,注重公民意见表达

对于政府而言,在处理环境群体性事件时,政府应该做好危机管理,处理好与公众媒体的关系,及时作出回应与决策,政府应当思考开创疏导型的群体性事件处理方式,而非使用堵压式的维稳手段。首先,应尊重公民的政治参与权利,切实保障公民的知情权、参与权、监督权。其次,政府应该加强网络舆论监督,善于运用媒体与民众进行交流互动。最后,政府应该加快建设服务型政府的步伐,注重公民意见在决策中的体现,政府只有为民解忧,才能提升公信力,更有效地维护社会稳定和促进经济建设。

3.协调多方利益,促进科学发展

在处理与企业的关系上,基层政府应牢记科学发展观总背景,与企业进行协商,对于排放污染大的企业进行治理。政府与企业协商时,应促进企业自身责任感的建立,增加其在环保资金上的投入,并为企业与民众的交流提供平台,公布关系民众生命健康权的相关信息,加强社会对企业项目实施的有效监督,缓解企业与民众的紧张关系,协调好企业、民众之间的利益关系,促进科学发展。

四、结　语

综上所述,多方利益博弈产生冲突尤其是民众利益诉求无法得到及时回应化解,是环境群体性事件恶化的主要原因。基层政府应积极协调好与上级政府、企业、村民的利益关系,更应在环境群体性事件中进行反思,面对自身决策失范问题,纠正错误,吸取教训,完善民主监督,充分民主协商,拓宽信息收集渠道,促进社会矛盾在一定框架内得到有效解决,从而推动社会经济生态的可持续发展。

【作者简介】　林　威　浙江大学马克思主义学院思想政治教育专业 2017 级硕士研究生　浙江 杭州 310028

参考文献

[1] 刘德海.群体性突发事件中政府机会主义行为的演化博弈分析[J].中国管理科学,2010 (18).

[2] 陈辉.公共环境事件中的信息公开与诉求回应——杭州"中泰九峰垃圾焚烧厂事件"再解读[J].环境保护,2014(23).

[3] 余杭政府网.杭州为何要新建垃圾焚烧厂,请市民提出建议参与监督[EB/OL].[2014-04-28].http://www.yuhang.gov.cn/ggfw/shenghuo/tishi/201404/t20140428_928261.html.

[4] 搜狐网.杭州召开垃圾处置专家媒体沟通会[EB/OL].[2014-05-10].http://news.sohu.com/20140510/n399395645.shtml.

[5] 普胤杰,龙水秀.环境群体性事件博弈中的地方政府策略研究——从纳什均衡到帕累托最优[J].广西师范学院学报(哲学社会科学版),2015(36).

[6] 张新光.乡镇基层政府决策的特点与作用[J].当代社科视野,2008(3).

[7] 谢百帅.政府监管下群体性突发事件的演化博弈分析与研究[D].广州:华南理工大学,2013.

[8] 黄杜.博弈论视角下的群体性事件研究[D].长沙:湖南师范大学,2010.

[9] 夏书章.现代公共管理概论[M].长春:长春出版社,2000,102.

高校学生社团运作阻力及其对策探究

——以重庆某大学为例

刘华章

【摘　要】　学生社团不断发展,有利于丰富学生校园生活、培养学生的相关能力,已经成为校园文化不可忽视的一股力量。为了适应新的时代背景,适应学生发展的需要,通过对高校学生社团发展现状全面考察和对高校学生社团运作阻力及其原因深入分析,得出管理指导不足,学生干部素养有待提高,部分学生社员茫然的结论。为此,必须加强社团骨干培育、提升社团活动实效等有针对性的对策建议,以更好地发挥高校学生社团在繁荣校园文化中的作用。

【关键词】　高校学生社团　运作　阻力　对策

高校学生社团是指在校大学生基于共同的兴趣、爱好、志向等因素自发形成的学生群众团体,是校园文化的重要组成部分。[①] 高校学生社团是在实践中对课堂教学的补充和延伸,发挥着课堂教学所不能起到的作用,对实施素质教育、繁荣校园文化、加强高校学生思想政治教育、推进大学生服务社会功能都具有积极的促进作用。随着我国改革开放的不断深入,高校学生社团在繁荣校园文化、促进大学生健康成长、促进大学校园安全等方面正发挥着越来越重要的社会功

---

①　沈晓华.学生社团在高校大学生思想政治教育中的作用探析[D].郑州:河南大学,2006.

能。与此同时,高校学生社团在发展中也出现了活动形式化、学生参与浅表化等诸多问题,影响了其健康发展。有鉴于此,笔者结合自身在高校学生社团活动中的亲身实践,通过对高校学生社团发展历史和现状的全面考察,在对高校学生社团运行中的阻力及其原因进行深入分析的基础上,提出了促进高校学生社团良性运作的对策建议,以期充分发挥高校学生社团在繁荣校园文化、提升学生素质、增进校园和谐中的作用。

一、高校学生社团的发展现状

高校学生社团作为大学生以相近或相同的志趣、特长而自发形成的一种学生团体,在不同的历史时期担负着不同的历史使命,所体现的社会功能也差异显著。新中国成立之后,高校学生社团主要承担着建设国家、服务社会的历史使命。

21世纪以来,高校学生社团快速发展,社团数量不断增长,社团类型也不断丰富,大致分为学术、文化娱乐、综合服务三大类型。在学校相关部门的支持和管理下,社团运作日益规范化。学生社团日趋开放,活动种类繁多,方式灵活多样,成员流动性大,跨专业、跨系科等。同时社团联合的趋势日益明显,出现了高校内的社团联合会和国内高校间的社团联盟;在服务性质上由互益型组织向互益和社会公益结合型组织转化;新型社团形式的出现,比如网络社团等学生社团不仅在校园文化建设方面作用凸显,而且在社会公益服务、参与社会建设、支持新农村建设方面发挥了重要的作用。

然而,近年来随着高校学生社团在数量和规模上迅猛发展,其发展呈现出参差不齐的现象。发展较好的高校学生社团,有严密的规章制度、完整的组织管理机构、充裕的活动资金以及专业的指导老师,其发展空间和潜力较大。由于其活动内容丰富多彩,紧扣大学生生活,贴近时代主题,学生参与率非常高,因而能够体现学校主流文化的发展方向,从而对高校学生的教育和素质培养起到积极、正面的影响作用。但从总体来看,此类学生社团的数量和规模还有待进一步提高。而发展较差的高校学生社团,大多是学生一时兴起组成,没有专业的指导老师和社团负责人,管理不严密、制度不完善,同时高校相关部门对此重视力度不够,缺乏物质、资金的支持,组织开展的活动质量不高,创新性不强,吸引力不够,所以不能在学生中形成一定的影响,没能起到社团相应的功能,此类社团存续与发展都面临着诸多的困境。

以重庆某大学为例,该大学目前共有105个学生社团,从社团的发展定位和主要活动类型来看可大致将它们分为理论研究、科学制作、体育活动、社会公益和文化艺术五大类型。各类学生社团均在校团委指导下,由学生会社团部组织和管理。2012年6月,该校成立了学生社团联合会这一引导全校学生开展自我教育、自我管理和自我服务的群众性联合组织,以承担以前校学生会社团部的相关职能,并对校内各类学生社团开展联合、协调、管理和服务等工作。社团联合会的最高组织机构是主席团,下设办公室、督导部、调研部、外联部、宣传部、组织部、财务部、网络技术部和编辑部共10个部门,各部门分工明确,相互配合,共同监督和指导各学生社团之间的交流与合作。社团联合会还加强与兄弟高校相关学生社团组织的联系,互相学习,加强合作,扩大与社会各界的联系。

学生社团在校团委的指导下,在社团联合会的组织、监督下,通过年度星级社团评选、优秀社团经费补助等活动,在一定程度上改善了学生社团组织纪律较差、活动质量不高等问题,但从总体上来看,大学生社团在发展中仍然面临很多困境。尤其在学生社团数量与日俱增、社团类型日益丰富、会员对社团活动的形式和内容有更多的期待和更高要求的当下,大学生社团良性原则还存在诸多阻力,如何促进高校大学生社团和谐发展仍是一个我们必须认真思考的课题。

二、高校学生社团运作阻力及成因

(一)学校对社团的管理和指导不足,社团发展孤立无援

高校学生社团与日俱增,大多高校拥有数十个,甚至是百余个社团。这些社团大多是由学生个人发起、组织建立起来的,具有自发性,在一定程度上不利于学校相关部门的指导和管理。

某社团成立于1989年,是由团委、保卫处共同指导建立。该社团自成立以来获得了"十佳社团""四星级社团"等荣誉称号。社团活动受到学校同学和会员的广泛关注和极大好评。会员认可程度超过其挂靠学院的其他社团,但由于该社团不是该挂靠学院的品牌社团,学院和学校的重视程度较低。其活动若与品牌社团活动相冲突,该协会活动或推迟或取消。为社团指派的指导老师也并非为该社团专业对口的老师,对社团的指导能力有限。指导教师没有深入了解该协会活动和社团管理,只是每次在活动开展前在相关文件上签字,活动开展时也没有来过现场。社团经费主要来自会员所缴纳的80%会费以及社团实践部在校外拉到的赞助费,挂靠单位没有在经费方面予以补助。该社团的特色活动之一是知识竞赛活动,需要很大的活动场地,满足条件的便是校图书馆广场,然而学校的意见是只有五星级社团才能申请,因此,社团活动只能在教室里开展,活动规模受限,没办法体现社团特色。最后,该社团由"四星级社团"沦为"无星"

社团。

目前，一些高校对于学生社团的管理建设不够重视，对社团的人力、物力、财力的支持力度较弱，学生社团的发展孤立无援。在物资方面，社团主要经费来源为社团会员所缴纳的会费，附带协会外联部在校外所拉的赞助费，简言之就是自给自足。目前虽然学校加强了对社团的管理和指导，社团都配备有至少一名社团指导老师和挂靠单位，能在一定程度上对社团活动和社团管理提供支持和帮助，但往往仅限于等级较高或影响力较大的学生社团，而且多数指导老师和挂靠单位形同虚设，大都是依靠学校学生社团联合会在经费上、大的活动上进行管理，日常还得依靠学生社团的自我管理。

（二）社团会员参社动机趋于功利化，社团缺乏生机活力

高校对人才的培养不仅仅依靠课堂教学活动来完成，还必须依托学生社团组织第二课堂，以进一步拓展大学生文化素质。社会化的社团活动有两面性，一方面拓宽了社团活动的内容和范围，开阔了学生的视野，丰富了学生的社会阅历；另一方面，社团活动的社会化也带来了浓厚的商业气息和娱乐氛围，对提倡共同协作、共同提高，不以物质鼓励为主的社团固有价值理念形成了不小的冲击。但是，由于对社团意义的歪曲理解，社团会员入社目的日趋功利化。

小王刚上大一时，本着"一心只读圣贤书，两耳不闻窗外事"的原则，结果综合测评分很低，大一奖学金没评上，身边学业成绩没自己高的同学由于参加活动都评上了。寝室一同学告诉小王说："如果没当学生干部、没参加社会实践活动，综合测评分肯定不高。参加活动，担任干部也是在综合测评中'突围而出'的一个法宝。在社团做事，锻炼机会也多一些，但更重要的是评奖学金时可以加分，评优、入党会被重点推荐，当然大家都愿意这样做。"小王想："大家都这么功利，我就随大流了。"小王在大二时竞选担任了某社团的宣传部副部长，每学期的奖学金都得到了加分，然而因为学业成绩不高，仍未获得奖学金。

学分制在大学的实施，在一定程度上使学生形成"学分为上"的理念，参加社团，获得一官半职，是达到奖学金评定时靠前排名的必然选择。同时，大学时代是学生步入社会的过渡时期，对即将面对的社会，简单地将压力转化为获得社团奖励和担任社团职务的外在丰满，而忽视了自身综合能力的提高，没有意识到学生社团在学生个人的学习锻炼和成长进步过程中所发挥的巨大作用。大多数学生以功利心态参加社团，因而对于为人处世都以利益为先，造成社团活动形式单一，社团内部不团结，缺乏发展的活力。

(三)社团干部综合能力较低,社团内部管理松散

学生社团人员流动较大,成员层次较为复杂,水平参差不齐,大多数社团在成立之初并没有明确的定位和目标,都是由组织者的兴趣和爱好决定,其成员大多数为参与者,对社团的深入发展和前景缺乏深入的思考和探索,定位不准、目标不明,造成了大多数社团虎头蛇尾,半途而废,盲目发展。

挂靠于外国语学院 SWCL 魔术社是一个实践非营利性社团,因为对魔术的爱好,会员们自主自愿参社,在协会干部和会员的努力下,协会曾获得"三星级社团"的荣誉称号。随着协会在校内外名声的广泛传播,协会人数逐年增长。但某届会长没有管理经验,魔术技能不高,造成协会纪律松散,活动数量和质量急剧下降,出现了社团解散的危机。

学生社团由学生自己组织,社团数量多、参与人员广,这就要求必须有强有力的社团管理者,但社团干部的选拔不是那么严格和规范,缺乏有效的管理经验和素质,他们往往凭着自己的喜好和热情开展工作,不能做到不断提高自身的综合素质,只关注自己任期内的社团活动效果,缺少对社团发展的研究,造成社团发展不均衡,忽冷忽热,社团的凝聚力和科学发展受到影响。

虽然由于学校相关部门的要求,各社团制定了章程,一系列运作和管理制度为社团发展奠定了一定的理论基础,然而,制度流于形式,无法真正实行,在实践方面无所建树,进而导致对社团的管理主要由社团主要干部支配,缺乏科学的方法,所开展的实践活动层次较低,或者墨守成规,缺乏创新,无法从根本上促进社团对学生的教育作用。

三、高校学生社团良性运作的对策

(一)加强对学生社团的监督与管理

目前很多高校对于学生社团的管理建设不够重视,不能很好地指导高校学生社团的发展,学生自己作为社团的主体地位还没有明显体现出来,社团自身也缺乏长期的规划,还有些社团发展具有商业化的倾向,逐渐背离了社团最初的建团目的,这些都会阻碍思想政治教育工作与高校学生社团的结合,从而无法发挥高校学生社团在思想政治教育中的应有作用。

为此,高校学生社团的主管机构应当加强对高校社团开展活动的监督与管理工作,高校社团之间也要加强协作,通过社团之间的结合,进一步促进彼此社团的进步与发展,推动社团对学生的教育培养。高校同时也要加强对社团规章

及制度的建构与完善,通过对规章制度的建构与完善,使大学生明确社团所开展活动的目的和意义,增强高校学生社团成员的组织性与纪律性,使高校的社团活动能够更加规范,对社团的管理可以有章可循。高校要给予学生社团的管理建设足够的重视,把社团的日常管理工作纳入高校的日常管理工作中,社团举办活动应当经过高校严格审批。高校对社团的严格管理能够使社团的活动更加规范,从而有效地避免社团活动可能出现的问题,发挥高校学生社团在思想政治教育中的积极作用。社团活动是一个群体性的行为,社团要建立科学的社团干部培养和选拔机制,重视对社团干部的选拔和培训工作,让社团骨干为其他社团成员做出表率和榜样,从而进一步促进社团成员思想政治教育水平的提高。

(二)加大对学生社团活动的扶持与帮助

高校社团各式各样的活动能够体现社团的生命力,目前我国高校很多社团的活动得不到学校的鼓励和支持,活动经费比较短缺,一些高校学生社团设施落后,没有自己专门的活动场地,因此无法正常开展社团活动,很多好的社团活动只能是一个提议。这样就无法体现社团的特色,从而丧失了对思想政治教育建设的作用。

所以各个高校应当加大对高校社团活动的资金扶持力度,为高校大学生的社团活动提供足够的经费、设施以及场地的支持,保证高校社团的活动能够顺利开展。高校同时也要组织专门的老师对大学生的社团活动进行监督和指导,使社团活动更加丰富,社团活动也可以与大学生的专业课程相结合,教师对社团的成员进行专业的思想政治教育培训工作,从而更好地促进社团成员的成长。

(三)创新高校学生社团活动内容与形式

创新是一个民族的灵魂,是一个国家兴旺发达的不竭动力。同样,一个高校社团如果缺乏探索,缺乏创新,那么它也无法实现社团应当具有的意义。社团活动是一个社团的核心内容,只有从社团活动的内容和形式上做到创新,才能更好更快地促进社团的发展,繁荣校园文化。

学生的思想在不断地发生改变,他们对社团的要求也在不断地变化和提高,他们喜欢求新求异、凸显自我,在对高校社团活动内容进行设计的时候,要在深入了解社团特色和学生的自身要求的情况下,综合他们的年龄和心理特征,从而有针对性地制定内容。

高校社团的活动也应该在形式上创新。其形式一定要多种多样,并且要不断地突破和创新,从而激发学生们的兴趣和喜爱,吸引更多会员的参与。高校社团必须结合他们的要求以及当下的流行元素,譬如现在最流行的语言词汇、娱乐节目等,做到与时俱进。促进本校社团与校内创新型社团、校外高校社团联合,以及与社区活动的结合,提高学生参与活动的广泛性和形式的多样性。

四、结　语

当前,高校学生社团由于其内容形式多样,涉及范围广,已成为在学生成长、成才、学校校园文化建设方面的一支不可忽视的力量。我们一定要在完善高校学生社团的建设中不断探索社团的发展前景,做到与时俱进,切实发挥高校学生社团的各方面功能。小社团大社会,小活动大道理。学生们正是通过在校期间积极参加这些丰富多彩的学生社团活动,积累了一定的社会经验,在实践中拓展了知识,提高了能力,锻炼了自身的综合素质,迈向他们从校园走向社会的第一小步。因此,作为社团重要组成部分的会员和干部们,应该转变观念,提高自己的认识和综合能力,促进社团发展,彼此相互促进,使社团发挥出其真正的功能。同时高校应该适应时代需求,采取多种措施,切实加强学生社团建设,营造良好的校园文化氛围,提升大学生的思想文化素质,以促进社会主义精神文明建设。

【作者简介】　刘华章　浙江大学马克思主义学院 2017 级硕士研究生　浙江 杭州 310028

参考文献

[1] 郭立.高校学生社团建设研究[J].教育与职业,2013(27).

[2] 王海丰.高校学生社团发展对策探究[J].中国成人教育,2013(6).

[3] 李同果.发达国家大学生社团建设的经验及启示[J].学校党建与思想教育,2011(20).

[4] 杨志群.论高校学生社团的社会功能及其制度培育路径[J].教育与职业,2013(9).

[5] 陈鑫.高校社团建设浅谈[J].吉林广播电视大学学报,2010(6).

[6] 张世和.浅议高校学生社团的重要作用[J].中国林业教育,2011(1).

[7] 张勇.思想政治教育视域下的高校社团文化建设[D].上海:上海师范大学,2010.

[8] 沈晓华.学生社团在高校大学生思想政治教育中的作用探析[D].郑州:河南大学,2006.

[9] 付琳.新时期高校学生社团建设与发展中存在的问题及对策研究[J].首都经济贸易大学学报.2013(5).

教书育人研究

论作为思政课之延伸的通识课

——人生美学课的教学宗旨

张应杭

【摘　要】　马克思主义理论是高校育人的指导理论。在以马克思构建的真、善、美理想人格的理论去塑造当代大学生人格过程中，审美能力的塑造是重要的维度。开设人生美学课程的根本宗旨正在于此。为此，课程必须强调如下三方面的教学理念：其一，人应当为美而生存；其二，人应当以美的尺度创造对象世界；其三，人应当在与美的合一中创造人类历史。

【关键词】　马克思主义理论　人生美学　教学宗旨　教学理念

1. 问题的提出。虽然我们不一定完全同意后现代学者如下的一个判断：20世纪和21世纪是物及物欲对人及人性进行挤压、煎迫甚至是统治的时代。① 但置身于现时代，倘若我们认真地反省和观照一下人类已有的生活实践，那么，我们或许会发现，今天我们赖以生存的社会，的确正飘动着日益物质化所带给我们人生的诸多不幸。这其中尤其是对市场经济中商品交换和利润最大化的片面理解，使我们把人生的一切都诠释为"经济人"的唯利是图，忘却了人同时还必须是"文化人""道德人""审美人"的统一，又加剧了这种不幸。于是，人生被演绎为对物及物欲之满足的来去匆匆的风雨兼程。这使我们不断失落本不该失去的审美情趣。由此，我们无暇领略高山流水、蓝天白云的意蕴；我们读不懂"仁者无忧"的圣人教诲；我们更是体味不了真、善、美之生命理想带给人生的或者优雅、或者

---

① 吉登斯.现代性的后果[M].上海：译林出版社，2000：67.

崇高的审美旨趣。这无疑正是现代人的异化。

人生美学意境的追求,则可以使我们走出这种异化的窘境。高尔基有一句名言:"照天性来说,人都是艺术家。他无论在什么地方,总是希望把'美'带到他的生活中去。"①于是,在这样的审美追求中我们拥有了美丽的人生。无论怎样艰辛,甚至不幸,人总在为自己的生存环境创造了美的情调和光圈。这个生存环境就成为现代人心灵的真正家园。

正是在这一现实语境下,我把"人生美学"课作为马克思主义政治理论课的延伸予以开设。我希望可以为高校培养的未来的社会主义事业建设者和接班人可以摆脱这个现代性的困境,可以在自己的人生追求中在作为"经济人"存在的同时,更是一个"道德人"和"审美人"。

2. 人生美学课的课程宗旨。培养"审美人"构成开设人生美学课程的根本宗旨。以我自己的理解和教学经验来看,为了实现培养"审美人"这一宗旨,强调如下三个教学理念的贯彻是充分必要的:

其一,人应当为美而生存。我们知道,1940 年 8 月,距法国比勒高省蒙太拉小镇不远的一棵大树被雷击中,露出了一个大洞,两个小孩进去玩耍,从而发现了人类历史上最壮美的石洞艺术宝窟之一——拉斯科石洞艺术。人们面对这些绘画都惊呆了,一万年前的绘画,竟这样的生动、宏伟、壮丽! 当代法国画家亨利·马蒂斯甚至对此惊叹道:"我做梦也想不到开化之前的洞穴人会画得那么好!"②

面对这些壮美无比的绘画,我们禁不住要问:蒙昧时期的人类甚至连生存都十分困难,何以承担如此困难的创作? 他们有什么必要进行这种美的创作? 是源于生存的欲望,还是源于更好生存的表现? 不要忘记,几万年前,人类还刚刚进入"人猿相揖别"的阶段。人们为了生存,与无情的大自然进行着艰苦的抗争,食难能果腹,衣还不能蔽体,为生存尚需付出大量的艰辛劳作。但先人们却用同样的艰辛劳作去赞美这艰辛的生活。也许正是后一种艰辛,转变了前一种艰辛的意义。人们在前一种艰辛中失去的,恰恰在后一种艰辛中得到了。正是在后一种艰辛的劳动中,人类生存的痛苦和劳作的艰难,成了人的本质力量的表现。痛苦和艰难反而成了顽强的生命力的象征。生活越是艰难,它的表现就越感人。于是,美和艺术产生了,而人类的生活也就有了意义。

据说,苏格拉底在临死前曾面临一个生与死的自我选择。他的友人为他创造了条件并力劝他逃走。但他认为逃走是一种不符合美德的行为。于是,在生

---

① 　高尔基.文学论文选[M].北京:人民文学出版社,1978:71.
② 　转引自陈戎女.西美尔与现代性[M].上海:上海书店出版社,2006:127.

与死之间,他饮下毒堇汁宁静地选择了死亡。① 且不论这个故事的真与假,但它的美学意义是明显的:美高于生命。美才是生活,美才是人生。美是存在意义的生命本质。如果无美而生,反不如死。苏格拉底对人生的美学理解至今仍使人感动。

康德的《实践理性批判》提出了做人的基本准则:按道德律行事。这是一种美德之美。事实上,这也是康德一生的追求,更是他生活的意义。甚至在他死后的墓碑上,都忘不了铭刻上这个毕生的追求:"头上的星空,心中的道德律。"所以,康德的形象虽不高大俊朗,却使人肃然起敬。以至康德在世时,一些穷学生竟愿意用呢大衣去换取康德丢在纸篓里的一页废纸。其实,这哪里是废纸,分明是康德美的人生形象的象征。对一个美的灵魂来说,它无异是太阳发出的一束光芒,具有震撼人心的力量。

因此,真正的人的生活,是充溢着美和为美而生存的追求的。一个人,只有当他开始了美的追求之时才有了人生。因为只有在这时,他才会感到人生的意义和价值,并感受到生活之美。泰戈尔深情地说过:"世界用图画同我说话,我的灵魂答之以音乐。"人的一生,就是一首乐曲;而一生中的事件,则是构成乐曲的节拍。泰戈尔是深深感受到这种人生之美丽的,为此,他留下了那些优美的诗作。

其实,我们的一生可以谱写出绝美的动听的篇章,也可以在刺耳的噪声中结束。我们应该设法使自己能够体验出这种人生的韵律之美,像欣赏交响乐那样去欣赏人生的主旨,欣赏它急缓的旋律,以及最后那优美圆满的休止。

显然,人们不是为音乐而音乐,为诗而诗。音乐和诗的灵魂是美。人生写下的音乐、诗歌,不过是为了实现美的人生理想,使人生具有"充实之谓美"(孟子语)的风采。但这又不能不是一个充满艰辛和痛苦的过程。因此,人生的意义才一直困扰和苦恼着人类。诗哲荷尔德林曾以忧悒的心情唱出了心中的困惑:"阿尔卑斯山峦鬼斧神工,那是远古传说中天使的城塞,但何处是人生莫测高深的归宿?"②面对茫茫宇宙的人生,海德格尔也说:思想亘古不移又倏忽闪现,谁的惊愕能深究它? 15 岁的尼采就曾写下"人生何处是家乡"的思念曲:"悠扬的晚祷钟声,在田野上空回荡,仿佛要向我表明,在这个世界上,终究没有人找到家乡和天伦之乐……"值得欣慰的是,经过数代人的努力,这个为人类所向往的"家乡",终于被我们找到了,它就是美。美学家们为此提出了一个发人深省的命题:"人,为美而存在。"

当我们能自觉意识到,"人,为美而存在"这一命题的深刻意蕴时,我们甚至

---

① 柏拉图.苏格拉底之死.上海:上海译文出版社,2011:32.

② 转引自刘小枫.诗化哲学[M].济南:山东文艺出版社,1986:95.

可以在人生所有的领域里发现美、感受美。本世纪初的一天,德国物理学家海森堡发现了量子力学。他后来回忆这个过程时,激动地这样写道:"当计算的结果出现在我面前时,差不多已是早上3点钟了。能量守恒原理对所有项都成立。我不能再怀疑量子力学在数学上的坚实和条理。最初一瞬间,我深感惊慌,我感到,通过原子现象的表面,我正在窥视一个异常美丽的内部,当想到现在必须探明的自然界如此慷慨地展现在我面前的这个数学结构的宝藏时,我几乎晕眩了。"①这就是人生无处不在的美。甚至在艰辛的科学研究中,人们也可以发现美丽无比的世界。

中国古代哲学家庄子是颇得其中韵味的,他说:"天地有大美而不言,四时有明法而不议,万物有成理而不悦。圣人者,原天地之美,而达万物之理。"《庄子·养生篇》记录了一个"庖丁解牛"的故事,那个血淋淋的宰杀场面,那把明晃晃闪动的快刀,本来是与宰杀的恐怖相联系的,但美却使这个过程成了一首优美的诗的旋律:"手之所触,肩之所倚,足之所履,膝之所踦,砉然响然。奏刀騞然,莫不中音,合于桑林之舞。"以至魏惠王看后也不禁要拍案叫绝:"嘻,善哉!技盖至此乎?"

因此,人的活动一旦与美联系起来,就会化枯燥为生动,变痛苦为欢乐。所以,人生实实在在是由美造成的。美是人生充满意韵和情趣的彩虹。有了美才有人生,人生是美的历程。因为有了美,人生就有了情趣,生活才有意义,大地和宇宙才有无穷无尽的生命冲动和热情。人类也才真正成为宇宙万物之灵。

为美而生活,也就是为人而生活,就是使人具有人的生活。只有爱美、尊重美、创造美的人,才是完全意义上的人。德国哲学家谢林为此将美与人生的意义等同起来,他曾这样说过:"我坚信,理性的最高方式是审美的方式,它涵盖所有的理念。……哲学家必须像诗人那样具有更多的审美力量。……没有审美感,人根本无法成为一个富有精神的人。"②我们无疑都必须使自己的人生充满"审美的方式",每一个人都应爱美、欣赏美,追求美、创造美。而每一种美的创造,本质上都是一种艺术的活动,只不过艺术表现的程度、方式不同。那些被称为艺术家的人,只不过是充分地表达了美的本质的人,是充分实现了自我艺术本质的人。我们把心中具有的这种美的潜能、美的追求充分地表达出来,就成了人的社会历史活动,而人同周围世界的一切,便都因此而萦绕着美的情调和光圈。人生,便由此进入了绝美的境地。

其二,人应当以美的尺度创造对象世界。人类自从诞生的那一刻起,就以自

---

① 卡西迪.不确定性:海森堡传[M].香港:海风出版社,1998-24.

② 谢林.哲学与宗教[M].北京:北京大学出版社,2016:16.

身的劳动和创造与动物界揖别了,这是最美且具有永恒价值的一瞬间。所以马克思说"劳动创造了美"。① 正是在劳动创造中,人类征服了自然,造就了自身的完美。因此,美是人自由创造的结晶。人们只有在自己创造的对象中,才能反观自身的伟大与优美。

"一个小男孩把石头抛在河水里,以惊奇的神色去看水中所现的圆圈,觉得这是一个作品,在这作品中他看出自己活动的结果。"人类创造美的过程,通过黑格尔的这一生动形象叙述,获得了一个最浅显而又真实的概括。其实,人类从童年、少年走向青年、壮年,人类从最简易、笨拙的创造到逐步走向完善的创造,全都是人类对自身力量的检验,从而在这其中体验着人生的乐趣,享受着创造的美。世界正是在人类的这一审美创造下,留下了丰富多彩的美。从刀耕火种到航天技术的创造,人对世界的认识和践行,都蕴涵着人对美的热爱和追求,都是人的生命历程对美的体验和享受。

诚然,自然界的万物都有一种类似于美的属性。如矿石的晶莹,其质地、形状、色彩,都有一种令人爱不释手的美,其中有珍贵的玉石、价值连城的钻石,可谓各有其美的风姿。但这些存在物之美,乃是无生命的非生物之美,比起生物界的多姿多彩、变化万千的美来,就显得低了一个等级。林木茂盛的雄姿、牡丹杜鹃的绚丽,是五彩缤纷的美,随着四季的更替而变幻着色彩,令人感到生命的生生不息。孔雀开屏的美丽,梅花鹿跳跃飞奔的矫健,花鸟虫鱼,也都给这个世界带来了生机和活力。但是比起人类的美,一切又都显得微不足道了。唯有人类自身的美才是真正意义上的美。因为这种美是按美的规律自觉创造的结果。

人作为万物的精灵,能摆脱物种的尺度而以美的尺度来创造世界,给万物都重新赋予了美的意义。因此,马克思有这样一段名言:"动物只是按照它所属的那个物种的尺度和需要来进行塑造,而人则懂得按照任何物种的尺度来进行生产,而且随时随地都能用内在固有的尺度来衡量对象,所以人也按美的规律来塑造物体。"②

自然山水风光千百年来就是客观存在着的,当它与整个人类活动还没有发生联系的时候,它们的存在是毫无意义的。所以车尔尼雪夫斯基说:"构成自然界的美是使我们想起人来的东西,自然界美的事物只有作为人的一种暗示才有美的意义。"③因此,唯有通过人的足迹、人的眼光和人的审美尺度,品评与欣赏自然风光,它才是美的风景。这种美的生成是一个通过人的再创造而成为艺术

---

① 马克思. 1844 年经济学—哲学手稿[M]. 北京:人民出版社,1978:46.
② 马克思. 1844 年经济学—哲学手稿[M]. 北京:人民出版社,1978:50-51.
③ 车尔尼雪夫斯基. 艺术与现实的审美关系[M]. 北京:人民文学出版社,1979.10.

审美的对象之后才可能的。比如,"春风又绿江南岸",诗人用一个"绿"字,把平淡的景观凝练成了千古绝唱,生动地描绘出了江南水乡的自然美景与季节更替之间的奥秘,这种艺术创造给人生带来了丰盈的审美感受。悉尼著名的海边歌剧院,整个建筑远远望去既像扬帆的航船,又像一组伫立着的洁白的大贝壳。它全部用乳白色的名贵大理石砌成,当阳光从大海反射到这一片洁白的建筑群上,似群星闪烁,白鹤惊飞,堪称人工造化、巧夺天工的审美杰作。所以人的智慧造化出世界的美景,人的创造也改造了社会。轰轰烈烈的工业革命把落后的农业经济改变成了今天的现实世界,创造出辉煌灿烂的工业文明。我们在自己的创造物面前也禁不住要惊叹:美!

人在自己的创造面前,感受到人类的伟大,人生的意义,体现着创造的美。可以肯定地说,人的生命中不能缺少这种创造的美。如果一个人的人生,从没有进行过美的创造,是没得到过美的享受的人生,那么,这只是一个虚假的徒具形式的人生。

因此,我们必须对创造美的世界充满信心。其实,生理学和心理学的大量研究表明,追求美是人的天性。人的眼睛需要接受美的事物,它可以对不感兴趣的事物"视而不见";人的耳朵,需要接受美的声音,对各种噪音感到厌烦,对不感兴趣的声音,往往只当"耳边风",相反,对美妙的音乐,则有"余音绕梁,三日不绝"的感觉;人的味觉,对品尝过的美味佳肴,会牢记不忘,回味无穷……总之,人的眼、耳、鼻、舌、身所具有的视觉、听觉、嗅觉、味觉和触觉,对美有着本能的喜好。正是凭着这样的天性,人类才不断地创造着美,从无到有,从较低层次的美向更高层次的美跃进。人生,就在这创造美的激情中,不断充实和丰富着。

人对美的创造,不论是空间上的如雕塑、建筑,还是时间上的如音乐、诗歌;不论是自由奔放的,还是含蓄婉约的,如中西园林布局风格上的不同,都能给人以美的享受,因为这都是人按美的规律创造的结晶。

但这还不是人生美学的真实意蕴。人创造美的更重要的意义,还在于正是在这个创造美的实践中,丰富和充实了人的精神世界,训练和开发了人的大脑潜能,从而使人生生成着真、善、美的永恒冲动。从人类历史的发展进步中我们可以看到,通过对外部世界的创造,不仅进化和美化了人的身体的外在形象,同时还进化了人脑。而进化了的人脑又创造出更高级的美,从而丰富和充实着人们的精神生活和周围的世界。在当今世界,人的大脑思维,甚至能作用于地球以外神秘莫测的空间。比如美国"阿波罗"号登月飞船和"创造号"航天飞机,其壮美的发射无疑是人类不断地超越自身的壮美的尝试。正是在这种超越中显示着人的创造力量之美。而且随着人脑潜能的不断被开发,科学技术不断向前发展,美也同时代一样,呈现出不同的风格和时代特征,不断地发展着。这是人创造美的必然,也是美的生命的发展必然。从人的个体生命历程来看,也是如此,我们只有在不断地战胜自我、超越自我的时候,人生才显得风姿卓绝,辉煌灿烂。人正是以自己创造性的力量才使自我人生显出特有的美的风韵。

每个人都在创造自己的历史,在创造美的过程中,体味着人生的美学意境。因此,对美的创造是人类深沉不变的最本质特性,这是相对永恒的。而这就是人类孜孜追求最美的人生意境的必然根据。否则,人的心灵便会游移不定,人生将没有了创造,而历史则会在没有创造的游移不定中停滞前进。

当我们看到了人类在长期实践活动中所创造的审美本性,将此作为追求和颂扬的人生意义时,我们还得强调指出的是,不仅如此,人还创造了体现这些美的外在形式,即人还创造了诸如服饰美这样的外在美。而服饰从质地到样式,从色彩到款式,最能体现人的美的"意志",最能创造出美的生活情趣,表现人的生活情感。人在服饰方面所创造的美,从远古到现今,可谓千姿百态,花样翻新,在不同的世纪体现着不同的时代风貌。因此,所谓不修边幅就是向工农大众靠拢的说法,毕竟已被社会的发展所否定了。人在对服饰上所花的精力,正是人的创造力的一个体现。服饰的美,或以平易、或以庄重、或以优雅、或以艳丽的多种美感展现在人们的面前,为人生增添了美的活力。因而,人生美学意境的追求在这里也意味着诸如服饰美之类的外在美的追求。

人的创造无论是对外在美还是内在美的创造,都是永无止境的。因此,人生美学境界的追求,也就是无止境的。

其三,人应当在与美的合一中创造人类历史。在人类历史上没有任何东西能比美更激动人心。为了美,普罗米修斯把火从天上送到人间,触犯天条,被缚在崖石上,忍受无穷无尽的苦难。为了美,谭嗣同在生死之间,宁肯选择死,面对刽子手的屠刀,他引吭高歌:"我自横刀向天笑,去留肝胆两昆仑。"为了美,瞿秋白在走上刑场之时,仍镇定自如地吟诵着庄严的《国际歌》……

人类历史浩浩荡荡正是因为有了这种美的人生。美是历史浩荡之神韵,又是浩荡历史之动力。一代代圣哲,正因为心中怀有美的理想,所以能够前仆后继,甚至视死如归。也因此,人类历史才百读不厌,令人感慨万千!从苏格拉底、基督、释迦牟尼、孔子、老庄到康德、黑格尔、恩格斯、列宁、毛泽东、周恩来,都为我们描绘了社会美的蓝图,并以自己的人生德性和人格品行为我们塑造了美的楷模。

美给人的馈赠太多了。正因为生命离不开美,所以美就成了人生之所以可能自主和自由的伟大手段。德国的浪漫主义哲学家们就特别看重这一点,他们把美看作人生的伟大诱惑,是生命的伟大的兴奋剂。比如贝多芬在 26 岁写完《第一交响曲》时,他的耳朵就嗡嗡作响,听觉大减。之后的几年间日趋严重。试想一个杰出的音乐家,听不到音乐的声响,不能指挥演奏自己的作品,这种生理上的打击肯定是致命的。他想到过死,甚至写下了遗嘱。如果换了一个人,也许已经死过几次了。但是,他却活下来了,勇敢地把这杯苦酒一饮而尽。他对自己最亲密的朋友说:"唯独艺术把我留住了。"艺术的本质就是美,他正是通过艺术美得到了自救。另一个艺术家米开朗基罗,也在美的追求中写下动人的一页。如他所说,他的整个一生没有离开过铁锤和凿子,勾勒描绘、打打凿凿,送走了他的似水年华。他一生既无妻室,又无特殊嗜欲。年轻时,少许一点面包和酒就能使他满足。他把一生的爱和心血都倾注在了艺术美的追求中。他的一位朋友曾不无遗憾地说,可惜你没能娶妻生子,把所有的好作品都传下去。他却回答道:"真要是那样的话,我留下的作品也许就是我的一群孩子了。"①

人类就是在这样的境遇中追求美和创造美。而当人创造美的时候,美也就造就了人类。人类社会跃过农业文明,进入工业文明,又从工业文明向后工业文明转变。在文明的这个转变过程中,人的本质力量得到了越来越充分的外化。人在什么程度上创造了美,美也就在什么程度上塑造了人;人们创造什么样的美,美也就塑造了什么样的人。正是在这种双向的创造活动中,人类离开动物界越来越远,而日益接近美的理想和理想的美。

然而,人类自身的美学创造,却是一个痛苦的过程。人生只有依顺于美的规律,才能进入超凡入圣的境地。罗曼·罗兰因此把美看作征服了的人生。只有自由驾驭了人生的人,才真正懂得美。于是,美的人生才是真正的人生。饱食终日、无所事事的人,无所谓人生。他们的全部生命历程,被牵在欲望和本能的手里,没有生命的自由。而失去了自由,也就失去了人生的美。

因而,把美看作人生,也意味着主动地驾驭生活,自由地生存,勇敢地与命运搏斗。而要搏斗就会有失败。因此,战胜命运固然美,被命运吞噬也不可悲。在某种意义上,失败的英雄更雄浑,更壮美。人生之美的最大价值恰在于此。桑培耶那曾深刻地比喻道:如果没有澎湃的涛声、滔天的白浪、风的怒号、桨的抵抗、船舵和风帆的紧张,一艘船是决不会有诗意的。因此,哪里有美,哪里就有人生;哪里有人生,哪里也就有美。从马克思到爱因斯坦,从《资本论》到相对论,我们都能鲜明地感受到在光明闪烁的轨迹上跳跃着的那些摄人魂魄的美的精灵。因此,马克思对文学的爱好,爱因斯坦对小提琴演奏艺术的执着追求,几乎与他们事业上的杰出创造活动一样充满着令人感动的诗情画意。正是艺术美的特殊语言,积淀着他们深刻的人生洞察,从而丰富着这些人类巨星思维运动的规模和体

---

① 梅纳德·所罗门.贝多芬传[M].西安:陕西师范大学出版社,2013:396.

现其审美人生的超越气息。

人生、历史和美就这样构成了完美的三维锥体。人类在美的追求中创造历史，人类历史又留下了美的足迹，人的历史也就是美学的历史。人创造历史，也就是创造美；人创造了美，也就创造了自身。美成了人生的象征，是旷野沙漠中人生的优雅绿洲，也是人生雄浑的万里长城。

一切美的人生都是在这样人生、历史和美的三维创造中实现的。而人生美学的所有理论价值和实践意义也就在这里得到了最终的印证。

3. 结束语。我研究生时期的导师冯契先生当年说过：就我国的高等学校而言，在培养德、智、体、美全面发展新人的过程中，美育无疑是最容易被虚化的。[①]也许正是缘于导师的这一认知立场，作为冯门弟子的我于 1988 年起在浙大开设了"人生美学"的选修课（后列为通识课）。当时一个很朴实的想法就是试图为高校的美育事业做点实事，尽点绵薄之力。多少有点令我始料未及的是，两轮课开下来，不仅在求是学子中引起了不错的反响，而且讲稿还被正在浙大进修的浙江人民出版社的编辑相中，得以于 1990 年公开出版了自己教研生涯里的第一本书——《人生的美学意境》。

时光荏苒，转眼间"人生美学"课已走过 30 个春夏秋冬的岁月轮回。伴随着这门课带给我的美好时光，我也从青涩的小助教变成了白发盈首的老教师。令我欣慰的是，现如今，这门课依然是求是校园里颇为热门、不太容易选得上的通识课。我想我会以更加精进的付出来回报求是园的莘莘学子。我希望通过自己的努力，让他们走出求是园的时候是个懂得欣赏美和创造美的人。我坚信一个不愿虔诚地信仰美、追求美的民族，很难说已经真正觉醒。中国现代教育的启蒙思想家蔡元培先生曾提出过一个主张："以美育代替宗教。"[②]因为他认为，对美的信仰会使一个沉沦的民族真正振奋起来。在置身谋求中华民族伟大复兴的现时代，新时代、新征程、新使命必然呼唤新人格。我们的高等教育要积极回应这一时代的必然性，努力培养和塑造一大批具备德、智、体、美全面发展之新人格的新青年。只有这样，作为教育工作者的我们才无愧于这个伟大的时代。

【作者简介】　张应杭　浙江大学马克思主义学院教授　浙江 杭州 310028

---

① 杨海燕等编.智慧的回望——纪念冯契先生百年诞辰访谈录[M].桂林：广西师范大学出版社，2015：25.

② 蔡元培.以美育代替宗教[J].新青年 1918(6)：23.

参考文献

[1] 朱光潜. 谈美[M]. 桂林：广西师范大学出版社，2004.

[2] 林语堂. 中国哲人的智慧[M]. 北京：中国广播电视出版社，1981.

[3] 梁漱溟. 人心与人生[M]. 上海：学林出版社，1984.

[4] 张文勋. 儒道佛美学思想探索[M]. 北京：中国社会科学出版社，1988.

[5] 成复旺. 中国古代的人学与美学[M]. 北京：中国人民大学出版社，1997.

[6] 李翔德. 美的哲学[M]. 太原：山西人民出版社，1982.

[7] 刘小枫. 诗化哲学[M]. 济南：山东文艺出版社，1987.

[8] 陆一帆. 人的美学[M]. 广州：中山大学出版社，1986.

[9] 马克思. 1844年经济学—哲学手稿[M]. 北京：人民出版社，1978.

[10] 车尔尼雪夫斯基. 艺术与现实的审美关系[M]. 北京：人民文学出版社，1979.

[11] 黑格尔. 美学[M]. 北京：商务印书馆，1982.

[12] 费齐. 美的启迪[M]. 北京：社会科学文献出版社，1986.

[13] 笠原仲二. 古代中国人的美意识[M]. 北京：北京大学出版社，1987.

[14] 穆尼尔·纳素夫. 愿你生活更美好[M]. 北京：北京出版社，1982.

[15] 莫罗阿. 人生五大问题[M]. 上海：三联书店，1986.

[16] 席勒. 审美书简[M]. 北京：中国文联出版社，1984.

论艺术类出版物对高校学生美德塑造的陶冶作用

黄伊宁

【摘　要】　艺术类书籍的出版发行是高校出版社的一个重要使命。美是艺术的本质。高校学生美德教化中的美德既有善的维度,也有美的维度。由此,艺术美和美德之美具有内在的相通性。艺术类书籍的出版发行对人格中美德的培植具有不可替代的重要作用。

【关键词】　艺术类书籍　高校　美德塑造　陶冶作用

美是艺术的本质。我们追求真善美的人生,从美的维度而言必然要让艺术融进我们的人生,从而让艺术陶冶我们的德性。古希腊哲人德谟克利特在《论人生》中说:人生最大的快乐来自对美的作品的瞻仰。① 因而,若我们能使自己的人生时刻漫步在艺术世界的殿堂中,那么,我们就能领略和体验到人生那绵绵不绝的快乐。然而,辛劳的人生常常使我们忘记了这一点。这无疑是人生美学意境追求中一个极大的欠缺和遗憾。因着这个欠缺和遗憾,在我们的自我人生中美德之美的生成便少了一个让美陶冶与感染的途径。

高校出版社对艺术类书籍的出版发行也许可以弥补这一遗憾。

1. 艺术美对人生的魅力

人生中无疑有许多缺陷和遗憾。黎巴嫩诗人纪伯伦就曾深有感慨地在诗中写道:"为什么美好时光总是一去不返,就如绚丽的花儿,被那季节所带走一

---

① 朱千雪.德谟克利特传世残篇解读[M].台北:智慧大学出版公司,2012.123.

般？"①就人生的审美体验而言，这种一去不返的遗憾和感慨是普遍必然的。我们时常怀念优美纯真的儿童时代，可谁也阻止不了自己要长大成人；我们称羡生机盎然的青春年华，可谁都终究会"韶华逝去叹白首"的。这种种欠缺和遗憾具有客观必然性。因为我们的人生受一个最基本的东西限制：时间和空间。

然而，艺术却可以使我们消除这种时空遗憾。在小说、诗歌、绘画、音乐、舞蹈、雕塑、戏剧、电影等诸种艺术形式中，美突破了时间和空间的限制。比如在一幅《江山如此多娇》的巨型国画里，艺术家们以极大的热情、极美的笔墨把祖国的壮丽河山汇集在一起：东方是一轮红日普照大地，连绵不断的群山浩瀚巍峨，其间有古老的长城、怒吼的黄河、奔腾的长江、高耸的珠穆朗玛峰。这一切仿佛让我们置身于江山娇美的怀抱里，领略和感受到祖国大地壮美迷人的风采。达·芬奇一幅《蒙娜丽莎》名画，又使多少人从中获得人生那温馨、安详的美的享受；罗丹的一尊《思想者》雕塑则更是启迪了许多人那理性和思想的深沉之美。尽管我们中的一些人在生活中很少甚至无法得到温馨的爱，或者我们也并不是一个善于思想，从而在思想中变得深邃明智的人，但这并不妨碍我们仍旧可从《蒙娜丽莎》和《思想者》中获得这方面的美的享受。而这也正是艺术对人生所具有的独特的魅力。

高尔基说过："文学的任务、艺术的任务究竟是什么呢？就是把人们身上的最好的、优美的、诚实的，也就是高贵的东西用颜色、字句、声音、形式表现出来。"②这其中文学艺术所表现的"最好的、优美的、诚实的、最高贵的东西"显然不存在所有的人生中，但唯其因为它不普遍存在，才作为一种审美理想的追求，最能给予人生美的陶冶。亦因此，我们可以理解为什么一部伟大的文学著作、一件伟大的艺术作品可以千百年地具有美的风范，可以被不同种族、不同国度、不同时代的人们所钟爱。因为在这些作品中，我们通过类似于心理学中的"移情"③作用，突破了时空的限制，从容地体验和领略着审美的人生、审美的自我。

不仅如此，艺术对人生美的追求的独特魅力还表现在由于艺术所具有的崇高的、神圣的人道主义精神，从而就使得艺术能造就我们美的德性。用歌德的话

---

① 纪伯伦.纪伯伦散文诗全集[M].北京：中国城市出版社，2010：228.

② 高尔基.文学书简[M].北京：人民文学出版社，1962：82.

③ 移情一词来源于精神分析学，是指求助者把对父母或对过去生活中某个重要人物的情感、态度和属性转移到了咨询师身上，并相应地对咨询师做出反应的过程。发生移情时，咨询师成了求助者某种情绪体验的替代对象。本文指谓的移情是指将人的主观的感情移到客观的事物上，反过来又用被感染了的客观事物衬托主观情绪，使物人一体.

来表述这种魅力,那就是,艺术总使人越来越有"教养、德行、慈善和同情心"。①
歌德自己就承认,是他自己"诗歌的天分"及对文学的热爱,帮助他经受了失恋的
痛苦,而这种痛苦又使他孕育创作了《少年维特之烦恼》这样一部世界名著。在
人类文明史的发展中,艺术这种陶冶人格、净化心灵的作用普遍存在着。我们几
乎可以说,那些堪称不朽的艺术作品,都凝聚着崇高的人道主义精神,从而都会
对整个人类和自我个体生命的自身完美的追求发生积极的影响。比如,贝多芬
的《命运交响曲》、海伦·凯勒的自传,以及奥斯特洛夫斯基的《钢铁是怎样炼成
的》,都曾给不同年代、不同国度的人们以悲壮美的启迪,它直接培育并造就了无
数与命运、与不幸抗争的坚强灵魂。

常常有这样的情形,一定社会所推崇的人生价值、道德理想、信仰的准则和
规范,虽然显得很深刻,对人性、对德性的造就也显得非常必要,但如果它仅仅停
留在抽象的理论体系或教义的说教中却往往会显得苍白无力。而一旦这些规
范、教诲、准则通过艺术的手法以美的方式感性地表现出来,就能唤醒和打动千
百万人的心灵。因为"艺术就是情感"(罗丹语),因而艺术总能以情动人。尽管
艺术在这里依然是为准则、规范、教义服务的,但艺术却凭借美的感染力,深深地
影响着我们的人生,陶冶着我们的德行。这一点对于我们这个习惯于感性思维
的民族来说,显得特别的明显,也特别的有意义。

由此我们也许可以理解朱光潜先生"人生的艺术化"的主张。因为"人生本
来就是一种广义的艺术,每个人的生命史就是他自己的作品"②。其实,也正因
为艺术与人生有这样的相通和互动,艺术美对人的德性塑造也才可能体现出如
此巨大的魅力。

此外,艺术对人生美的魅力就其较浅的层次而论,还因为艺术有被通常称之
为"娱乐的功能"。也就是说,艺术具有激发人的美感享受的能力。在艺术那极
富魅力的感性世界里,给予我们的是激动、愉快、欢畅的美的享受。这无疑也为
人生增添着美的内涵,从而使我们的德性在美的感染中潜移默化地拥有美的
品性。

但必须指出的是,艺术的这种被我们较多的文章和艺术宣传者所渲染的"娱
乐功能"极容易使一些人庸俗地理解艺术。事实上,艺术对人生的魅力不仅仅主
要体现在这里。也就是说,艺术欣赏之所以构成人生美的重要内涵,之所以对美
德的塑造具有重要的陶冶和感染力,是由于艺术能以崇高的人道主义精神,使人
类超越时空的诸种限制,感性地领略人生美的意蕴。相反,艺术的"娱乐功能"恰

---

① 爱克曼辑录. 歌德谈话录[M]. 北京:人民文学出版社,1978:122.
② 朱光潜. 谈美[M]. 桂林:广西师范大学出版社,2004:93.

恰只有基于此才能是美的。按照黑格尔的说法,对艺术品的欣赏只有伴随着审美的理念而进行才可能是真正的,而不仅仅欣赏它形式的美。[①] 可见,艺术欣赏能否真正带给人生美的享受,取决于欣赏主体是否具有美的激情、美的想象和美的理想建构。如果丧失了这些被黑格尔称之为美的理念的存在,艺术的"娱乐"就毫无美感可言。这种"娱乐"甚至可能沦为庸俗无聊的感官享受。而这无疑是对美的亵渎甚至否定。

当然,并不是所有的人都认同艺术对人生的这一审美功效的。丹麦的存在主义哲学家基尔凯郭尔就断言:在人生的审美阶段中,追求的必然是感官的享受。如音乐就是人摆脱理性和道德的手段,欣赏音乐是在品尝人生的一只禁果,应该绝对摈弃。因为在他看来,音乐有一种内在的"魔力",它刺激人的不可遏制的欲望,散布"诱惑的挑唆"。[②] 其实,基尔凯郭尔所说的"诱惑"几乎存在于任何艺术之中,但他恰恰忘记了是否受"诱惑"完全取决于我们自己。只要我们有着高尚的审美理想和审美情趣,任何艺术作品非但不会使我们沦为感官的享受者,而且还必然从中体验到人生和德性美的无穷意蕴。与基尔凯郭尔不同,亚里士多德则认为,音乐和人生不是偶然的相遇。在他看来,音乐追求美与和谐,人生也要追求美与和谐("中道"),因而音乐和人生必然是彼此相关的。[③] 我们认同亚里士多德的观点,既然音乐和人生不是偶然的相遇,那么我们同样有理由说,艺术和人生也不是偶然地交织。艺术美对人生美所显示的魅力是由于这两种美有一个共同的东西——人生。

事实上,人类从诞生以来就一直建构并孜孜追求着美的理想。这种审美理想凝结在对象化世界中就诞生了艺术,这种审美理想体现在主体自身便有了人生美德的不息追求。所以,艺术美和人生美的共同本质是人所具有的独特的审美冲动和审美追求。因此,只要人类存在着,并对自我优美德性的造就充满着自觉的追求,那么,我们人生对艺术美的追求就注定是乐此不疲的。

2. 艺术对德性陶冶的主要形式:优美、崇高和悲壮

"艺术即人生。"(朱光潜语)[④]综观不同门类的艺术,我们发现,凡艺术之为艺术一定是反映着人生的某种审美理想的。这种审美理想或者是优美,或者是崇高,或者是悲壮。因此,艺术对人类美德的陶冶主要通过这种方式进行。

---

① 黑格尔.美学[M].南京:江苏人民出版社.2011;327.
② 彼得·P.罗德.基尔凯郭尔日记选[M].北京:商务印书馆,2015;147.
③ 转引自崔钟雷.名人名言大全[M].长春:吉林美术出版社,2010;73.
④ 朱光潜.谈美[M].桂林:广西师范大学出版社,2004;93.0

我们在艺术美中经常体验到的是优美。优美是艺术美中最普遍的表现形态。唐代诗论家司空图在《诗品》中把"优美"的意境表述为"采采流水,蓬蓬远春,窈窕深谷,时见美人,碧桃满树,风日水滨,柳荫路曲,流莺比邻"。诗的优美是如此,一切其他艺术的优美意境也大致如此。在优美的文学作品、绘画、摄影、乐曲、戏剧、电影中,我们所能感受到的几乎都是典雅、绮丽、清淡、婉约的美。从一般的审美意义上我们也许可以把优美的最基本特征理解为和谐。

优美中的和谐正如我们通常所理解的那样,诚然也就是艺术品自身内容与形式的和谐。但从艺术总有人生审美理想之寄寓的基本理解出发,我们觉得优美所蕴含的和谐更主要的应是指艺术品与主体(即物我)之间的和谐。亦即是说,在艺术的优美中,我们的身心能以愉快、舒畅、满足、平和、宁静的心态沉浸其中,从而体会人生的优美、和谐,并在德性方面达到诸如"宁静以致远"的崇高境界。比如,这种优美的人生境界就使得我们在读杜牧的《江南春》绝句"千里莺啼绿映红,山村水郭酒旗风"时,人生仿佛也进入了江南夜莺啼绿映红的清新秀丽之境中了;我们在欣赏舒伯特的《小夜曲》时,人生宛如也置身于甜美流畅、委婉缠绵的无限情爱中了。

人生谁不追求优美和谐?但我们又常常不能如愿,而艺术的优美和谐则能使我们在不如愿中实现如愿。

艺术美给人生德性陶冶的另一经常的形式是崇高。崇高正如康德所解说的那样是生命的一种深沉和豪迈之美。[①]从一般的审美感受中分析,崇高不如优美那样可以在和谐宁静中较直接地感受,崇高往往给人的心灵以强烈的震荡,在惊心动魄中使人获得一种雄浑、悲壮、粗犷、博大的审美感受。因此,在苏轼的"大江东去,浪淘尽、千古风流人物"的气度中,在冼星海一曲《怒吼吧,黄河》的悲怆雄浑中,在米开朗基罗《被缚的奴隶》那粗犷和勇猛中,以及在贝多芬《命运交响曲》的悲壮奏鸣声中,我们都能体验到人生崇高的某种境界。可以说,崇高的基本美学特征是激荡。也许可以这样认为,由于我们的人生总是处于诸种矛盾和冲突的激荡之中,所以这种对冲突的抗争——以激荡为其基本特征的审美体验——崇高,便自然构成我们美德的一个主要美学追求。

而且,我们为此还特别强调一个思想:就当代中国人而言,我们的德性塑造当然需要优美,即在优美的艺术中体验优美的人生,但我们更需要崇高的激励,尤其是以悲壮形式表现出来的崇高。因为我们正处于一个急剧变革、振兴图强和谋求中华民族崛起的时代,在这样一个时代中,一切和谐宁静的优美必

① 康德.判断力批判(注释本)[M].北京:中国人民大学出版社,2011:73.

然会较多地逝去,取而代之的将是激荡人心的崇高。怀疑、否定、变革、抗争、代价,甚至悲壮的失落已经成为或正在成为我们这个时代人生的基本现实。然而,我们却不无遗憾地看到,当代中国文学艺术对这种崇高的把握却显得较为苍白无力。这种苍白无力使我们的国民丧失了许多体验崇高,从而在这种崇高的启迪和鞭策下造就崇高德性的机会。这无疑是我们人生美学追求的一种遗憾。① 因而,作为出版人的我们呼吁,当代中国的文学艺术家应创造出更多崇高的作品;而当代中国人则应该在艺术美中向往崇高,体验崇高,以激励自我,图强奋进。

在艺术作品中和崇高美相关的还有悲剧美。悲剧美也总让我们从中体验人生。在小说《红楼梦》《安娜·卡列尼娜》中,在柴可夫斯基的第六交响曲《悲怆》中,在希腊雕塑《拉奥孔》中,在苏联画家苏里科夫的《近卫军临刑前的早晨》中,都透着强烈的、令人痛惜的、怅然的悲剧气氛。因而,悲剧美的基本审美特征是痛苦。

那么,人类为什么不惜以痛苦为代价而喜爱悲剧? 对这个问题的回答有诸种不同的答案。但我们理解,悲剧之所以如此打动人心,并被称之为美,那是因为人生本来就透着一丝悲剧的色彩。比如,人生无法摆脱挫折和失败,无法摆脱痛苦的体验,甚至不可避免地要走向死亡,等等。这一切都是自我生命个体悲剧的诸种表现。但悲剧不是悲观绝望,悲剧使我们获得震惊,心灵在痛苦的激荡中振奋起来,崇高的德性也就在这个磨砺中得以造就。

鲁迅在其杂文《论雷峰塔的倒掉》中曾经说过:"悲剧是将人生有价值的东西毁灭给人看。"②人生中有价值的东西作为一种美的东西的毁灭,则使我们感到痛心。所以,悲剧美不在于美的毁灭,恰恰相反,而在于以美的毁灭的形式来肯定美、赞颂美。比如,在古希腊著名的悲剧《被缚的普罗米修斯》里讲的就是一个天神——普罗米修斯,因盗取天火送给人间,从而违背天条而被天帝宙斯用铁链锁在高加索山上,受苦达万余年而不屈服的悲壮故事。这个悲剧已流传两千余年,普罗米修斯反抗暴君、造福人类的结局虽然是不幸的,但这种不幸却给予人类极多壮美的启迪。历史上许多"人间的普罗米修斯"③正是从这个启迪中造就

---

① 人之德性崇高的造就显然还有其他的途径,我们在这里只是就文学艺术作品中的悲壮对人德性崇高的感染而言。而且,从我国传统的国民性来看,我们似乎更习惯于接受"优美的"艺术而对艺术作品中的"崇高美"和"悲剧美"缺乏认同感。

② 鲁迅.鲁迅杂文全集(下)[M].北京:燕山出版社,2011:47.

③ 燕妮评价马克思之语。马克思年轻的时候曾经非常推崇普罗米修斯精神,在其中学毕业写的毕业论文——《青年在选择职业时的考虑》中读者可以强烈感受到普罗米修斯牺牲自我,造福人类精神对青年马克思人格的影响力(参见马克思恩格斯全集(第1卷)[M].北京:人民出版社,2002)。

自己人生的壮美业绩的。

我们这个民族在自己的审美文化传统中,没有西方民族在人性中所有的深深为之忧患并抗争的悲剧意识,这对于我们的民族的生存和发展,对于每个中国人自我人生真、善、美德性的塑造,可能是一种欠缺。因为这种悲剧意识的缺乏,必然会形成一种根深蒂固的自我感觉良好、人生一定会花好月圆的"乐感文化"(李泽厚语)①,在这种文化的影响下,我们的传统人格中便常常缺乏一种凄厉崇高的抗争和严峻悲壮的搏击。一切的抗争和搏击都在"生死有命,富贵在天"的恬淡平静中消失了。这是中国传统人生在德性造就中的一个悲剧。而对这个悲剧的无知或不愿自省,则更是悲剧中的悲剧。我们无意断言,只要能深深体验文学艺术中诸如普罗米修斯之类的悲剧美,便能使自己的人生德性充满真正严峻悲怆的悲剧美。但我们或许可以说,借助文学艺术的悲剧美的体验至少是我们体验人生悲剧美的一个重要途径。

此外,文学艺术作品中的丑、滑稽、幽默、荒诞等,也是对真实人生的典型化反映。因而在这其中我们也都能体验着人生丰富的审美意蕴,从而对自我德性的生成和守持产生积极的影响。

3. 让艺术陶冶德性的艺术

既然我们坚信"艺术即人生",既然艺术对人生美德的陶冶与造就显示了那么多的审美意蕴,我们人生的一个重要追求便无疑是学会让艺术走进我们的自我人生之中。这是追求和领略人生美的一种艺术。这是美德追求在艺术美领略中的必然要求。

在自我德性及情感品性中培养丰富的审美感受力,是让艺术走进人生的最重要基础。艺术形象所表现的是艺术家凝聚在其中的一种具有普遍的审美意义的艺术情感。我们只有在自己情感的相应激发中才能领略到这种美的情感,同悲欢,共休戚,感受或欢悦、或忧伤、或优美、或悲壮的人生。莫泊桑在论及读者应如何阅读小说时就曾告诉读者应有感情上的冲动,这种感情上的冲动表现为一种心灵的呼唤:"安慰安慰我吧。娱乐娱乐我吧。使我忧愁忧愁吧。感动感动我吧。让我欢笑吧。让我恐惧吧。让我流泪吧。让我思想吧。"②莫泊桑的说法非常形象地揭示了激发感情对领略艺术美的重要性。

借助对艺术品的欣赏以培养审美情趣,对人生美德的造就和追求是重要的。

---

① "乐感文化"说是李泽厚先生于1985年春在一次题为《中国的智慧》讲演中提出的,收录在《中国古代思想史论》(人民出版社1985年版)中,后来在《华夏美学》(广西师范大学出版社2003年版)中又有所发挥,最终在《实用理性与乐感文化》(三联书店2005年版)一书中系统阐述。

② 转引自王晓娟等. 名人传记丛书之莫泊桑[M]. 北京:国际文化出版公司,2013:16.

在这里,显然不是为艺术而艺术,也不是为情感而情感,这一切都是为了人生。因为在艰辛的人生中太需要以审美的情感去对待自我以外的整个世界了。比如,中国古代山水画家所声称的"山性即我性,山情即我情"的审美旨趣,流露出来的正是这样的人生态度。只有这样,面对着人所置身的自然和社会,我们才能以艺术审美的情趣从中获得人生的乐趣。年轻的恩格斯曾非常感慨地描绘过自己如何在对自然这一"最伟大的艺术品"的审美情感体验中,获得人生美妙享受的:"你望一望远方的碧绿的海面,波涛汹涌翻腾,永不停息。阳光从无数闪耀的镜子中反射到你的眼里,碧绿的海水同蔚蓝的镜子般的天空和金色的太阳熔化成美妙的色彩,——于是,你的一切忧思,一切关于人世间的敌人及其阴谋诡计的回忆,就会烟消云散,你就会溶化在自由的无限的精神的骄傲意识中。"①我们也许可以断言,恩格斯之所以造就了自己不平凡的一生,无疑主要是他人格中不凡的认知、信仰、意志所使然,但也肯定和他具有如此不凡的审美情感相关。

必须指出的是,激发感情对领略艺术美是重要的。但是,情感毕竟只是情感。在艺术审美欣赏中如果我们听凭情感的入迷、任性和冲动,又会使审美过程走向偏颇,有时甚至导致作为人生某种悲剧性的结果。这是一个真实的故事:美国一名著名演员在《奥赛罗》一剧中把卑劣无耻、阴险狡诈的雅果表演得栩栩如生,竟遭致一名愤怒的观众的枪杀。而这位"入迷"的观众清醒过来后也随之自杀了。诚如人们在他俩的墓碑上刻写的那样:"最理想的演员和最理想的观众。"但无论如何这却是一个不该发生的悲剧。这个悲剧的根源正在于悲剧的主人公在艺术欣赏中陷入了情感的入迷、任性和冲动。

所以,在我们的自我人生中,学会在"走入"艺术的审美情感之后,还必须学会如何"走出"。而这只有借助于情感之外的理智。人性中的理智在这里是一种与情感相反的另一种美。这种美诉诸智慧、诉诸思考、诉诸冷静。可是,我们总是遗憾地发现,在艺术欣赏的过程中,许多人沉湎于艺术的情感世界中而不能自拔或想入非非,或郁郁寡欢,这无疑已被艺术的审美情感所"异化"了,而这显然是一种不幸。这是在艺术中领略和体验审美人生时所必须为之警策的。

让艺术陶冶德性还要特别注意提高自我的审美格调和品位。因为人生和艺术的影响是双向的作用,我们选择什么样的艺术作品,事实上就在选择什么样的陶冶,就在选择什么样的人生审美追求。歌德曾对友人说:"鉴赏力不是靠欣赏中等作品,而是要靠观赏最好作品才能培育成的。所以,我只让你看最好的作

①　马克思恩格斯论艺术(四)[M].北京:中国社会科学出版社,1985:333.

品,等你在最好的作品中打下牢固的基础,你就有了用来衡量其他作品的标准。"①歌德这里所说的"最好的作品"就是指那些情趣高尚、艺术魅力强,且渗透着崇高人道主义精神的艺术作品。这些作品是永恒的,能让一代又一代的欣赏者含英咀华,反复品味,从中吸取人生的各种审美理想和审美情趣。

特别重要的是,强调艺术欣赏的审美格调和品位,对当代中国人具有重要的现实指引意义。也许是中国传统艺术过于写意和抽象,而使一般人无法领略那些甚至是非常优美的传统作品;也许是长久的文化封闭使我们一直未能真正接触文学艺术宝库中的诸多杰作;也许是市场经济使得我们当代文学艺术家无奈地抛弃了许多不该抛弃的东西。总之,当代中国文化市场充斥着一些令人为之深深忧虑的低级庸俗,甚至是下流、色情之作。更使人们愤懑的是,这种作品正在一只无形的"看不见的手"的推动下,愈来愈多地被炮制出来。而最使人困惑、焦虑的是,它竟拥有众多的欣赏者。仅就媒体报道的诸多事实材料看,在这些刺激感官作品的迷恋和诱惑中,曾酿就了极多人生的不幸。这显然是当代中国文化的悲剧,更是当代中国人德性造就过程中的悲剧。或许正是从这一点上,我们可以认识到当前在文学艺术领域的"扫黄打非"所具有的最重要的理论价值和实践依据。

因此,让艺术走进人生,让艺术来陶冶自我德性,但这必须是真正的艺术。我们必须谨记,并不是所有的作品都可称之为艺术的。我们在自我人生的审美追求中,只能让歌德称作"最好的作品"融进自己的人生中去。否则,我们必然无法领略和体验艺术对人生的审美意义,我们对美德的塑造往往也会因此而误入歧途。事实上,这也对高校出版社如何把控好艺术类书籍的选题提出了真善美的要求。

【作者简介】 黄伊宁 浙江大学出版社数字出版中心 浙江 杭州 310028

参考文献

[1] 马克思恩格斯论艺术(四)[M].北京:中国社会科学出版社,1985.

[2] 鲁迅.鲁迅杂文全集(上、下)[M].北京:燕山出版社,2011.

[3] 李泽厚.华夏美学[M].桂林:广西师范大学出版社,2003.

[4] 朱光潜.谈美[M].桂林:广西师范大学出版社,2004.

[5] 高尔基.文学书简[M].北京:人民文学出版社,1962.

[6] 王琪森.中国艺术通史[M].南京:江苏文艺出版社,1999.

---

① 爱克曼辑录.歌德谈话录[M].北京:人民文学出版社,1978:32.

［7］顾建华.中国传统艺术［M］.长沙：中南工业大学出版社,1998.

［8］朱千雪.德谟克利特传世残篇解读［M］.台北：智慧大学出版公司,2012.

［9］康德.判断力批判（注释本）［M］.北京：中国人民大学出版社,2011.

［10］黑格尔.美学［M］.南京：江苏人民出版社,2011.

［11］彼得·P.罗德.基尔凯郭尔日记选［M］.北京：商务印书馆,2015.

［12］爱克曼辑录.歌德谈话录［M］.北京：人民文学出版社,1978.

［13］纪伯伦.纪伯伦散文诗全集［M］.北京：中国城市出版社,2010.

［14］席勒.审美书简［M］.北京：中国文联出版社,1984.

［15］雅斯贝尔斯.悲剧的超越［M］.北京：工人出版社,1988.

［16］弗罗姆.爱的艺术［M］.成都：四川人民出版社,1986.

［17］笠原仲二.古代中国人的美意识［M］.北京：北京大学出版社,1987.

［18］列夫·托尔斯泰.人生论［M］.成都：四川人民出版社,1999.

学术会议综述

以唯物史观为指导，深入批判历史虚无主义

——中国社会科学院第三届唯物史观与马克思主义史学理论论坛 A 组综述

石向迪

2017 年 9 月 12—14 日，由中国社会科学院学部主席团主办，中国社会科学院历史学部、中国社会科学院马克思主义学部承办，中国社会科学院近代史研究所协办的"中国社会科学院第三届唯物史观与马克思主义史学理论论坛"在北京召开。来自中国社会科学院、中国人民大学、浙江大学、北京师范大学等研究机构和高校的专家学者，《人民日报》《光明日报》《中国社会科学报》等报纸、期刊的编辑共 110 余人参会。论坛共收到论文 58 篇，入选 30 篇。开幕式由中国社会科学院历史学部主任刘庆柱研究员主持，中国社会科学院院长、党组书记王伟光研究员发来题为《努力接受〈实践论〉、〈矛盾论〉的哲学滋养　运用科学的世界观方法论指导实践》的书面报告。中国社会科学院副院长、党组成员张江研究员出席开幕式，并代表王伟光宣读学术报告。会议基调报告由中国社会科学院近代研究所所长王建朗研究员主持，中国社会科学院马克思主义学部主任程恩富教授、北京大学历史学系沙健孙教授、南开大学历史学院乔治忠教授、天津师范大学历史文化学院庞卓恒教授、中国社会科学院近代史研究所郑大华研究员等作报告。此次会议共分为四组，其中 A 组文章达 16 篇，围绕"唯物史观视域下的历史虚无主义批判"的主题进行激烈讨论。现将 A 组分会场讨论的主要观点综述如下。

一、革命是近代中国的主题：对革命与改良之争的回应

历史虚无主义言论丰富多样，但大多聚焦于我国近代史上的革命问题，他们一方面不遗余力地否定革命，另一方面大力赞扬改良。凡是改良皆对，但凡革命皆错，成为他们的"政治正确"。我国学者对此进行了激烈的批判。

北京大学原副校长沙健孙教授对先验地把"要改良、不要革命"设立为历史评价的基本准则的错误方法进行批判。他指出："近代中国研究不能脱离当时的时代主线，对'改良'和'革命'要进行具体历史情境的分析，认为革命好还是改良好，要结合具体的社会历史条件，不能凭空想象到底哪个好。"他以1905年至1907年爆发的关于革命与改良的论战为例，指出："某些人鼓吹的贬低革命、抹黑革命、丑化革命的论调，是违背历史真实的，从学术的角度来看，并没有什么价值。不过从政治的角度来看，这股思潮的消极影响却不能低估。"他还指出："有一种说法：共产党在全国范围内执政，这个党的性质就发生了改变，即由革命党变成了执政党。对于这种说法是否符合实际，由此可能引申出什么结论，需要进行认真的分析。""把执政和革命截然对立起来，似乎中国共产党在革命时并没有执政，而执政以后就不再需要革命，这种提法本身就是不符合历史实际的。"他还针对"有些论者主张，应当从'革命范式'转换为'现代化范式'，或者说应当用现代化史观代替革命史观。具体地说就是，中国近代史的研究，应当以现代化为主题、主线而不应当以革命为主题、主线"的错误方法进行回应，认为："中国近代历史（1840—1949）的主题、主线是革命；中国当代史（1949—至今）的主题、主线是现代化。""主张把现代化作为整个中国近现代全部历史的主题、主线，这个不符合历史的实际。""某些论者所要求转换或改变的所谓'革命范式'或革命史观，实际上是并不存在的。中国史学界公认的指导思想，是唯物史观，而不是所谓的'革命史观'。"[①]

中国社会科学院近代史研究所郑大华研究员在分析两种倾向性的历史虚无主义的基础上，指出："在'革命史观'占主导地位的时代，由于受极左思潮的影响，人们一味地肯定革命，而否定改良或改革，凡主张社会改良或改革者，必冠之于一顶'资产阶级改良主义'的大帽子，立足于批。但自20世纪90年代以来，尤其是进入新世纪以来，又出现了另一种情况，有的人在研究或讨论中国近代史上的改良或改革时，一味地肯定改良或者改革，而贬斥革命，凡主张革命者，必冠之

于一顶'激进主义'的大帽子,大加讨伐。"他认为:"就中国近代史上的改良而言,情况就非常复杂,其中既有资产阶级改良或改革派发动和领导的政治运动,又有社会上有志之士倡导和参加的社会改良运动,还有统治阶级出于自救的目的而采取的一些自上而下的改革措施。""这些不同类型的改良或者改革,其社会功能和意义不尽相同,不能一概而论。""至于中国近代史上的革命,情况同样复杂,既有旧式农民领导的革命(太平天国运动),也有资产阶级领导的革命(辛亥革命),还有无产阶级领导的革命(新民主主义革命)。由于革命的领导者不同,其革命的性质、历史的作用和意义也是不同的。""究竟是采取改良方式还是采取革命方式,不能一概而论,完全取决于当时具体的历史现状、政治、经济状况和阶级力量对比。在社会各种矛盾相对缓和、生产力还有一定的发展空间、人民还能生活下去的情况下,渐变的改良对推动社会变化有积极的作用,我们应予以充分的肯定。""当社会各种矛盾激化到不可调和的时候,当被统治者不能照旧生活下去、统治者不能照旧统治下去的时候,党不推翻现存的反动政权就不能改变陈腐的生产关系、解放和发展生产力的时候,渐变的改良走进了历史的死胡同,而突变的革命则成了历史的选择。这时再过多地肯定改良,是对历史的误解。""同时,我们也应该看到,改良和改革既相互对立,又互为条件,彼此依存。"他还指出历史虚无主义的几种表现,即"假设史学""翻案史学""虚构史学"。[①]

中国社会科学院历史研究所高希中助理研究员对戊戌变法、辛亥革命等作出具体分析,力图证明革命是近代中国历史发展道路的必然选择。他指出,只有中国共产党才能救中国,并对"告别革命"论试图抹杀掉中国共产党通过革命取得的伟大胜利的错误言论进行批判。同时,还对"改良主义"的方法论进行剖析,并指出研究中国近代史应该使用的正确方法,即坚持历史唯物主义的分析方法。[②]

中国社会科学院马克思主义研究院马克思主义无神论研究室主任龚云研究员针对"告别革命"论之后,有些学者否定中国近代史上的革命、美化改良成为一种时髦的错误思潮,对他们攻击革命使人发狂,把革命看作激进主义的产物,胡说革命只是一种破坏力量的错误观点,予以回应。他指出:"在近代中国,革命作为历史发展过程中一种客观的历史运动,不是随心所欲可以制造出来的,也不是

---

① 郑大华.正确认识中国近代史上的改良与革命[A].中国社会科学院第三届唯物史观与马克思主义史学理论论坛论文集(B组)[C].北京:中国社会科学院,2017:1-9.

② 高希中.关于中国近代道路问题历史虚无主义观的驳议[A].中国社会科学院第三届唯物史观与马克思主义史学理论论坛论文集(A组)[C].北京:中国社会科学院,2017:24-28.

随心所欲可以制止的,更不是由什么人可以随意宣布否定就否定得了的。"①

北京大学原副校长梁柱教授对《天府新论》2016年第6期关于"回到康有为"为主题的三篇文章的历史虚无主义言论进行系统批判。他指出:"'回到康有为'实质乃是回到已经被历史所抛弃掉的戊戌变法中去,实质乃是近年来历史虚无主义言论要改良不要革命的具体化和深化。""'回到康有为'的提出者,比之前的历史虚无主义走得更远,其观点也更明目张胆,同时也反映出历史虚无主义者更加赤裸裸,对其主张也不加隐晦。"他还告诫人们:"这些教授如此肆无忌惮地践踏国家宪法的底线,是值得我们深思的。""历史是不会让这些少数人摆弄的,历史是不会依了他们,若是依了他们,就会亡党亡国!"②

二、从虚无主义到历史虚无主义:历史虚无主义的演化

历史虚无主义是由虚无主义演化而来。学者们围绕"虚无主义"到"历史虚无主义"进行剖析。中国人民解放军国防大学政治学院硕士生潘世伦分析了从虚无主义到历史虚无主义的一般性社会心理认知,指出:"从虚无主义到历史虚无主义,具有知、情、意等三个方面的认知产生路径。作为一种社会意识,'历史选择论'和不可知论的唯心主义历史观,以及片面、孤立、静止的形而上学研究和评价方法,构成了历史虚无主义的'虚无结构的虚无秘密'。"他认为现今历史虚无主义大致可以归纳为三类:"一类是中国近代史虚无论;一类是社会主义虚无论;还有一类是改革开放虚无论。""我国当下的历史虚无主义具有现代性全球蔓延、社会矛盾积累滋生负面情绪、敌对势力意识形态等三个方面的现实根源,需要以唯物史观来指导,从'理论批判'和'现实批判'予以应对。"③

三、以苏联历史虚无主义为鉴:防范历史虚无主义在我国传播

湖南城市学院匡列辉博士认为:"苏共垮台和苏联解体的原因是多方面的,有历史的、现实的,有内部的、外部的,有政治的、意识形态的,等等。""从意识形

---

① 龚云.正确评价近代中国革命[A].中国社会科学院第三届唯物史观与马克思主义史学理论论坛论文集(A组)[C].北京:中国社会科学院,2017:126-131.

② 梁柱.全盘否定革命的自我表露——评"回到康有为"的种种谬说[A].中国社会科学院第三届唯物史观与马克思主义史学理论论坛论文集(A组)[C].北京:中国社会科学院,2017:49-54.

③ 潘世伦.基于历史唯物主义的历史虚无主义分析和应对[A].中国社会科学院第三届唯物史观与马克思主义史学理论论坛论文集(A组)[C].北京:中国社会科学院,2017:55-62.

态领域来看，很重要的一点是大搞历史虚无主义，以'重新评价'历史为名，歪曲、否定苏共领导下的社会主义革命与建设的历史，进而否定苏联的社会主义制度，从而造成了党内外的思想混乱，同时为国外敌对势力西化、分化苏联提供了可乘之机。这股历史虚无主义的逆流，在苏共垮台和苏联解体中起到了其他因素不可替代的催化剂的作用。"并针对林建辉博士对周新城先生的误解和扣帽子行为进行反驳。他指出："运用马克思主义唯物辩证法和唯物史观客观冷静分析苏联历史演变过程、性质、原因和结果，全面深刻剖析苏联亡国亡党的重大历史悲剧，让人们在风云变幻的历史长河中看清事物发展的本质，从中吸取经验教训，从而引导人们在当今具有许多新的历史特点的伟大斗争中，坚定理想信念，增强居安思危意识，在以习近平总书记为核心的党中央的坚强领导下，满怀信心为实现中华民族伟大复兴的中国梦勠力同心。""当前，历史虚无主义思潮在中国的出现并有泛滥的苗头，是与苏联解体后世界社会主义运动遭遇困难挫折，一些人丧失信心，悲观失望，企图另寻出路、投靠新主的心态相关联。这种思潮的出现，也是对西方反共势力企图'和平演变'社会主义中国的一种呼应。对待历史虚无主义思潮，我们必须旗帜鲜明地决绝反对和回击。"①

四、历史虚无主义的综述梳理：回顾与反思

学者对历史虚无主义的梳理分为两类，一是对历史虚无主义的具体观点进行梳理(阐释)。河北省社会科学院张彦台副研究员认为："21世纪以来我国经济社会发生了翻天覆地的变化，历史虚无主义思潮重新泛起并持续发酵，涉及社会的各个领域及各个阶层。主要表现在：历史、政治、经济、文化和意识形态、法律等领域。"②

二是从研究主体的视角对历史虚无主义的批判进行梳理和反思。浙江大学马克思主义学院硕士生石向迪从研究者的视角梳理了历史虚无主义的现有成果、存在不足，并对如何批判历史虚无主义进行展望。他指出："学者从自身学科出发着手对历史虚无主义进行批判，在一定程度上揭示了历史虚无主义的真实面纱，但受研究者自身研究水平和知识结构等方面制约，对历史虚无主义批判存

① 匡列辉.关于苏联社会主义模式及其评价的再思考——对林建辉《关于苏联模式及其评价的追问与思考——与周新城先生商榷》的商榷[A].中国社会科学院第三届唯物史观与马克思主义史学理论论坛论文集(A组)[C].北京:中国社会科学院,2017:41-48.

② 张彦台.唯物史观视域下对历史虚无主义批判[A].中国社会科学院第三届唯物史观与马克思主义史学理论论坛论文集(A组)[C].北京:中国社会科学院,2017:91-99.

在一定的局限性。""从历史虚无主义批判主体的学科背景构成看,以史学研究者和马克思主义理论研究者为批判主体,辅之以哲学研究者和部分高校的学生群体(以马克思主义学院学生为主)。史学研究者具有专业的史学知识能甄别历史虚无主义言论,并用详实的史实对其精准批判;马克思主义理论研究者深知历史虚无主义对我国意识形态领域和政治领域带来的危害,因而在批判时将落脚点立足于意识形态批判,力图论证历史虚无主义是对马克思主义的背离;哲学研究者反思历史虚无主义的哲学原理和方法论来源,揭露其错误的哲学依据;部分高校的硕博士生研究历史虚无主义对高校师生的影响,并撰文对历史虚无主义进行批判。"他还认为:"历史虚无主义从历史角度挖中国共产党合法性的墙角,不仅对史学研究产生重大干扰,同时也对我国意识形态领域构成巨大威胁。防范历史虚无主义是一项系统性工程,除学者要反思自身在批判时存在的不足,持续发力批判历史虚无主义外,仍需国家、社会、个人等各层面勠力同心。"①

与会专家学者表示,在历史领域研究中要坚持唯物史观为指导,深入开展史学研究,以批判历史虚无主义。这就要求学者要有阵地意识,加强研究主体批判能力建设。学者们还表示,历史虚无主义作为一股政治思潮,其本身影响力已从学界扩散开来,学者应做好本职工作,以唯物史观为指导,进一步揭露这股错误思潮的本质,还原其真实面目,至于具体措施,则需要国家层面整体谋划。同时学者们也对目前历史唯物主义被边缘化的现象表示担忧,折射出学者们的忧患意识。

【作者简介】 石向迪 浙江大学马克思主义学院 2017 级硕士研究生 马克思主义基本原理专业 浙江 杭州 310028

---

① 石向迪.历史虚无主义批判的回顾与反思——从研究主体的视角看[A].中国社会科学院第三届唯物史观与马克思主义史学理论论坛论文集(A组)[C].北京:中国社会科学院,2017:63-72.

图书在版编目（CIP）数据

观察·思考·探究 / 万斌主编. —杭州：浙江大
学出版社，2020.12(2021.11 重印)
ISBN 978-7-308-20762-1

Ⅰ.①观… Ⅱ.①万… Ⅲ.①高等学校—思想政治教
育—教学研究—中国 Ⅳ.①G641

中国版本图书馆 CIP 数据核字(2020)第 220577 号

观察·思考·探究

万　斌　主编

马建青　宇正香　副主编

责任编辑	李海燕	
责任校对	孙秀丽　黄　寅	
封面设计	雷建军	
出版发行	浙江大学出版社	
	（杭州市天目山路 148 号　邮政编码 310007）	
	（网址：http://www.zjupress.com）	
排　　版	杭州中大图文设计有限公司	
印　　刷	广东虎彩云印刷有限公司绍兴分公司	
开　　本	787mm×960mm　1/16	
印　　张	16.5	
字　　数	315 千	
版 印 次	2020 年 12 月第 1 版　2021 年 11 月第 2 次印刷	
书　　号	ISBN 978-7-308-20762-1	
定　　价	50.00 元	
